Jean-Pierre VASSEUR

Douze langues pour sillonner le monde...

Le seul guide multilingue réunissant les formules de conversation courante les plus élémentaires de douze langues étrangères :

ANGLAIS - ESPAGNOL - CHINOIS - JAPONAIS
RUSSE - ARABE - ALLEMAND - PORTUGAIS
ITALIEN - GREC - TURC - NÉERLANDAIS

Afin de vous permettre d'acquérir une prononciation correcte, toutes les phrases de « 12 langues pour sillonner le monde » peuvent être écoutées en libre service (gratuitement) ou téléchargées en toute légalité (contre la modique somme de 2 euros par langue) sur notre site internet : www.parlissimo.com

Pour bien utiliser ce guide :

LANGUE par LANGUE

RUBRIQUE par RUBRIQUE

1-2. EXPRESSIONS DE BASE

3. SE PRÉSENTER

4. QUELQUES QUESTIONS

5. EN VOYAGE

6. AU RESTAURANT

7-8. LES REPAS

Douze langues pour sillonner le monde...

Le pari peut sembler risqué, mais encore fallait-il le tenter pour savoir s'il avait quelques chances d'être gagnant : réunir sous un seul titre les formules de conversation courante les plus élémentaires - et donc les plus indispensables - de douze langues étrangères (**anglais, espagnol, chinois, japonais, russe, arabe, allemand, portugais, italien, grec, turc, néerlandais**) et en faire le compagnon de route inséparable de tout voyageur à l'étranger ou plus généralement de tout lecteur ouvert sur les cultures étrangères. D'autant plus que le format très pratique de ce guide lui permet de se glisser très facilement dans n'importe quel type de poche ou de sac de voyage et d'être donc constamment disponible.

« Les Français ne sont pas doués pour les langues étrangères ». Combien de fois avons-nous entendu ce poncif ? Qu'il soit justifié ou non, vous tenez entre les mains un outil qui vous permettra de faire mentir cet adage, de voyager « intelligemment » et, plus accessoirement, d'épater vos amis !

Bien sûr l'anglais est et restera longtemps encore la langue de communication internationale la plus indispensable, mais comment profiter pleinement d'un voyage à Venise, à Moscou, au Caire ou à Pékin sans avoir quelques notions - ne serait-ce qu'au niveau des formules de politesse les plus élémentaires - d'italien, de russe, d'arabe ou de chinois ?

Ce guide de conversation n'a évidemment pas la prétention de vous faire parler couramment les douze langues dont il vous présente simplement - mais c'est déjà beaucoup - les formules de conversation les plus courantes (*saluer, se présenter, commander un repas, faire des achats, compter, etc.).* Plus de 500 mots et expressions par langue, le minimum indispensable d'explications grammaticales, cela offre déjà une base de travail et d'apprentissage allant bien au-delà d'une approche superficielle. Et afin de vous permettre d'acquérir une prononciation correcte, **toutes les phrases des différentes rubriques thématiques peuvent être écoutées en libre service (gratuitement) ou téléchargées (contre la somme modique de deux euros par langue) sur notre site internet : www.parlissimo.com**

Dix des langues présentées dans ce guide font partie des quinze langues les plus répandues dans le monde. Il s'agit de l'anglais, de l'espagnol, de l'allemand, du portugais, de l'italien, du chinois, du japonais, de l'arabe, du russe et du turc. Nous y avons ajouté deux langues (le néerlandais et le grec) dont le nombre de locuteurs est plus réduit, mais qui méritent pleinement l'attention des francophones pour des raisons à la fois géographiques, culturelles et touristiques (proximité des Pays-Bas et de la Belgique, attraction exercée par la Grèce, l'un des berceaux de notre civilisation, etc.).

6700 langues sur la planète...

Douze langues, c'est beaucoup lorqu'il s'agit d'assimiler grammaire de base et vocabulaire de première nécessité. C'est aussi bien peu dans un monde qui compte quelque 6700 langues. Mais il est vrai que 99% de ces langues (soit plus de 6600) ne sont parlées que par 6% de la population mondiale et qu'elles sont généralement considérées comme des langues régionales ou des dialectes. A l'inverse, les vingt langues les plus parlées dans le monde représentent 3,5 milliards de locuteurs, soit près de 70% des habitants de la planète. Et ce pourcentage passe à 94% si l'on prend en compte les 75 langues les plus répandues.

Répartition des langues par continent

L'Asie est le continent de la planète le plus peuplé. C'est aussi celui qui compte le plus grand nombre de langues : 2165 langues recensées pour une population estimée en 2009 à 3,6 miliiards d'habitants. Sur le continent africain, qui ne compte pourtant « que » 780 millions d'habitants, on a dénombré 2011 langues. Suivent l'Amérique (1000 langues pour 830 millions d'habitants) et l'Europe (225 langues pour 730 millions d'habitants). Le cas le plus surprenant est celui de l'Océanie qui compte 1302 langues pour une population totale dépassant à peine les 30 millions d'habitants ! Il est vrai que la seule Papouasie-Nouvelle Guinée compte 817 langues pour une population d'environ six millions d'habitants.

Pour en terminer avec ces chiffres étonnants, précisons que le continent européen compte certes 225 langues recensées, mais « seulement » 35 langues officielles pour un total de 50 Etats. On dénombre 32 langues régionales en Italie, 24 en France, 20 en Allemagne, 13 en Espagne et 11 au Royaume-Uni.

Les langues les plus parlées dans le monde

Comment établir un classement fiable des langues les plus « répandues », les plus « utiles » ou les plus « influentes » dans le monde ? Les facteurs d'appréciation sont tellement divers qu'un tel classement est forcément aléatoire. Même le classement apparemment le plus simple, à savoir celui des langues les plus parlées dans le monde, est difficile à établir. Faut-il comptabiliser uniquement les personnes dont la langue concernée est la langue maternelle ? Et si l'on inclut les locuteurs pour lesquels il s'agit d'une langue seconde, comment apprécier le niveau de connaissances requis pour faire partie des personnes maîtrisant vraiment la langue ? A ces questions s'ajoutent la qualité inégale des recensements linguistiques d'un pays à l'autre et parfois des considérations d'ordre politique nuisant à la fiabilité de certaines indications chiffrées. Les données ci-dessous doivent donc être considérées comme des ordres de grandeur qui ne sont cependant sans doute pas très éloignés de la réalité.

Si l'on met de côté certaines langues « régionales » de la Chine (le « wu » - ou chinois de Shangai - et le cantonais) et de l'Inde (le panjabi, le télougou, le tamoul, le marathi), on estime que seules quinze langues dans le monde sont parlées par plus de soixante-dix millions de personnes. Voici - par ordre décroissant du nombre de locuteurs - une rapide présentation de ces quinze langues :

- Le chinois mandarin (ou putonghua) : le mandarin, c'est-à-dire la langue parlée initialement dans la région de Pékin, est devenu en 1956 sous l'appellation de putonghua (« langue commune ») la langue officielle de la République Populaire de Chine. Environ 800 millions de Chinois, c'est-à-dire 70% de la population du pays, utilisent le mandarin comme langue officielle. Les 30% restants vivent essentiellement dans le sud-est de la Chine et parlent l'un des 24 « dialectes » chinois (le « wu » ou chinois de Shanghai, le « min », le « xiang », le cantonais, etc.) qui se distinguent parfois très sensiblement du mandarin.

- L'hindoustani : ce terme regroupe les deux grandes langues du sous-continent indien que sont l'hindi et l'ourdou.

L'ourdou et l'hindi sont en réalité une seule et même langue s'écrivant avec deux alphabets différents. L'hindi (langue officielle de l'Inde) s'écrit avec l'alphabet dévanâgarî tandis que l'ourdou (langue officielle du Pakistan) a adopté une variante de l'alphabet arabe. Environ 40% du milliard d'habitants que compte l'Union indienne parlent l'hindi alors que l'on estime à cent millions le nombre de personnes parlant l'ourdou. Depuis la création de l'Inde et du Pakistan en 1947, les différences entre l'hindi et l'ourdou ont tendance à s'accentuer, notamment sur le plan des néologismes. L'hindi (associé à l'hindouisme) utilise beaucoup le sanscrit, c'est-à-dire la langue des textes religieux hindous, dans la formation des nouveaux mots. De son côté, l'ourdou (associé à l'Islam) emprunte plutôt au persan et à l'arabe.

■ L'anglais : de A à Z, de l'Angleterre au Zimbabwe, l'anglais est la langue officielle ou co-officielle d'une soixantaine de pays à travers le monde, et notamment du Royaume-Uni, de l'Irlande, des Etats-Unis, du Canada, de l'Australie, de la Nouvelle-Zélande et de l'Inde. En tant que langue maternelle, l'anglais est précédé par le mandarin (langue officielle de la Chine), l'hindoustani (qui regroupe l'hindi et l'ourdou) et peut-être par l'espagnol, même si les statistiques sur ce point sont assez contradictoires. On estime que l'anglais est la langue maternelle d'environ 340 millions de personnes. Au fil des ans, l'anglais est par ailleurs devenue la principale langue de communication internationale et elle est sans aucune contestation la langue seconde (= non maternelle) la plus étudiée dans le monde.

■ L'espagnol est la langue officielle de vingt pays et notamment de l'ensemble des pays d'Amérique Latine (à l'exception du Brésil dont la langue offcielle est le portugais). C'est au Mexique (105 millions d'habitants) que l'on compte le plus grand nombre d'hispanophones. Aux Etats-Unis, environ vingt millions d'habitants – essentiellement regroupés dans les Etats du sud du pays - sont de langue espagnole. Le nombre des hispanophones représente jusqu'à 40% de la population de l'Etat de Californie et plus de 30% de celle du Texas. On estime à 330 millions le nombre d'hispanophones dans le monde.

■ L'arabe : la langue arabe se présente sous plusieurs formes (arabe dialectal, arabe classique, arabe littéral), ce qui rend difficile une évaluation fiable du nombre de ses locuteurs. D'autant plus que l'on estime à environ 50% le taux d'analphabétisme dans l'ensemble du monde arabe.

- *l'arabe dialectal* : chacun des 250 millions d'arabophones utilise comme langue maternelle un arabe dialectal propre à son pays ou à sa région et plus ou moins facilement compréhensible par les arabophones d'autres régions. On distingue notamment (par ordre alphabétique) l'arabe algérien, l'arabe égyptien, l'arabe irakien, l'arabe jordanien, l'arabe libanais, l'arabe libyen, l'arabe marocain, l'arabe mauritanien, l'arabe omanais, l'arabe palestinien, l'arabe saoudien, l'arabe tchadien, l'arabe tunisien et l'arabe yéménite. Ces arabes dialectaux sont directement associés aux cultures populaires des différentes régions du monde arabe et ne sont guère diffusés au-delà de leur pays d'origine, d'autant plus qu'il s'agit de langues exclusivement orales. La seule exception concerne l'arabe égyptien qui a connu une diffusion importante grâce à sa production cinématographique et télévisuelle. On estime que plus de 150 millions d'arabophones ne pratiquent que l'arabe dialectal.

- *l'arabe classique (ou littéraire)* : c'est la langue enseignée dans les formations scolaires ou universitaires. Il s'agit de la forme la plus ancienne de la langue arabe, éloquente et prestigieuse. A tendance fortement littéraire, elle regroupe la langue de la littérature préislamique ainsi que la langue du Coran. Environ 140 millions d'arabophones maîtrisent l'arabe classique.

- *l'arabe littéral (ou arabe simplifié des médias)* : il s'agit de l'arabe contemporain qui a les mêmes structures et le même vocabulaire que l'arabe littéraire mais dont les contenus ont été modernisés. C'est la langue utilisée dans les médias, les ouvrages non littéraires et les situations de la vie courante (documents administratifs, panneaux d'affichage, indications routières, etc.). C'est aussi la langue de travail des échanges nationaux et internationaux officiels. Elle est utilisée et comprise dans les 22 pays de langue arabe. C'est cette langue qui vous est présentée aux pages 134 à 155.

■ Le malais-indonésien : parlée par environ 200 millions de personnes, cette langue s'écrit avec l'alphabet latin. Elle est la langue nationale de l'Indonésie (220 millions d'habitants), de la Malaisie (28 millions d'habitants), de Singapour (cinq millions d'habitants) et du sultanat de Brunei (350 000 habitants).

■ Le bengali est la langue nationale du Bangla-Desh et l'une des langues officielles de l'Inde. Elle compte environ 200 millions de locuteurs.

■ Le russe : c'est surtout à l'époque de l'ex-URSS que le russe est devenu une langue internationale. Les quinze républiques constituant l'Union Soviétique comptaient près de 130 langues différentes. Pour des raisons d'ordre pratique autant qu'idéologique, le russe acquit rapidement le statut de langue officielle de communication entre les 285 millions d'habitants de l'Union. Après la deuxième guerre mondiale, l'enseignement du russe devint obligatoire dans les pays de l'Est comme la Bulgarie, la Hongrie, la Pologne, la RDA ou la Tchécoslovaquie. Depuis l'implosion de l'URSS, l'influence de la langue russe est en nette régression hors de frontières de la fédération de Russie. Le nombre de russophones dans le monde est actuellement estimé à 190 millions.

La langue russe s'écrit avec l'alphabet cyrillique (qui vous est présenté en page 196). Cet alphabet est essentiellement utilisé dans la transcription des langues slaves implantées dans les pays de tradition majoritairement orthodoxe : *russe, biélorusse, ukrainien, bulgare, serbe, macédonien.* Les langues slaves des pays à tradition catholique utilisent l'alphabet latin : *polonais, tchèque, slovaque, slovène, croate.* Pour des raisons essentiellement politiques, le serbe et le croate sont aujourd'hui considérées comme des langues distinctes. Mais jusqu'en 1991 (éclatement de l'ex-Yougoslavie), le « serbo-croate » constituait une seule et même langue que les Croates et les Bosniaques écrivaient en caractères latins et les Serbes en caractères cyrilliques.

■ Le portugais : le portugais est la langue officielle du Portugal (11 millions d'habitants) et du Brésil (175 millions d'habitants), mais aussi de l'Angola, du Mozambique et d'autres anciennes colonies portugaises comme le Cap-Vert ou la Guinée-Bissau. Le nombre des lusophones dans le monde est estimé à 180 millions.

■ Le japonais est parlé par environ 130 millions de locuteurs. C'est une langue « agglutinante », c'est-à-dire une langue qui - comme le coréen ou le turc - utilise de nombreux suffixes, notamment pour indiquer les temps ou les nuances de sens des formes verbales.

■ L'allemand est la langue maternelle la plus parlée dans l'Union Européenne. Elle est la langue officielle ou co-officielle de sept pays d'Europe : Allemagne, Autriche, Liechtenstein, Suisse, Luxembourg, Belgique (Eupen et Saint-Vith), Italie (région du Tyrol du Sud). Elle est également très présente en Europe Centrale (Hongrie, Slovaquie, République Tchèque) et en Turquie. L'allemand compte environ 120 millions de locuteurs dans le monde.

■ Le français : la langue française est la langue officielle ou co-officielle de 37 pays. On estime qu'elle est la langue maternelle d'environ 110 millions de personnes dans le monde. Un nombre à peu prés égal d'habitants de la planète étudie ou a étudié la langue française comme langue seconde.

■ Le coréen : langue officielle des deux Corées, le coréen compte environ 80 millions de locuteurs dans le monde. La langue coréenne utilise un alphabet spécifique, le « hangeul ». Cet alphabet de 51 lettres est si bien adapté à la transcription phonétique de la langue coréenne que le linguiste Louis-Jean Calvet le considère comme le « meilleur alphabet du monde ».

■ Le turc : comme le japonais, le coréen, le hongrois, le finnois ou le basque, la langue turque est une langue « agglutinante », c'est-à-dire qu'elle est composée d'éléments de base que l'on « agglutine » (par suffixation) les uns aux autres. La langue turque est la langue maternelle d'environ 75 millions de personnes (dont quatre millions en Bulgarie, en Grèce, dans la partie nord de l'île de Chypre et en Allemagne).

■ L'italien : langue maternelle d'environ 70 millions de personnes dans le monde, l'italien est la seule langue officielle de l'Italie (59 millions d'habitants) et de Saint-Marin (30 000 habitants). Elle est également l'une des langues officielles de la Suisse, du Vatican et de la Croatie.

Les langues les plus « influentes »

Le nombre de locuteurs d'une langue n'est pas - et de loin - le seul critère permettant d'apprécier l'influence d'une langue dans le monde. Il y a quelques années, le chercheur George Weber a établi un classement par points des dix langues les plus influentes dans le monde en tenant compte des six critères suivants :

1) le nombre de pays dont la langue est la langue maternelle. *(maximum : 4 points)*
2) le nombre de pays dont la langue est la langue seconde. *(maximum : 6 points)*
3) la puissance économique des pays parlant la langue. *(maximum : 8 points)*
4) le nombre de domaines majeurs de l'activité humaine dans lesquels la langue est importante. *(maximum : 8 points)*
5) le nombre de pays et d'habitants de ces pays utilisant la langue. *(maximum : 7 points)*
6) le prestige socio-culturel de la langue. *(maximum : 4 points)*

Par ailleurs, un point supplémentaire était attribué aux six langues officielles de l'ONU, à savoir l'anglais, l'arabe, le chinois, l'espagnol, le français et le russe.

Le palmarès obtenu fut le suivant :

1.	**Anglais**	37 points	6.	**Chinois**	13 points
2.	Français	23 points	7.	**Allemand**	12 points
3.	**Espagnol**	20 points	8.	**Japonais**	10 points
4.	**Russe**	16 points	9.	**Portugais**	10 points
5.	**Arabe**	14 points	10.	Hindoustani	9 points

A noter également le classement (publié en 2008 par la revue « Le français dans le monde ») des langues les plus influentes et qui tient compte d'éléments supplémentaires comme « l'importance sur Internet », le « nombre de films, musiques et livres produits dans cette langue » et le « nombre de livres écrits sur la grammaire et sur la langue ». Le résultat en est parfois surprenant, comme par exemple la sixième place de la langue néerlandaise et la dix-huitième du chinois mandarin :

1. **Anglais**	8. Suédois	15. Polonais	22. Hongrois
2. Français	9. **Italien**	16. **Portugais**	23. Coréen
3. **Espagnol**	10. Danois	17. Norvégien	24. Arménien
4. **Allemand**	11. Islandais	18. **Chinois**	25. Estonien
5. **Japonais**	12. Finnois	19. Hébreu	26. **Turc**
6. **Néerlandais**	13. Romani	20. Tchèque	27. **Grec**
7. **Arabe**	14. **Russe**	21. Slovène	28. Catalan

Dans le même ordre idée, il est intéressant de connaître le résultat d'une étude publiée en mars 2009 par « Internet World Stats » et portant sur les dix langues les plus utilisées sur Internet :

Classement des langues :	*% de présence sur Internet :*	*Nombre d'utilisateurs :*
1. **Anglais**	29,1 %	464 millions
2. **Chinois**	20,1 %	321 millions
3. **Espagnol**	8,2 %	131 millions
4. **Japonais**	5,9 %	94 millions
5. Français	4,6 %	74 millions
6. **Portugais**	4,5 %	73 millions
7. **Allemand**	4,1 %	65 millions
8. **Arabe**	2,6 %	41 millions
9. **Russe**	2,4 %	38 millions
10. Coréen	2,3%	37 millions

A propos d'Internet, nous vous précisons que toutes les phrases de « 12 langues pour sillonner le monde » peuvent être écoutées en libre service (gratuitement) ou téléchargées en toute légalité (contre la modique somme de 2 euros par langue) sur notre site internet : **www.parlissimo.com**

Pour en savoir plus sur la répartition et l'importance des langues dans le monde, nous vous conseillons vivement de consulter le site Internet suivant où nous avons puisé de précieux renseignements pour la rédaction de ces quelques pages d'introduction :

www.tlfq.ulaval.ca/axl/

Ce site, dirigé par M. Jacques Leclerc, est hébergé par l'Université Laval de Québec (Canada), la première université francophone d'Amérique.

***

Ont participé aux traductions ou aux enregistrements sonores :

Christina ALEXOPOULOS, Florian BECKERHOFF, Francesca COSTA, Suzanne DIAZ, Heidrun FACON, Katia FEDORENKO, Marina FOMINSKAIA, Stefanie FOOTMAN, Annie GEUDENS, Ruben IN'T GROEN, Nicolai LARROSS, MA Zhe, Jonathan MARTIN, Rodrigo MARTINEZ-GONZALO, Kentaro MORI, Roberto MUCCIANTE, Kaeko MURATA, Maria POTAMITOU, Khadija RACHIDI, Pierre REGNIER, Esther ROLDAN-BARRIUSO, Irineu ROSSA, Roman SHELUDYAKOV, Nikolas SKIADAS, Oumayma SOUGRATI, Cagdas SULAK, Majid TAKI, Asli ÜRGÜPLÜ, XU Yan

LA LANGUE ANGLAISE

Bien qu'elle ne soit pas la langue la plus parlée dans le monde (cette place est occupée par le chinois mandarin), la langue anglaise est sans aucune contestation possible la principale langue de communication internationale.

L'anglais est une langue germanique dont la naissance remonte au début du cinquième siècle après Jésus-Christ avec l'invasion de ce que les Romains appelaient *Britannia* par différents peuples germaniques tels les Frisons, les Angles et les Saxons (d'où le terme « anglo-saxon »). Le « vieil anglais » (*Old English)* était au début du onzième siècle une langue essentiellement germanique comportant quatre déclinaisons pour les substantifs (ou noms communs) et deux pour les adjectifs.

La période de « l'anglais moyen » *(Middle English)* commence en 1066 avec la conquête du pays par Guillaume II de Normandie, dit « le Conquérant ». La noblesse anglo-saxonne est alors peu à peu évincée et cède la place à une nouvelle aristocratie d'origine normande. Le français devient langue officielle de l'Angleterre, même si ce changement touche essentiellement l'aristocratie et beaucoup moins le peuple et les campagnes.

Cette situation se prolongera jusqu'au début de la guerre de Cent Ans (1337-1453), un événement qui attisera le sentiment national anglais et conduira à un déclin, voire à un rejet de la langue française. Parallèlement, la langue anglaise connaîtra à cette époque une grande simplification, notamment par la disparition progressive des déclinaisons et la suppression de presque toutes les terminaisons verbales.

C'est au seizième siècle que la langue anglaise acquiert sa structure définitive tout en continuant à assimiler de nombreux mots d'origine française, latine, grecque, italienne ou espagnole. C'est d'ailleurs cette fusion des emprunts germaniques et méditerranéens qui confère à l'anglais moderne (*Late Modern English)* sa singularité. On estime que 60% des mots anglais proviennent du français ou du latin. Les langues anglaise et française ont plus de trois mille mots en commun.

La principale difficulté de la langue anglaise réside sans aucun doute dans la complexité de sa prononciation pour un francophone. Pour un bon usage des listes thématiques que nous vous proposons sur les pages suivantes, il est donc essentiel d'utiliser les enregistrements sonores de toutes ces phrases qui figurent en libre service sur notre site Internet : **www.parlissimo.com**.

Il est également très utile de bien connaître l'alphabet phonétique international qui figure ci-contre. Lorsque vous consultez un lexique ou un dictionnaire consacrés à la langue anglaise, vous y trouvez généralement la transcription phonétique du vocabulaire. Cette méthode reste la plus directement efficace pour connaître la prononciation exacte d'un mot anglais.

Afin que vous puissiez vous familiariser avec l'alphabet phonétique international, nous avons fait figurer dans les différentes listes de vocabulaire (lorsque suffisamment de place était disponible) la transcription phonétique d'un maximum de mots. Mais il va de soi qu'une réelle assimilation de la prononciation anglaise passe par l'écoute et la répétition systématiques des enregistrements sonores que nous vous proposons.

L'alphabet phonétique international

Voyelles et diphtongues :

[ɑː]	**a**sk, c**ar**, f**a**ther	[ɑːsk] [kɑː*r*] ['fɑːðə*r*]
[ɑ̃ː]	cli**en**tele, **en**sem**ble**	[ˌkliːɑ̃ːn'təl] [ɑ̃ː'sɑ̃ːbl]
[aɪ]	l**i**fe, fl**y**, bes**i**de	[laɪf] [flaɪ] [bi'saɪd]
[aʊ]	h**ou**se, h**ow**, n**ow**	[haʊs] [haʊ] [naʊ]
[æ]	c**a**t, m**a**n, s**a**d	[kæt] [mæn] [sæd]
[ʌ]	c**u**t, s**o**n, s**u**n, **u**p	[kʌt] [sʌn] [sʌn] [ʌp]
[e]	b**e**d, g**e**t, s**ai**d	[bed] [get] [sed]
[eɪ]	d**a**te, n**a**me, r**ai**n	[deɪt] [neɪm] [reɪn]
[ə]	**a**go, bett**er**, delic**a**te	[ə'gaʊ] ['bətə*r*] ['delɪkət]
[ɜː]	b**ir**d, f**ur**, h**er**	[bɜːd] [fɜː*r*] [hɜːr]
[eə]	c**are**, th**ere**, v**a**ry	[keə*r*] [ðeə*r*] ['veərɪ]
[ɪ]	**i**t, w**i**sh	[ɪt] [wɪʃ]
[iː]	b**ea**ch,s**ee**, m**e**, bel**ie**f	[biːtʃ] [siː] [miː] [bɪ'liːf]
[ɪə]	b**eer**, h**ere**, r**ea**lly	[bɪə*r*] [hɪə*r*] ['rɪəlɪ]
[əʊ]	n**o**, l**ow**, r**oa**d, s**oa**p	[nəʊ] [ləʊ] [rəʊd] [səʊp]
[ɒ]	n**o**t, l**o**ng	[nɒt] [lɒŋ]
[ɔː]	**a**ll, l**aw**, s**aw**, sh**or**t	[ɔːl] [lɔː] [sɔː] [ʃɔːt]
[ɔ̃ː]	restaur**ant**	['restərɔ̃ː]
[ɔɪ]	b**oy**, **oi**l, **oy**ster	[bɔɪ] [ɔɪl] ['ɔɪstə*r*]
[ʊ]	f**u**ll, p**u**sh, b**oo**k, w**oo**d	[fʊl] [pʊʃ] [bʊk] [wʊd]
[uː]	sh**oe**, y**ou**, d**o**, t**oo**	[ʃuː] [juː] [duː] [tuː]
[ʊə]	p**oor**, s**ure**, t**ou**rist	[pʊə*r*] [ʃʊə*r*] [tʊə*r*ɪst]

Consonnes :

[b]	**b**ee, **b**ut, tu**b**e	[biː] [bʌt] [tjuːb]
[d]	**d**o, **d**og, ha**d**	[duː] [dɒg] [hæd]
[dʒ]	**g**in, **j**am, ra**ge**	[dʒɪn] [dʒæm] [reɪdʒ]
[f]	**f**at, **f**ather, lau**gh**	[fæt] ['fɑːðə*r*] [lɑːf]
[g]	be**g**, e**gg**, **gu**ard, **g**o	[beg] [eg] [gɑːd] [gəʊ]
[h]	**h**at, **h**ouse	[hæt] [haʊs]
[j]	**y**et, f**ew**, **h**umour	[jet] [fjuː] ['hjuːmə*r*]
[k]	**k**eep, mil**k**, **c**at, **qu**eue	[kiːp] [mɪlk] [kæt] [kjuː]
[l]	**l**amp, oi**l**, i**ll**, tab**le**	[læmp] [ɔɪl] [ɪl] ['teɪbl]
[m]	**m**an, A**m**erica, **m**u**m**	[mæn] [ə'merɪkə] [mʌm]
[n]	**n**o, ma**nn**er, **kn**ow, **gn**at	[nəʊ] ['mænə*r*] [nəʊ] [næt]
[ŋ]	lo**ng**, si**ng**, si**n**k, a**n**chor	[lɒŋ] [sɪŋ] [sɪŋk] ['æŋkə*r*]
[p]	**p**a**p**er, ha**pp**y, to**p**	['peɪpə*r*] ['hæpɪ] [tɒp]
[r]	**r**ed, d**r**y, **r**ight, **wr**ong	[red] [draɪ] [raɪt] [rɒŋ]
[*r*] *	fa**r**, finge**r**, sailo**r**	[fɑː*r*] ['fɪŋgə*r*] ['seɪlə*r*]
[s]	**s**and, **sc**ene, ye**s**, i**ce**	[sænd] [siːn] [jes] [aɪs]
[ʃ]	**sh**ip, o**c**ean, sta**ti**on	[ʃɪp] ['əʊʃn] ['steɪʃn]
[t]	**t**eam, **t**ell, **t**ime, fa**t**	[tiːm] [tel] [taɪm] [fæt]
[θ]	**th**ank, **th**rough, dea**th**	[θæŋk] [θruː] [deθ]
[ð]	**th**at, **th**en, **th**is, fa**th**er	[ðæt] [ðen] [ðɪs] ['fɑːðə*r*]
[tʃ]	**ch**ur**ch**, ca**tch**, ri**ch**	[tʃɜːtʃ] [kætʃ] [rɪtʃ]
[v]	**v**oice, li**v**e, li**v**ely	[vɔɪs] [lɪv] ['laɪvlɪ]
[w]	**w**all, **wh**ich, q**u**iet	[wɔːl] [wɪtʃ] [kwaɪət]
[χ]	lo**ch**	[lɒχ]
[z]	**z**one, the**s**e, hou**s**e**s**	[zəʊn] [ðiːz] ['haʊzɪz]
[ʒ]	plea**s**ure, vi**s**ion	['pleʒə*r*] ['vɪʒn]
	['] *accent principal*	[ˌ] *accent secondaire*

(*) Le [*r*] final ne se prononce que dans les liaisons avec les mots commençant par une voyelle.

1.

EXPRESSIONS DE BASE (1)

BASIC EXPRESSIONS

1.	Bonjour ! *(le matin)*	**Good morning!**
2.	Bonjour ! *(à toute heure)*	**Hello!**
3.	Salut ! *(= bonjour familier)*	**Hello! = Hi!**
4.	Salut à tous !	**Hello everybody! = Hi everybody!**
5.	Bonsoir !	**Good evening!**
6.	Mesdames et Messieurs, bonjour !	**Hello, Ladies and Gentlemen!**
7.	Chers amis, bonsoir !	**Good evening, dear friends!**
8.	Bienvenue !	**Welcome!**
9.	Bienvenue à Paris !	**We welcome you to Paris!**
10.	Bon appétit !	**Enjoy your meal!**
11.	A votre santé ! *(avant de boire)*	**Cheers! = Your health!** (health : *la santé*)
12.	A vos souhaits ! *(après un éternuement)*	**Bless you!** (to bless : *bénir*)
13.	Bonne nuit !	**Good night!**
14.	A demain !	**See you tomorrow!** (to see [saw, seen] : *voir*)
15.	A bientôt !	**See you soon!**
16.	A tout de suite !	**Right away!**
17.	Au revoir !	**See you later!** (later : *plus tard*)
18.	Salut ! *(= au revoir)*	**Goodbye! = Bye! = So long!**
19.	Bon voyage !	**Have a good trip!**
20.	A l'an prochain !	**See you next year!**
21.	A la semaine prochaine !	**See you next week!**
22.	D'accord !	**OK, okay.**
23.	Pas de problème !	**No problem!**
24.	Tout va bien !	**Everything is fine!**
25.	- Parlez-vous français ?	**- Do you speak French?**
26.	- Non, je ne parle que l'anglais.	**- No, I only speak English.**
27.	Je parle français.	**I speak French.**
28.	Je ne parle pas français.	**I don't speak French.**
29.	Y a-t-il ici quelqu'un qui parle français ?	**Is there anyone who speaks French?**
30.	Pouvez-vous traduire ce mot en français ?	**Can you translate this word into French?**
31.	Que signifie cette phrase, s'il vous plaît ?	**What does this sentence mean, please?**

2.

EXPRESSIONS DE BASE (2)

BASIC EXPRESSIONS

32.	Merci !	**Thank you!**	
33.	Merci beaucoup !	**Thank you very much!**	
34.	Je vous en prie !	**You're welcome!**	
35.	Il n'y a pas de quoi !	**Don't mention it!**	
36.	Oui.	**Yes.**	[jes]
37.	Non.	**No.**	[nəʊ]
38.	Si.	**Yes.**	[jes]
39.	Peut-être.	**Maybe** **Perhaps.**	['meɪbɪː] [pə'hæps / præps]
40.	Parfois.	**Sometimes.**	['sʌmtaɪmz]
41.	Jamais.	**Never.**	['nevə*r*]
42.	Souvent.	**Often.**	['ɒf(t)ən]
43.	Toujours.	**Always.**	['ɔːlweɪz]
44.	Je ne sais pas.	**I don't know.** (to know [knew, known] : *savoir*)	
45.	Je ne comprends pas.	**I don't understand.**	
46.	Je n'ai pas compris.	**I didn't understand.**	
47.	- Vous ne comprenez pas ?	**- You don't understand?**	
48.	- Si, j'ai presque tout compris.	**- Yes, I understood almost everything.**	
49.	Que dites-vous ?	**What do you say?**	
50.	Que dit-il ?	**What does he say?**	
51.	Il dit qu'il ne comprend rien !	**He says he doesn't understand anything!**	
52.	Je ne comprends pas ce que vous dites.	**I don't understand what you are saying.**	
53.	Je ne parle pas votre langue.	**I don't speak your language.**	
54.	Que signifie ce mot ?	**What does this word mean?**	
55.	Comment dit-on cela en anglais ?	**How do you say that in English?**	
56.	Dites-le plutôt en français !	**Say it in French rather!**	
57.	Pouvez-vous répéter, s'il vous plaît ?	**Could you repeat that, please?**	
58.	Parlez plus lentement, s'il vous plaît !	**Speak slower, please.**	
59.	Pardon !	**Sorry!**	
60.	Excusez-moi !	**Excuse me!**	
61.	Je suis vraiment désolé(e) !	**I am really sorry!**	
62.	Dommage !	**What a pity!** **= What a shame!**	
63.	C'est vraiment dommage !	**It's a real shame.**	

3.

LES PRÉSENTATIONS

INTRODUCTIONS

1.	Comment vous appelez-vous ?	**What's your name?**	
2.	Mon nom est Dubois.	**My name is Dubois.**	
3.	Je m'appelle Pierre Dubois.	**I'm called Pierre Dubois.**	
4.	Enchanté(e) de faire votre connaissance !	**[Very] pleased to meet you!**	
5.	Madame Dubois.	**Mrs Dubois.**	['mɪsɪz]
6.	Monsieur Dubois.	**Mr Dubois.**	['mɪstər]
7.	Mademoiselle Dubois.	**Miss Dubois.**	[mɪs]
8.	Je vous présente mon mari.	**This is my husband.**	
9.	Je vous présente ma femme.	**This is my wife.**	
10.	- Quel âge avez-vous ?	**- How old are you?**	
11.	- J'ai 32 ans.	**- I am thirty-two.**	
12.	Aujourd'hui, c'est mon anniversaire.	**Today is my birthday.**	
13.	J'ai 25 ans aujourd'hui.	**I am 25 (= twenty-five) today.**	
14.	Bon anniversaire !	**Happy birthday!**	
15.	Félicitations !	**Congratulations!**	
16.	- Avez-vous des enfants ?	**- Do you have any children?**	
17.	- J'ai un garçon et une fille.	**- I have a boy and a girl.**	
18.	la famille	**the family**	['fæmɪlɪ]
19.	le père	**the father**	['fɑ:ðər]
20.	la mère	**the mother**	['mʌðər]
21.	papa / maman	**dad[dy] / mum[my]**	
22.	les parents	**the parents**	['peərənts]
23.	les grands-parents	**the grand-parents**	
24.	l'enfant	**the child** (*pluriel :* **children** ['tʃɪldrən])	[tʃaɪld]
25.	le garçon	**the boy**	[bɔɪ]
26.	la fille	**the girl**	[gɜ:l]
27.	le fils	**the son**	[sʌn]
28.	la fille	**the daughter**	['dɔ:tər]
29.	le frère	**the brother**	['brʌðər]
30.	la sœur	**the sister**	['sɪstər]
31.	l'amitié	**the friendship**	['frendʃɪp]
32.	l'ami	**the friend**	[frend]
33.	l'amour	**love**	[lʌv]
34.	aimer	**to love**	[lʌv]
35.	Je t'aime.	**I love you.**	[aɪ lʌv ju:]
36.	Est-ce que tu m'aimes ?	**Do you love me?**	

4.

QUELQUES QUESTIONS

SOME QUESTIONS

1.	la question	**the question**	['kwestʃən]
2.	la réponse	**the answer**	['ɑːnsər]
3.	Puis-je vous poser une question ?	**Can I ask you a question?**	
4.	- Quel jour sommes-nous ?	**- What day is it?**	
5.	- Quelle heure est-il ?	**- What time is it?**	
6.	- Quel temps fait-il aujourd'hui ?	**- What is the weather like today ?**	
7.	- Allô ?	**- Hello ?**	[hə'ləʊ]
8.	- Qui est à l'appareil ?	**- Who is speaking, please ?**	
9.	- Pourrais-je parler à Monsieur Spencer ?	**- Can I speak to Mr. Spencer?**	
10.	Qui ? / Quoi ?	**Who? / What?**	[huː / wɒt]
11.	Comment ?	**How?**	[haʊ]
12.	Pourquoi ?	**Why?**	[waɪ]
13.	Quand ?	**When?**	[wen]
14.	Depuis quand ?	**Since when?**	
15.	Qui est là ?	**Who's there?**	
16.	Qui êtes-vous ?	**Who are you?**	
17.	- Qui est-ce ?	**- Who is it?**	
18.	- C'est moi !	**- It's me!**	
19.	Qu'est-ce que c'est ?	**What is it?**	
20.	Que se passe-t-il ?	**What's happening?**	
21.	Où es-tu ?	**Where are you?**	
22.	Où vas-tu ?	**Where are you going?**	
23.	D'où viens-tu ?	**Where do you come from?**	
24.	D'où vient-elle ?	**Where does she come from?**	
25.	A quelle heure peux-tu venir ?	**(At) what time can you come ?**	
26.	Combien de temps peux-tu rester ?	**For how long can you stay ?**	
27.	Où puis-je trouver un restaurant ?	**Where can I find a restaurant?**	
28.	Où se trouve l'hôtel ?	**Where is the hotel?**	
29.	Pouvez-vous me donner votre adresse ?	**Can you give me your address?**	
30.	Quelle est votre profession ?	**What is your profession?**	
31.	Est-ce que cela vous gêne si je fume ?	**Do you mind if I smoke?**	
32.	Avez-vous du feu ?	**Do you have a light?**	

5.

EN VOYAGE

TRAVELLING

1.	voyager	**to travel**	['trævl]
2.	le départ	**the departure**	[dɪ'pɑːtʃə*r*]
3.	l'arrivée	**the arrival**	[ə'raɪvəl]
4.	la valise	**the suitcase**	['s(j)uːtkeɪs]
5.	les bagages	**the luggage**	['lʌgɪdʒ]
6.	Allons-y !	**Let's go!**	['lets gəʊ]
7.	En route !	**Let's hit the road!**	
8.	la douane	**the customs**	['kʌstəms]
9.	le passeport	**the passport**	['pɑːspɔːt]
10.	la carte d'identité	**the identity car**	[aɪ'dentɪtɪ kɑːd]
11.	Puis-je voir votre passeport ?	**Can I see your passport?**	
12.	Le départ est prévu à 17 heures.	**The departure is scheduled for five pm.** *(pm = post meridiem)*	
13.	l'avion	**the plane**	[pleɪn]
14.	l'aéroport	**the airport**	['eəpɔːt]
15.	le pilote	**the pilot**	['paɪlət]
16.	l'hôtesse de l'air	**the air hostess** **= the stewardess**	['eər 'həʊstɪs] [stjʊə 'des]
17.	décoller	**to take** (took, taken) **off**	[teɪk ɒf]
18.	atterrir	**to land**	[lænd]
19.	annuler	**to cancel**	['kænsəl]
20.	retarder	**to delay**	[dɪ'leɪ]
21.	Le vol est retardé.	**The flight is delayed.**	
22.	Notre avion décolle à 15 heures.	**Our plane takes off at three o'clock.**	
23.	Attachez vos ceintures, s'il vous plaît !	**Fasten your seatbelts, please.**	
24.	Il est interdit de fumer dans les toilettes.	**It is forbidden to smoke in the toilets.**	
25.	le chemin de fer	**the railway**	['reɪlweɪ]
26.	le train	**the train**	[treɪn]
27.	la gare	**the station**	['steɪʃən]
28.	le quai	**the platform**	['plætfɔːm]
29.	le compartiment	**the compartment**	
30.	le wagon	**the carriage**	['kærɪdʒ]
31.	le wagon-restaurant	**the dining car**	['daɪnɪŋ kɑː*r*]
32.	- Je voudrais un billet pour Paris.	**- I would like a ticket to Paris.**	
33.	- Aller simple ou aller et retour ?	GB : **- A single or a return?** USA : **- One way or round trip?**	

6.

AU RESTAURANT

AT THE RESTAURANT

1.	Le restaurant est ouvert.	**The restaurant is open.**
2.	Cette table est-elle libre ?	**Is this table free?**
3.	Nous avons réservé une table pour deux.	**We booked a table for two.**
4.	Garçon, puis-je avoir la carte ?	**Waiter, can I have the menu?**
5.	Donnez-moi aussi la carte des vins !	**Give me the wine list as well !**
6.	Que nous recommandez-vous ?	**What do you recommend?**
7.	Quel est le plat du jour ?	**What is the dish of the day?**
8.	Ceci est notre plat national.	**This is our national dish.**
9.	J'adore la cuisine française.	**I love French cuisine. = I love French cooking.**
10.	Quelle cuisson désirez-vous ?	**How would you like it cooked?**
11.	A point ?	**Medium ?** ['mi:dɪəm]
12.	Bien cuit ?	**Well-done?** [wel dʌn]
13.	Saignant ?	**Rare?** [reər]
14.	Puis-je avoir un peu de moutarde ?	**Can I have a little mustard?**
15.	J'aimerais avoir du pain, s'il vous plaît !	**I would like some bread, please!**
16.	Ce que tu manges a l'air très bon.	**What you are eating looks very good.**
17.	Est-ce que je peux goûter ?	**Can I try some ?**
18.	- Est-ce que c'était bon ?	**- Was it good?**
19.	- Le repas était excellent.	**- The meal was excellent.**
20.	La viande était un peu trop cuite.	**The meat was a little over-cooked.**
21.	- Désirez-vous encore autre chose ?	**- Would you like anything else?**
22.	- Non, merci. Ce sera tout.	**- No, thank you. That will be all.**
23.	L'addition, s'il vous plaît !	**The bill, please!**
24.	Le service est compris.	**Service is included.**
25.	Mais on peut laisser un pourboire.	**But we can leave a tip.**
26.	Où sont les toilettes, s'il vous plaît ?	**Where are the toilets, please?**

7.

LES REPAS (1)

MEALS

1.	le repas	**the meal**	[mi:l]
2.	le petit-déjeuner	**the breakfast**	['brekfəst]
3.	le pain	**the bread**	[bred]
4.	le beurre	**the butter**	['bʌtər]
5.	la confiture	**the jam**	[dʒæm]
6.	le miel	**the honey**	['hʌnɪ]
7.	le déjeuner	**the lunch**	[lʌntʃ]
8.	le dîner	**the supper / the dinner**	
9.	l'entrée	**the starter**	['stɑ:tər]
10.	le plat principal	**the main course**	[meɪn kɔ:s]
11.	la boisson	**the drink**	[drɪŋk]
12.	l'eau (plate)	**the (still) water**	[stɪl 'wɔ:tər]
13.	l'eau gazeuse	**the sparkling water**	['spɑ:klɪŋ]
14.	le jus	**the juice**	[dʒu:s]
15.	le jus de fruit	**the fruit juice**	[fru:t dʒu:s]
16.	le vin	**the wine**	[waɪn]
17.	la bière	**the beer**	[bɪər]
18.	la bière blonde	**the bitter / the lager**	['lɑ:gər]
19.	la bière brune	**the mild**	[maɪld]
20.	la bière à la pression	**draught beer** (*USA:* **draft beer**)	[drɑ:ft bɪər] [drɑ:ft bɪər]
21.	le café	**the coffee**	['kɒfɪ]
22.	le thé - le lait	**the tea - the milk**	[ti:] [mɪlk]
23.	avec ou sans lait ?	**with or without milk?**	
24.	le chocolat (chaud)	**the (hot) chocolate**	[hɒt 'tʃɒklɪt]
25.	Pouvez-vous m'apporter un verre ?	**Can you bring me a glass?**	
26.	- Que voulez-vous boire ?	**- What would you like to drink?**	
27.	- Une bière et un verre de vin rouge.	**- A beer and a glass of red wine.**	
28.	A votre santé !	**Your (good) health! = Cheers!**	
29.	Cul sec !	**Down in one!**	[daʊn ɪn wʌn]
30.	C'est ma tournée !	**It's my round!**	[ɪts maɪ raʊnd]
31.	le verre	**the glass**	[glɑ:s]
32.	la tasse	**the cup**	[kʌp]
33.	l'assiette	**the plate**	[pleɪt]
34.	la cuillère	**the spoon**	[spu:n]
35.	le couteau	**the knife** [naɪf] (*pl. :* **knives**)	
36.	la fourchette	**the fork**	[fɔ:k]

8.

LES REPAS (2)

MEALS

37.	la salade	**the salad**	['sæləd]
38.	l'œuf	**the egg**	[eg]
39.	la pomme de terre	**the potato** (*plur.* : **potatoes**)	
40.	les frites	**the chips**	[tʃips]
41.	le steak-frites	**the steak and chips**	
42.	la viande	**the meat**	[mi:t]
43.	le poisson	**the fish**	[fɪʃ]
44.	le bœuf	**the beef**	[bi:f]
45.	le veau	**the veal**	[vi:l]
46.	le porc	**the pork**	[pɔ:k]
47.	le jambon	**the ham**	[hæm]
48.	la saucisse	**the sausage**	['sɒsɪdʒ]
49.	le hot dog	**the hot-dog**	[hɒt dɒg]
50.	le poulet	**the chicken**	['tʃikɪn]
51.	l'agneau	**the lamb**	[læm]
52.	le saumon	**the salmon**	['sæmən]
53.	la truite	**the trout**	[traʊt]
54.	la sole	**the sole**	[səʊl]
55.	les pâtes	**the pasta**	['pæstə]
56.	le riz	**the rice**	[raɪs]
57.	l'huile	**the oil**	[ɔɪl]
58.	le vinaigre	**the vinegar**	['vɪnɪgər]
59.	la moutarde	**the mustard**	['mʌstəd]
60.	le poivre	**the pepper**	['pepər]
61.	le sel	**the salt**	[sɔ:lt]
62.	le sucre	**the sugar**	['ʃʊgər]
63.	les légumes	**the vegetables**	['vedʒɪtəbəlz]
64.	le fromage	**the cheese**	[tʃi:z]
65.	le dessert	**the dessert**	[dɪ'zɜ:t]
66.	la glace	**the ice-cream**	[aɪs kri:m]
67.	le gâteau	**the cake**	[keɪk]
68.	sucré	**sweet**	[swi:t]
69.	le fruit	**the fruit**	[fru:t]
70.	la pomme	**the apple**	['æpl]
71.	la poire	**the pear**	[peər]
72.	l'orange	**the orange**	['ɒrɪndʒ]
73.	la fraise	**the strawberry**	['strɔ:bərɪ]
74.	le jus de pomme	**the apple juice**	['æpl dʒu:s]
75.	la pelure	**the peel, the skin**	[pi:l] [skɪn]
76.	Quel est le nom de ce fruit ?	**What is the name of this fruit?**	

9.

LES JOURS ET LES MOIS

DAYS AND MONTHS

1.	la semaine	**the week**	[wi:k]
2.	le lundi	**Monday**	['mʌndeɪ]
3.	le mardi	**Tuesday**	['tju:zdeɪ]
4.	le mercredi	**Wednesday**	['wenzdeɪ]
5.	le jeudi	**Thursday**	['θɜ:zdeɪ]
6.	le vendredi	**Friday**	['fraɪdeɪ]
7.	le samedi	**Saturday**	['sætədeɪ]
8.	le dimanche	**Sunday**	['sʌndeɪ]
9.	Janvier	**January**	['dʒænjʊərɪ]
10.	Février	**February**	['febrʊərɪ]
11.	Mars	**March**	[mɑ:tʃ]
12.	Avril	**April**	['eɪprəl]
13.	Mai	**May**	[meɪ]
14.	Juin	**June**	[dʒu:n]
15.	Juillet	**July**	[dʒu:'laɪ]
16.	Août	**August**	[ɔ:'gəst]
17.	Septembre	**September**	[sep'tembə*r*]
18.	Octobre	**October**	[ɒk'təʊbə*r*]
19.	Novembre	**November**	[nə'vembə*r*]
20.	Décembre	**December**	[dɪ'sembə*r*]

10.

LES CHIFFRES ET LES NOMBRES

FIGURES AND NUMBERS

1	**one**	[wʌn]	18	**eighteen**	['eɪ'ti:n]
2	**two**	[tu:]	19	**nineteen**	['naɪn'ti:n]
3	**three**	[θri:]	20	**twenty**	['twentɪ]
4	**four**	[fɔ:*r*]	21	**twenty-one**	['twentɪ wʌn]
5	**five**	[faɪv]	22	**twenty-two**	['twentɪ tu:]
6	**six**	[sɪks]	23	**twenty-three**	['twentɪ θri:]
7	**seven**	['sevn]	24	**twenty-four**	['twentɪ fɔ:*r*]
8	**eight**	[eɪt]	30	**thirty**	['θɜ:tɪ]
9	**nine**	[naɪn]	40	**forty**	['fɔ:tɪ]
10	**ten**	[ten]	50	**fifty**	['fɪftɪ]
11	**eleven**	[ɪ'levn]	60	**sixty**	['sɪkstɪ]
12	**twelve**	[twelv]	70	**seventy**	['sevntɪ]
13	**thirteen**	['θɜ:'ti:n]	80	**eighty**	['eɪtɪ]
14	**fourteen**	['fɔ:'ti:n]	90	**ninety**	['naɪntɪ]
15	**fifteen**	['fɪf'ti:n]	100	**one hundred**	[wʌn 'hʌndrɪd]
16	**sixteen**	['sɪks'ti:n]	1000	**one thousand**	[wʌn 'θaʊzənd]
17	**seventeen**	['sevn'ti:n]	0	**zero**	['zɪərəʊ]

11.

L'ARGENT - LE PRIX

MONEY - THE PRICE

1.	- Combien est-ce que ça coûte ?	**- How much does that cost?**
2.	- 17 euros et cinquante centimes.	**- Seventeen euros and fifty cents.**
3.	C'est bon marché.	**It's cheap.** [tʃiːp]
4.	C'est cher.	**It's expensive.** [ɪk'spensɪv]
5.	Ce n'est vraiment pas cher.	**It's really not expensive.**
6.	C'est très cher.	**It's very expensive.**
7.	C'est trop cher pour moi.	**It's too expensive for me.**
8.	Est-ce que vous avez autre chose ?	**Do you have anything else?**
9.	Avez-vous quelque chose de moins cher ?	**Do you have anything less expensive?**
10.	Je n'ai pas assez d'argent.	**I don't have enough money.**
11.	Combien d'argent as-tu ?	**How much money do you have?**
12.	Peux-tu me donner quelques euros ?	**Can you give me a few euros?**
13.	Est-ce que je peux payer en dollars ?	**Can I pay with dollars?**
14.	Rendez-moi la monnaie, s'il vous plaît !	**Give me the change, please!**
15.	Vous pouvez garder la monnaie.	**You can keep the change.**
16.	- Où est le magasin le plus proche ?	**Where is the nearest shop?**
17.	- Au bout de la rue, à gauche !	**- At the end of the road, on the left !**
18.	Entrez donc ! Venez jeter un coup d'œil !	**Do come in! Come and look!**
19.	- Que cherchez-vous exactement ?	**- What are you looking for exactly?**
20.	- Rien de spécial. Je jette juste un coup d'œil !	**- Nothing special. I am just looking !**
21.	Je voudrais acheter ceci.	**I would like to buy this!**
22.	Profitez-en, c'est une bonne affaire !	**Take advantage, it's a bargain!**
23.	- Est-ce que vous désirez autre chose ?	**- Do you require anything else?**
24.	- J'aimerais ramener un souvenir.	**- I would like to take a souvenir home.**

12.

A L'HÔTEL

AT THE HOTEL

1.	la chambre	**the room**	[ru:m]
2.	le lit	**the bed**	[bed]
3.	la douche	**the shower**	['ʃaʊər]
4.	la chambre individuelle	**the single room**	['sɪŋgl ru:m]
5.	la chambre double	**the double room**	['dʌbl ru:m]
6.	la salle de bains	**the bathroom**	['bɑ:θru:m]
7.	l'air conditionné	**the air-conditioning**	
8.	la demi-pension	**the half-board**	[hɑ:f bɔ:d]
9.	la pension complète	**the full-board**	[fʊl bɔ:d]
10.	- Avez-vous encore des chambres libres ?	**- Do you still have any rooms available?**	
11.	- Désolé, l'hôtel est complet.	**- Sorry, the hotel is fully booked.**	
12.	Deux chambres sont encore disponibles.	**We still have two rooms left.**	
13.	Nous aimerions une chambre double.	**We would like a double room.**	
14.	La chambre coûte 150 euros (100 £).	**The room costs 150 euros (100 pounds).**	
15.	Avez-vous quelque chose de moins cher ?	**Do you have anything cheaper?**	
16.	- Pouvons-nous voir la chambre ?	**- Can we see the room?**	
17.	- Voici la clé de la chambre.	**- Here is the key to the room.**	
18.	La chambre est au deuxième étage.	**The room is on the second floor.**	
19.	La chambre me plaît. Nous la prenons.	**I like the room. We'll take it.**	
20.	- Combien de temps pensez-vous rester?	**- How long are you thinking of staying?**	
21.	- Nous resterons deux ou trois jours.	**- We're staying for two or three days.**	
22.	- Je vous souhaite un agréable séjour.	**- I wish you a pleasant stay.**	
23.	Le petit-déjeuner est inclus.	**Breakfast is included.**	
24.	Jusqu'à quelle heure peut- on déjeuner ?	**Until what time is breakfast served?**	
25.	Pouvez-vous me réveiller à six heures ?	**Can you wake me at six o'clock?**	
26.	A quelle heure dois- je quitter la chambre ?	**By what time do I have to check out?**	

13.

LA VOITURE

THE CAR

1.	l'essence	**the petrol**	['petrəl]
2.	faire le plein	**to fill the tank up**	[fɪl ʌp]
3.	la station-service	**the petrol station**	['steɪʃən]
4.	la rue	**the street**	[striːt]
5.	la route	**the road**	[rəʊd]
6.	l'autoroute	**the motorway**	['məʊtəˌweɪ]
7.	le camion	**the lorry**	['lɒrɪ]
8.	l'autocar	**the coach**	[kəʊtʃ]
9.	- Je voudrais louer une voiture.	**- I would like to hire a car.**	
10.	- Montrez-moi votre permis de conduire !	**- Show me your driving licence!**	
11.	Je dois faire le plein.	**I have to fill the tank up.**	
12.	Où est la prochaine station-service ?	**Where is the next petrol station?**	
13.	J'aimerais prendre vingt litres d'essence.	**I would like twenty litres of petrol.**	
14.	Pouvez-vous nettoyer le pare-brise ?	**Can you clean the windscreen?**	
15.	Stationnement interdit.	**No parking.**	
16.	- Sommes-nous sur la bonne route ?	**- Are we on the right road?**	
17.	- Non, vous vous êtes trompés.	**- No, you have made a mistake.**	
18.	Vous êtes sur la mauvaise route.	**You are not on the right road.**	
19.	Vous devez faire demi-tour.	**You should turn around.**	
20.	A quelle distance se trouve cette ville ?	**How far is this town?**	
21.	Où est la gare, s'il vous plaît ?	**Where is the station, please?**	
22.	Allez jusqu'au prochain feu rouge !	**Go on to the next red light!**	
23.	Là, vous tournez à droite.	**There, you turn right.**	
24.	Prenez ensuite la deuxième rue à gauche.	**Next, take the second road on the left.**	
25.	Après, c'est toujours tout droit !	**After that, you drive straight on.**	
26.	Que signifie ce panneau ?	**What does this sign mean?**	
27.	Il est interdit de stationner ici.	**It is forbidden to park here.**	

14.

QUELQUES CONTRAIRES

SOME OPPOSITES

1.	C'est beau.	**It's beautiful.**	['bjuːtɪfʊl]
2.	Ce n'est pas beau.	**It's not beautiful.**	
3.	C'est ouvert.	**It is open.**	['əʊpən]
4.	C'est fermé.	**It is closed.**	[kləʊzd]
5.	C'est grand.	**It's big.**	[bɪg]
6.	C'est petit.	**It's small.**	[smɔːl]
7.	long - court	**long - short**	[lɒŋ] [ʃɔːt]
8.	large - étroit	**wide - narrow**	[waɪd] ['nærəʊ]
9.	bon - mauvais	**good - bad**	[gʊd] [bæd]
10.	jeune - vieux	**young - old**	[jʌŋ] [əʊld]
11.	nouveau - ancien	**new - old**	[njuː] [əʊld]
12.	chaud - froid	**hot - cold**	[hɒt] [kəʊld]
13.	rapide - lent	**quick, fast** [fɑːst] **- slow** ['sləʊ]	
14.	propre - sale	**clean - dirty**	[kliːn] ['dɜːtɪ]
15.	vrai, exact - faux	**true, right** [raɪt] **- wrong** [rɒŋ]	
16.	interdit - autorisé	**forbidden - allowed**	
17.	quelqu'un	**someone, somebody**	
18.	personne	**nobody**	['nəʊbədɪ]
19.	tout le monde	**everybody**	['evrɪbɒdɪ]
20.	quelque chose	**something**	['sʌmθɪŋ]
21.	rien - tout	**nothing - everything**	
22.	maintenant	**now**	[naʊ]
23.	plus tard	**later**	['leɪtə*r*]
24.	aujourd'hui	**today**	[tə'deɪ]
25.	hier - demain	**yesterday - tomorrow**	
26.	avant-hier	**the day before yesterday**	
27.	après-demain	**the day after to-morrow**	
28.	en haut	**up above**	[ʌp ə'bʌv]
29.	en bas	**down below**	[daʊn bɪ'ləʊ]
30.	à droite	**on the right**	[ɒn ðə raɪt]
31.	à gauche	**on the left**	[ɒn ðə left]
32.	loin - proche	**far - near**	[fɑː*r*] [nɪə*r*]
33.	ici - là-bas	**here** [hɪə*r*] **- [over] there**	

15.

LES COULEURS

COLOURS

1.	blanc	noir	**white**	[waɪt]	**black**	[blæk]
2.	bleu	rouge	**blue**	[bluː]	**red**	[red]
3.	vert	jaune	**green**	[griːn]	**yellow**	['jeləʊ]
4.	gris	marron	**grey**	[greɪ]	**brown**	[braʊn]
5.	rose	orange	**pink**	[pɪŋk]	**orange**	['ɒrɪndʒ]

16.

COMMENT ALLEZ-VOUS ?

HOW ARE YOU?

1.	- Très bien, merci. Et vous ?	**- Very well, thanks. And you?**
2.	Entrez !	**Do come in!**
3.	Entrez, je vous en prie !	**Come in, I beg you!**
4.	Après vous, je vous en prie !	**After you, please!**
5.	C'est très aimable à vous !	**It's very kind of you!**
6.	Faites comme chez vous !	**Make yourself at home!**
7.	Mettez-vous à l'aise !	**Make yourself comfortable!**
8.	- Puis-je m'asseoir à côté de vous ?	**- Can I sit next to you?**
9.	- Mais bien sûr !	**- Yes, of course!**
10.	- Cela ne vous dérange pas ?	**- It doesn't bother you?**
11.	- Mais pas du tout, au contraire !	**- Not at all, on the contrary!**
12.	- Comment vous sentez-vous ?	**- How are you feeling?**
13.	- Je ne me sens pas très bien.	**- I don't feel** (*ou* **I am not feeling**) **very well.**
14.	Je me sens mal.	**I feel unwell.**
15.	Je me sens bien.	**I feel fine.**
16.	Je me sens mieux.	**I feel better.**
17.	la santé	**health**
18.	la maladie	**illness**
19.	malade	**ill = sick**
20.	le médecin	**the doctor**
21.	le médicament	**medicine**
22.	la pharmacie	**the pharmacy / the chemist**
23.	J'ai attrapé un rhume.	**I have caught a cold.**
24.	J'ai mal à la tête.	**I have a headache.**
25.	Il faut que je voie un médecin.	**I have to see a doctor.**
26.	Où y a-t-il une pharmacie ?	**Where can I find a pharmacy** (*ou* **chemist's**)**?**
27.	Bon rétablissement !	**Get well soon!**

Pour bien mémoriser toutes ces phrases anglaises et assimiler parfaitement leur prononciation, n'oubliez pas de vous rendre sur notre site internet : **www.parlissimo. com**

Toutes les phrases de « Douze langues pour sillonner le monde » peuvent y être écoutées en libre service (gratuitement) ou téléchargées en toute légalité (contre la modique somme de 2 euros par langue).

1. LA CONJUGAISON DES VERBES ANGLAIS

Il existe en anglais **trois auxiliaires (to have, to be, to do)** et **deux grandes catégories de verbes :** les verbes **réguliers** (comme **to wait :** *attendre*) et les verbes **irréguliers** (comme **to give :** *donner*). Ces différents verbes se conjuguent de la façon suivante :

TO HAVE		TO BE		TO DO	
Présent *(Present tense)*					
I	have *(j'ai)*	I	**am** *(je suis)*	I	do
you	have	you	are	you	do
he	**has**	he	**is**	he	do**es**
we	have	we	are	we	do
you	have	you	are	you	do
they	have	they	are	they	do
Prétérit *(Simple past tense)*					
I	had *(j'avais)*	I	**was** *(j'étais)*	I	did
you	had	you	were	you	did
he	had	he	**was**	he	did
we	had	we	were	we	did
you	had	you	were	you	did
they	had	they	were	they	did
Parfait *(Present perfect)*					
I have **had** *(j'ai eu)*		I have **been** *(j'ai été)*		I have **done**	
Futur *(Future tense)*					
I	**shall** have	I	**shall** be	I	**shall** do
you	will have	you	will be	you	will do
he	will have	he	will be	he	will do
we	**shall** have	we	**shall** be	we	**shall** do
you	will have	you	will be	you	will do
they	will have	they	will be	they	will do

TO WAIT *(attendre)*			TO GIVE *(donner)*		
Présent *(Present tense)*					
I	wait	: *j'attends*	I	give	: *je donne*
you	wait	: *tu attends*	you	give	: *tu donnes*
he	wait**s**	: *il attend*	he	give**s**	: *il donne*
we	wait	: *nous attendons*	we	give	: *nous donnons*
you	wait	: *vous attendez*	you	give	: *vous donnez*
they	wait	: *ils attendent*	they	give	: *ils donnent*
Prétérit *(Simple past tense)*					
I	wait**ed**	: *j'attendais*	I	g**a**ve	: *je donnais*
you	wait**ed**	: *tu attendais*	you	g**a**ve	: *tu donnais*
he	wait**ed**	: *il attendait*	he	g**a**ve	: *il donnait*
we	wait**ed**	: *nous attendions*	we	g**a**ve	: *nous donnions*
you	wait**ed**	: *vous attendiez*	you	g**a**ve	: *vous donniez*
they	wait**ed**	: *ils attendaient*	they	g**a**ve	: *ils donnaient*
Parfait *(Present perfect)*					
I have wait**ed** : *j'ai attendu*			I have **given** : *j'ai donné*		
Futur *(Future tense)*					
I	**shall** wait	: *j'attendrai*	I	**shall** give	: *je donnerai*
you	will wait	: *tu attendras*	you	will give	: *tu donneras*
he	will wait	: *il attendra*	he	will give	: *il donnera*
we	**shall** wait	: *ns attendrons*	we	**shall** give	: *ns donnerons*
you	will wait	: *vs attendrez*	you	will give	: *vs donnerez*
they	will wait	: *ils attendront*	they	will give	: *ils donneront*

2. LA FORME INTERROGATIVE

a) La forme interrogative des verbes se forme par l'adjonction de **do** au présent (**does** à la troisième personne du singulier) et de **did** au prétérit :

Do you stay at home? *Est-ce que tu restes à la maison?*
Does he stay at home? *Est-ce qu'il reste à la maison?*
Did he stay at home? *Est-ce qu'il est resté à la maison?*

b) On n'emploie pas **to do** avec le verbe **to be** :

Are you really so stupid ? *Es-tu vraiment si stupide ?*

3. LA FORME NÉGATIVE

a) La forme négative des verbes se forme par l'adjonction de **do** au présent (**does** à la troisième personne du singulier) et de **did** au prétérit. La négation **not** est souvent employée de manière contractée (**n't**) :

I don't stay at home: *je ne reste pas à la maison*
He doesn't stay at home: *il ne reste pas à la maison*
He didn't stay at home: *il n'est pas resté à la maison*

b) On n'emploie pas **to do** avec le verbe **to be** :

He is not so stupid: *Il n'est pas si stupide*

4. VERBES RÉGULIERS ET IRRÉGULIERS

a) Les verbes anglais ont trois formes de base - l'infinitif, le prétérit et le participe passé - qui servent à la formation de l'ensemble des temps et des modes.

b) On distingue en anglais **deux grandes catégories de verbes :**

• **les verbes réguliers** qui forment leur prétérit et leur participe passé par l'**adjonction du suffixe -ed** à leur forme d'infinitif.

I wait : *j'attends* **I waited** : *j'attendais* **I have waited** : *j'ai attendu*
I arrive : *j'arrive* **I arrived** : *j'arrivais* **I have arrived** : *je suis arrivé*

• **les verbes irréguliers** qui ont des formes particulières pour le prétérit et le participe passé :

I give : *je donne* **I gave** : *je donnais* **I have given** : *j'ai donné*

c) Les verbes irréguliers sont signalés dans les lexiques et les dictionnaires par des formes entre parenthèses. La première forme indiquée entre parenthèses correspond au prétérit, la seconde au participe passé. Lorsqu'une seule forme figure entre parenthèses, cela signifie que le prétérit et le participe passé sont identiques.

to give (gave,given): *donner*
to sing (sang,sung): *chanter* **to find (found)**: *trouver*

5. LA FORME PROGRESSIVE

a) A tous les temps de l'actif, les verbes anglais ont à la fois une **forme simple** et une **forme progressive**. La forme progressive s'obtient en utilisant l'auxiliaire **to be** au temps considéré suivi du participe présent du verbe.

Présent

Forme simple: **I learn my lesson**
Forme progressive: **I am learning my lesson**

Prétérit

Forme simple: **I learnt my lesson**
Forme progressive: **I was learning my lesson**

Parfait présent

Forme simple: **I have learnt my lesson**
Forme progressive: **I have been learning my lesson**

b) La **forme progressive** est employée pour décrire une **action qui est en cours de déroulement** au moment où l'on parle ou dans la période du présent ou du passé dont il est question. Par nature, la forme progressive s'emploie donc essentiellement avec des **verbes d'action.** Elle exprime un sens voisin de celui de l'expression française *être en train de.*

6. LES SUBSTANTIFS

a) On appelle **substantifs** les noms communs et les noms propres. Il existe trois genres en anglais: le masculin, le féminin et le neutre. Le **genre neutre** s'emploie essentiellement pour désigner les choses.

b) La forme de pluriel la plus répandue consiste à ajouter un **-s** au substantif singulier :

a boy, a girl : *un garçon, une fille*
→ **two boys, three girls** : *deux garçons, trois filles*

c) La plupart des substantifs qui se terminent par **-o, -s, -x, -z, -ch** et **-sh** ont une forme de pluriel en **-es** :

a potato → **potatoes** | **a tomato** → **tomatoes**
a bus *(un autobus)* → **buses** | **a fox** *(un renard)* → **foxes**

d) Il existe cependant certains cas particuliers :

a man *(un homme)* → **men** | **a goose** *(une oie)* → **geese**
a foot *(un pied)* → **feet** | **a tooth** *(une dent)* → **teeth**
a child *(un enfant)* → **children** | **an ox** *(un bœuf)* → **oxen**
a knife *(un couteau)* → **knives**
a story *(une histoire)* → **stories**

7. L'ABSENCE D'ARTICLE

a) L'absence d'article est l'équivalent anglais de l'article partitif français *(du, de la, des).*

Wine, beer and water: *du vin, de la bière et de l'eau*
Good and bad pupils: *de bons et de mauvais élèves*

b) L'absence d'article a également une valeur générique :

Boys and girls: *les garçons et les filles*
modern art: *l'art moderne*
Good and bad pupils: *les bons et les mauvais élèves*

c) On n'emploie pas **the** *(= le, la, les)* avec les pluriels désignant de manière indéfinie un ensemble (*les hommes, les femmes, les voitures,* etc.) ni avec les substantifs désignant globalement un type de produits (*le sucre, le café, la bière, le blé,* etc.) :

Beer is cheaper than wine: *la bière est moins chère que le vin*

d) Lorsque l'on peut ajouter implicitement l'expression «en général», il n'y a pas d'article (1). Mais celui-ci est obligatoire (2) lorsqu'il s'agit d'un groupe précis (délimité par exemple par une proposition relative) :

(1) **Pupils love video games:** *les élèves (en général) aiment les jeux vidéo*

(2) **The pupils that I teach...:** *les élèves auxquels je fais cours...*

8. LES ADJECTIFS

a) En anglais **les adjectifs** sont invariables (pas de féminin, pas de pluriel). Les adjectifs n'ayant ni féminin ni pluriel, ils sont toujours accompagnés d'un substantif qui en précise le genre et le nombre :

a poor man: *un pauvre* **a poor woman:** *une pauvre*

b) Les adjectifs **épithètes** se placent **toujours devant les substantifs:** **a clever girl:** *une fille intelligente*

c) Les **adjectifs peuvent avoir une valeur de substantif** lorsqu'ils désignent de manière générale soit un ensemble de personnes soit une entité abstraite. Ils ont une **valeur de pluriel** mais ne prennent **jamais de forme de pluriel :**

the poor: *les pauvres* **the sick:** *les malades*

ATTENTION: il est rigoureusement impossible d'employer ces adjectifs substantivés au singulier:

the unemployed: *les chômeurs*
an unemployed man: *un chômeur*

d) Afin d'éviter la répétition d'un substantif, on remplace celui-ci par **one** (**ones** au pluriel) placé juste après l'adjectif :

Which car do you prefer? The blue one or the red one?
Quelle auto préfères-tu? La bleue ou la rouge?

9. LE COMPARATIF

a) **Le comparatif de supériorité des adjectifs** se forme de deux manières différentes suivant la longueur de ces adjectifs.

- Pour les adjectifs **courts**, le comparatif de supériorité se forme en ajoutant **-er** à l'adjectif et en le faisant suivre de **than.**

He is smaller than his brother.
Il est plus petit que son frère.

- Pour les adjectifs **longs**, le comparatif de supériorité se forme en ajoutant **more** avant l'adjectif et en le faisant suivre de **than**.

Your car is more expensive than mine.
Ta voiture est plus chère que la mienne.

b) **Le comparatif d'égalité** se forme en faisant précéder l'adjectif ou l'adverbe de **as** et en le faisant suivre de **as**.

He is as tall as his brother: *Il est aussi grand que son frère.*

10. LE SUPERLATIF

a) **Le superlatif de supériorité des adjectifs** se forme de deux manières différentes suivant la longueur de ces adjectifs.

- Pour les adjectifs **courts**, le superlatif se forme en ajoutant *-est* à l'adjectif et en le faisant précéder de *the*.

The fastest car : *la voiture la plus rapide*

- Pour les adjectifs **longs**, le superlatif se forme en faisant précéder l'adjectif de the most.

The most expensive car : *la voiture la plus chère*

b) **Le superlatif d'infériorité** se forme en utilisant **the least** suivi de l'adjectif:

The least expensive car : *la voiture la moins chère*

11. LES ADJECTIFS POSSESSIFS

a) A l'exception de la troisième personne du singulier, les adjectifs possessifs sont invariables :

my : *mon, ma, mes* **our :** *notre, nos*
your : *ton, ta, tes / notre, nos* **their :** *leur(s)*

b) A la troisième personne du singulier, l'adjectif possessif a trois formes selon que le possesseur est masculin (**his**), féminin (**her**) ou neutre (**its**) :

He comes with his parents: *il vient avec ses parents (à lui)*
She comes with her parents: *elle vient avec ses parents (à elle)*

12. LE CAS POSSESSIF

a) Le **cas possessif** est utilisé pour exprimer le **complément de nom**. L'ordre des termes est inversé par rapport au français et le substantif suivant le cas possessif s'emploie sans article. Le complément de nom est directement suivi de la marque **'s.** Le cas possessif est essentiellement employé avec les **noms d'êtres animés**. Il est systématique avec les noms de personnes courts :

Mary's parents: *les parents de Mary*

b) Avec les compléments de nom employés au pluriel (pluriel régulier en **-s** ou **-es**), la marque de cas possessif se résume à une simple apostrophe (pas de **-s** supplémentaire après le **-s** final).

My parents' car: *la voiture de mes parents*

c) Le cas possessif s'emploie également avec les **noms de villes, de pays** et plus généralement d'**institutions humaines ou de groupes** :

London's restaurants: *les restaurants de Londres*
The Government's decisions: *les décisions du gouvernement*
Women's rights: *les droits des femmes*

d) Pour éviter une répétition, on supprime souvent le substantif qui suit le cas possessif :

His father is nice, but I prefer John's.
Son père est gentil, mais je préfère celui de John

e) Cette ellipse est également très fréquente lorsque le substantif qui suit le cas possessif est évident et que sa suppression ne nuit en rien à la compréhension :

He has gone to the Martin's: *Il est allé chez les Martin* (= the Martin's house)
We met them at the baker's: *nous les avons rencontrés chez le boulanger* (= the baker's shop).

13. LES PRONOMS PERSONNELS

a) Le pronom personnel anglais a deux formes : une forme sujet et une forme complément.

SINGULIER :	sujet:	**I**	**you**	**he / she / it**
	complément :	**me**	**you**	**him / her / it**
PLURIEL :	sujet:	**we**	**you**	**they**
	complément :	**us**	**you**	**them**

b) A la troisième personne du singulier, on emploie **he (him)** pour remplacer les êtres animés de sexe masculin, **she (her)** pour les êtres animés de sexe féminin et **it** pour les mots neutres.

14. LES PRONOMS RÉCIPROQUES

L'action réciproque *(= se ... l'un l'autre, se ... mutuellement,* etc.*)* s'exprime avec l'un des deux pronoms composés **each other** ou **one another** :

John and Peter help each other : *John et Peter s'aident*

15. LES PRONOMS POSSESSIFS

a) **Les pronoms possessifs** *(= le mien, le tien, le sien,* etc.) sont **dérivés des adjectifs possessifs** :

	SINGULIER :		
Adjectifs possessifs :	**my**	**your**	**his / her / its**
Pronoms possessifs :	**mine**	**yours**	**his / hers / -**
	PLURIEL :		
Adjectifs possessifs :	**our**	**your**	**their**
Pronoms possessifs :	**ours**	**yours**	**theirs**

This is my car, <u>his</u> is white.
C'est ma voiture, la sienne (= à lui) *est blanche.*
This is my car, <u>hers</u> is white.
C'est ma voiture, la sienne (= à elle) *est blanche.*

b) Il n'y a pas de pronom possessif correspondant à l'adjectif possessif **its** (3ème personne du singulier, neutre). On comble cette lacune en utilisant **its** suivi de **own** :

These books have different prices. Everyone has its own.
Ces livres ont des prix différents. Chacun a le sien.

16. LES PRONOMS INTERROGATIFS

a) Who? *(qui?)* désigne les personnes, **what?** *(quoi?)* désigne les choses.

Who is it? *Qui est-ce?* **What is it?** *Qu'est-ce que c'est?*

b) Lorsque le pronom interrogatif est sujet, il est suivi d'un verbe à la forme affirmative. Dans les autres cas, le verbe est à la forme interrogative :

Who saw us? *Qui nous a vus?* (sujet)
Who[m] did you see? *Qui as-tu vu?* (complément)
Who wants something to eat?
Qui veut quelque chose à manger? (sujet)
Who do you want to speak to?
A qui voulez-vous parler? (complément)

c) Who a différentes formes selon sa fonction grammaticale :

Sujet : **Who**
Complément d'objet : **Who[m]**
Complément de nom : **Whose**

Who came? *Qui est venu?*
Who[m] did you see? *Qui as-tu vu?*
Whose brother is he? *De qui est-il le frère?*

d) Comme le montre le dernier exemple, **whose** est immédiatement suivi du substantif auquel il se rapporte et ce dernier s'emploie sans article. La forme de complément d'objet **whom** est essentiellement utilisée dans la langue littéraire.

e) Who et **What** peuvent être accompagnés d'une préposition.

Who is he talking about? *De qui parle-t-il?*
What is he talking about? *De quoi parle-t-il?*

17. LES PRONOMS RELATIFS

a) Les deux principaux pronoms relatifs sont **who** (lorsque l'antécédent est une personne) et **which** (lorsque l'antécédent est un animal ou une chose). **Who** et **which** peuvent aussi bien être sujet ou complément de la proposition relative :

The pupils <u>who</u> are here. *Les élèves qui sont ici*
The book <u>which</u> I chose. *Le livre que j'ai choisi*

b) Le pronom relatif **who** a - comme le pronom interrogatif équivalent - des formes différentes selon sa fonction grammaticale :

Sujet : **who**
Complément d'objet : **who[m]**
Complément de nom : **whose**

The man <u>who</u> came. *L'homme qui est venu*
The man <u>who[m]</u> you saw. *L'homme que tu as vu*
The man <u>whose</u> son I met. *L'homme dont j'ai rencontré le fils*

c) Le **pronom relatif est souvent sous-entendu** lorsqu'il remplit une fonction de complément d'objet direct ou de complément prépositionnel :

She is the girl I saw yesterday: *C'est la fille que j'ai vue hier.*
This is the book I bought yesterday.
C'est le livre que j'ai acheté hier.
I don't know the girl he is talking to.
Je ne connais pas la fille à laquelle il parle.

LA LANGUE ALLEMANDE

La prononciation de la langue allemande présente (par rapport à l'anglais ou au français) l'énorme avantage d'être en étroite concordance avec l'orthographe. La connaissance des quelques règles présentées ci-dessous vous donne donc une garantie presque totale de prononciation correcte :

ä	= *è*	**ai**	= *aïe*
an	= *ann*	**au**	= *ao, aou*
äu	= *oy* (comme dans le mot anglais *boy*)		
c	= *tss*		
ch	= *r* très guttural (après **a**, **o** ou **u**) = *ch* chuinté (dans les autres cas)		
chs	= *kss*		
e	= *ê* fermé s'il est suivi d'une seule consonne = *è* ouvert s'il est suivi de deux consonnes		
ei	= *aïe*		
eu	= *oy* (comme dans le mot anglais *boy*)		
g	= *g* (comme dans le mot *grand*) = *k* (en fin de mot)		
h	= *h* très aspiré en début de mot		
ie	= *i long*	**in**	= *inn*
j	= *y* (comme dans le mot *yacht*)		
o	= *ô* fermé s'il est suivi d'une seule consonne = *o* ouvert s'il est suivi de deux consonnes		
ö	= *eu* (comme dans le mot *feu*)		
on	= *onn*	**qu**	= *qv*
s	= *z* (comme dans le mot *zone*)		
ß	= *ss*	**sch**	= *ch*
sp	= *chp*	**st**	= *cht*
u	= *ou*	**un**	= *ounn*
ü	= *u*	**ün**	= *unn*
v	= *f*	**w**	= *v*
y	= *u*	**z**	= *tss*

Quelques précisions :

- Dans les mots allemands, toutes les lettres se prononcent, y compris les **e** finaux : die Mitte *(le milieu)*, die Sonne *(le soleil), etc.*
- **L'accent tonique** est très important dans la prononciation de la langue allemande. La syllabe accentuée se prononce de manière insistante et prolongée. La très grande majorité des mots allemands est accentuée sur la première syllabe. Un simple exemple : le mot masculin **der Maler** qui signifie *le peintre* se prononce **maaleur** (**a** prolongé et accentué) et non pas comme le mot français *malheur* qui est accentué sur la deuxième syllabe.
- Les voyelles redoublées (**aa, ee, oo**), celles qui sont suivies d'un **h** (**ah, eh, oh**) et celles qui sont suivies d'une seule consonne sont longues : das Boot : *le bateau* — der Sohn : *le fils* — die Blume : *la fleur* — der Regen : *la pluie*
- Les voyelles suivies d'une double consonne sont brèves : die Sonne : *le soleil* — die Mitte : *le milieu*
- La lettre **ß** se prononce **ss**. Depuis l'entrée en vigueur de la réforme de l'orthographe allemande en août 1998, on écrit **ß** uniquement après une voyelle longue (= **groß, fließen, der Fuß)** ou une diphtongue (= **heiß, draußen**). Dans tous les autres cas les mots s'écrivent avec **ss** :

der Fuß: *le pied* → **die Füße** (le **u** de **Fuß** est long)
der Fluss: *la rivière* → **die Flüsse** (le **u** de **Fluss** est bref)

1. LA PLACE DU VERBE DANS LA PHRASE

L'une des grandes particularités de la phrase allemande est la place très stricte du verbe selon le type de proposition :

a) Dans la proposition principale ou indépendante, la forme verbale conjuguée se trouve en règle générale en **deuxième** position :

1. Er **fährt** jeden Morgen ins Büro.
   *Il **va** chaque matin au bureau.*
2. Mein Bruder **fährt** jeden Morgen ins Büro.
   *Mon frère **va** chaque matin au bureau.*
3. Jeden Morgen **fährt** er ins Büro.
   *Chaque matin, il **va** au bureau.*
4. Jeden Morgen **fährt** mein Bruder ins Büro.
   *Chaque matin, mon frère **va** au bureau.*
5. Heute **fährt** mein Bruder ins Büro.
   *Aujourd'hui, mon frère **va** au bureau.*
6. Wohin **fährt** er jeden Morgen?
   *Où **va**-t-il chaque matin ?*
7. Wenn er nicht krank ist, **fährt** er ins Büro.
   *Quand il n'est pas malade, il **va** au bureau.*

Comme le montrent les exemples ci-dessus, le premier élément peut être : le sujet *(phrases 1 et 2)*, un complément *(phrases 3 et 4)*, un adverbe *(phrase 5)*, un mot interrogatif *(phrase 6)* ou une proposition subordonnée toute entière *(phrase 7)*.

b) Dans la proposition principale ou indépendante, la forme verbale non conjuguée (infinitif, participe passé, particule verbale séparable) se trouve en règle générale en **dernière** position :

1. Er möchte ins Büro **fahren :** *Il aimerait **aller** au bureau.*
2. Er ist ins Büro **gefahren** : *Il est **allé** au bureau.*
3. Er macht das Fenster **auf** : *Il ouvre la fenêtre.* (*ouvrir* = aufmachen)

c) Dans la proposition subordonnée, la forme verbale conjuguée se trouve en règle générale en **dernière** position :

1. Ich glaube, dass er jeden Morgen ins Büro **fährt**.
   *Je crois qu'il **va** chaque matin au bureau.*
2. Ich weiß nicht, wohin er jeden Morgen **fährt**.
   *Je ne sais pas où il **va** chaque matin.*
3. Wenn er nicht krank **ist**, fährt er ins Büro.
   *Quand il n'**est** pas malade, il va au bureau.*

d) Dans la proposition subordonnée, la forme verbale non conjuguée (infinitif, participe passé, particule séparable) se trouve en **fin de proposition, juste devant la forme conjuguée** :

1. Ich glaube, dass er ins Büro **gefahren ist**.
   *Je crois qu'il **est allé** au bureau.*
2. Ich glaube, dass er ins Büro **fahren muss**.
   *Je crois qu'il **doit aller** au bureau.*
3. Ich glaube, dass er das Fenster **aufmacht**.
   *Je crois qu'il **ouvre** la fenêtre.*

2. LA FORMULE DE POLITESSE

La langue allemande utilise la **troisième personne du pluriel pour la formule de politesse.** Dans cet emploi, le pronom personnel **sie** (*ils, elles*) et l'adjectif possessif **ihr** (*leur, leurs*) s'écrivent avec une **majuscule.**

Wer sind <u>Sie</u> ? *Qui êtes-vous ?*
Wo ist <u>Ihr</u> Koffer ? *Où est votre valise ?*

A ne pas confondre avec :

Wer sind <u>sie</u> ? *Qui sont-ils ? Qui sont-elles ?*
Wo ist <u>ihr</u> Koffer ? *Où est leur valise ?*

1.

EXPRESSIONS DE BASE (1)

KERNAUSDRÜCKE

1.	Bonjour ! *(le matin)*	**Guten Morgen!**
2.	Bonjour ! *(le reste de la journée)*	**Guten Tag!**
3.	Salut ! *(= bonjour familier)*	**Hallo!**
4.	Salut à tous !	**Ich begrüße Sie alle!**
5.	Bonsoir !	**Guten Abend!**
6.	Mesdames et Messieurs, bonjour !	**Guten Tag, meine Damen und Herren!**
7.	Chers amis, bonsoir !	**Sehr geehrte Freunde, guten Abend!**
8.	Bienvenue !	**Willkommen!**
9.	Soyez les bienvenus !	**Seien Sie willkommen!**
10.	Bon appétit !	**Guten Appetit!**
11.	A votre santé !	**Auf Ihr Wohl! Zum Wohl! Prost! Prosit!**
12.	A vos souhaits !	**Gesundheit!**
13.	Bonne nuit !	**Gute Nacht!**
14.	A demain !	**Bis morgen!**
15.	Dors bien !	**Schlaf gut!**
16.	Dormez bien !	**Schlafen Sie gut!**
17.	A bientôt !	**Bis bald!**
18.	A tout de suite !	**Bis gleich!**
19.	Au revoir !	**Auf Wiedersehen!**
20.	Salut ! *(au revoir)*	**Tschüss!**
21.	Bon voyage !	**Gute Reise!**
22.	Bonne route !	**Gute Fahrt!**
23.	A l'an prochain !	**Bis nächstes Jahr!**
24.	A la semaine prochaine !	**Bis nächste Woche!**
25.	D'accord !	**Einverstanden!**
26.	Pas de problème !	**Kein Problem!**
27.	- Parlez-vous français ?	**- Sprechen Sie Französisch ?**
28.	- Non, je ne parle que l'anglais.	**- Nein, ich spreche nur Englisch.**
29.	Je parle français.	**Ich spreche Französisch.**
30.	Je ne parle pas français.	**Ich spreche kein Französisch** (*ou* **nicht Französisch**).
31.	Y a-t-il ici quelqu'un qui parle français ?	**Ist hier jemand, der Französisch spricht?**
32.	Que signifie cette phrase, s'il vous plaît ?	**Was bedeutet bitte dieser Satz?**

2.

EXPRESSIONS DE BASE (2)

KERNAUSDRÜCKE

33.	Merci !	**Danke (schön)!**
34.	Merci beaucoup !	**Vielen Dank!**
35.	Je vous en prie !	**Bitte (schön)!**
36.	Il n'y a pas de quoi !	**Keine Ursache!**
37.	Oui.	**Ja.**
38.	Non.	**Nein.**
39.	Si.	**Doch.**
40.	Peut-être.	**Vielleicht.**
41.	Parfois.	**Manchmal.**
42.	Jamais.	**Nie[mals].**
43.	Souvent.	**Oft.**
44.	Toujours	**Immer.**
45.	Je ne sais pas.	**Ich weiß nicht.**
	(Ich weiß, du weißt, er weiß, wir wissen, ihr wisst, sie wissen)	
46.	Je ne comprends pas.	**Ich verstehe nicht.**
47.	Je n'ai pas compris.	**Ich habe nicht verstanden.**
48.	- Vous ne comprenez pas ?	**- Verstehen Sie nicht ?**
49.	- Si, j'ai presque tout compris.	**- Doch, ich habe fast alles verstanden.**
50.	Que dites-vous ?	**Was sagen Sie?**
51.	Que dit-il ?	**Was sagt er?**
52.	Il dit qu'il ne comprend rien !	**Er sagt, dass er nichts versteht!**
53.	Je ne parle pas votre langue.	**Ich spreche Ihre Sprache nicht.**
54.	Que signifie ce mot ?	**Was bedeutet dieses Wort?**
55.	Pouvez-vous traduire ce mot ?	**Können Sie dieses Wort übersetzen?**
56.	Comment dit-on cela en anglais ?	**Wie sagt man das auf Englisch?**
57.	Dites-le plutôt en français !	**Sagen Sie es eher auf Französisch!**
58.	Pouvez-vous répéter, s'il vous plaît ?	**Können Sie bitte wiederholen?**
59.	Parlez plus lentement, s'il vous plaît.	**Sprechen Sie bitte langsamer.**
60.	Pardon !	**Verzeihung!**
61.	Excusez-moi !	**Entschuldigen Sie!**
62.	Désolé(e) !	**Tut mir leid!**
63.	Dommage !	**Schade!**
64.	C'est vraiment dommage !	**Es ist wirklich schade!**

3.

SE PRÉSENTER

SICH VORSTELLEN

1.	Comment vous appelez-vous ?	**Wie heißen Sie?**
2.	Mon nom est Dubois.	**Mein Name ist Dubois.**
3.	Je m'appelle Pierre Dubois.	**Ich heiße Pierre Dubois.**
4.	Enchanté(e) de faire votre connaissance !	**Sehr erfreut, Sie kennen zu lernen!**
5.	Madame Dubois.	**Frau Dubois.**
6.	Monsieur Dubois.	**Herr Dubois.**
7.	Mademoiselle Dubois.	**Fräulein Dubois.**
8.	Je vous présente mon mari.	**Ich stelle Ihnen meinen Mann vor.**
9.	Je vous présente ma femme.	**Ich stelle Ihnen meine Frau vor.**
10.	- Quel âge avez-vous ?	**- Wie alt sind Sie?**
11.	- J'ai 32 ans.	**- Ich bin 32 (Jahre alt).** (32 = zweiunddreißig)
12.	Aujourd'hui, c'est mon anniversaire.	**Heute ist mein Geburtstag.**
13.	J'ai 25 ans aujourd'hui.	**Heute werde ich 25 (Jahre alt).** (25 = fünfundzwanzig)
14.	Bon anniversaire !	**Alles Gute zum Geburtstag!**
15.	Félicitations !	**Gratulation!**
16.	- Avez-vous des enfants ?	**- Haben Sie Kinder?**
17.	- J'ai un garçon et une fille.	**- Ich habe einen Sohn und eine Tochter.**
18.	la famille	**die Familie** (n)
19.	le père	**der Vater** (")
20.	la mère	**die Mutter** (")
21.	papa	**Papa, Vati**
22.	maman	**Mama, Mutti**
23.	l'enfant	**das Kind** (er)
24.	le garçon	**der Junge** (n,n)
25.	la fille	**das Mädchen** (-)
26.	le fils	**der Sohn** ("e)
27.	la fille	**die Tochter** (")
28.	le frère	**der Bruder** (")
29.	la sœur	**die Schwester** (n)
30.	l'amitié	**die Freundschaft**
31.	l'ami	**der Freund** (e)
32.	l'amour / aimer	**die Liebe / lieben**
33.	Je t'aime.	**Ich liebe dich.**
34.	Est-ce que tu m'aimes ?	**Liebst du mich?**

4.

QUELQUES QUESTIONS

EIN PAAR FRAGEN

1.	la question	**die Frage** (n)
2.	la réponse	**die Antwort** (en)
3.	Puis-je vous poser une question ?	**Kann ich Ihnen eine Frage stellen?**
4.	- Quel jour sommes-nous ?	**- Welchen Tag haben wir?**
5.	- Quelle heure est-il ?	**- Wie viel Uhr ist es? = Wie spät ist es?**
6.	- Quel temps fait-il aujourd'hui ?	**- Was haben wir heute für ein Wetter?**
7.	Allô ?	**Hallo ? Ja ?**
8.	Qui est à l'appareil ?	**Wer ist am Apparat ?**
9.	Qui ? / Quoi ?	**Wer? / Was?**
10.	Comment ?	**Wie?**
11.	Pourquoi ?	**Warum?**
12.	Quand ?	**Wann?**
13.	Depuis quand ?	**Seit wann?**
14.	Qui est là ?	**Wer ist da?**
15.	Qui êtes-vous ?	**Wer sind Sie?**
16.	- Qui est-ce ?	**- Wer ist es?**
17.	- C'est moi !	**- Ich bin's!**
18.	Qu'est-ce que c'est ?	**Was ist (denn) das?**
19.	Que se passe-t-il ?	**Was ist (denn) los?**
20.	Où es-tu ?	**Wo bist du?**
21.	Où vas-tu ?	**Wo gehst du hin?**
22.	D'où viens-tu ?	**Wo kommst du her?**
23.	A quelle heure peux-tu venir ?	**Um wieviel Uhr kannst du kommen ?**
24.	Combien de temps peux-tu rester ?	**Wie lange kannst du bleiben ?**
25.	Où puis-je trouver un restaurant ?	**Wo finde ich ein Restaurant?**
26.	Où se trouve l'hôtel ?	**Wo befindet sich das Hotel?**
27.	Avez-vous un plan de la ville ?	**Haben Sie einen Stadtplan?**
28.	Pouvez-vous me donner votre adresse ?	**Können Sie mir Ihre Adresse geben?**
29.	Quelle est votre profession ?	**Was ist Ihr Beruf ?**
30.	Est-ce que cela vous gêne si je fume ?	**Stört Sie das, wenn ich rauche?**
31.	Avez-vous du feu ?	**Haben Sie Feuer?**

5.

EN VOYAGE

AUF REISE

1.	le voyage	**die Reise** (n)
2.	voyager	**reisen**
3.	le départ	**die Abreise**
4.	l'arrivée	**die Ankunft**
5.	la valise	**der Koffer** (-)
6.	les bagages	**das Gepäck**
7.	Allons-y !	**Lasst uns gehen!**
8.	En route !	**Los geht's!**
9.	la douane	**der Zoll**
10.	le passeport	**der [Reise]pass** ("e)
11.	la carte d'identité	**der Ausweis** (e)
12.	Puis-je voir votre passeport ?	**Könnte ich Ihren [Reise]pass sehen?**
13.	l'avion	**das Flugzeug** (e)
14.	l'aéroport	**der Flughafen** (")
15.	le pilote	**der Pilot** (en,en)
16.	l'hôtesse de l'air	**die Stewardess** (en)
17.	décoller	**starten**
18.	atterrir	**landen**
19.	annuler	**streichen** (i,i)
20.	retarder	**verspäten**
21.	Le vol est annulé.	**Der Flug ist gestrichen.**
22.	Le vol est retardé.	**Der Flug wird verschoben.** (verschieben |o,o]) : *différer*
23.	Notre avion décolle à 15 heures.	**Unser Flugzeug startet um 15 Uhr.**
24.	Attachez vos ceintures, s'il vous plaît !	**Schnallen Sie bitte den Sicherheitsgurt an!**
25.	Il est interdit de fumer dans les toilettes.	**Es ist verboten, auf den Toiletten zu rauchen.**
26.	le chemin de fer	**die Eisenbahn** (en)
27.	le train	**der Zug** ("e)
28.	la gare	**der Bahnhof** ("e)
29.	le quai	**der Bahnsteig** (e)
30.	le compartiment	**das Abteil** (e)
31.	le wagon	**der Wagen** (-)
32.	le wagon-restaurant	**der Speisewagen** (-)
33.	- Je voudrais un billet pour Paris.	**- Ich möchte eine Fahrkarte nach Paris.**
34.	- Aller simple ou aller et retour ?	**- Einzelstrecke oder hin und zurück?**

6.

AU RESTAURANT

IM RESTAURANT

1.	Le restaurant est ouvert.	**Das Restaurant ist auf** (*ou* **ist offen**).
2.	Cette table est-elle libre ?	**Ist dieser Tisch frei?**
3.	Nous avons réservé une table pour deux.	**Wir haben einen Tisch für zwei reserviert.**
4.	Garçon, puis-je avoir la carte ?	**Herr Ober, könnte ich die Karte haben?**
5.	Donnez-moi aussi la carte des vins !	**Geben Sie mir auch die Weinkarte !**
6.	Que nous recommandez-vous ?	**Was empfehlen Sie uns?**
7.	Quel est le plat du jour ?	**Was ist das Tagesgericht? = Was ist das Tagesmenü ?**
8.	Ceci est notre plat national.	**Dies ist unsere National-speise.**
9.	Quelle cuisson désirez-vous ?	**Wie wollen Sie es gebraten haben?**
10.	A point ?	**Medium?**
11.	Bien cuit ?	**Gut durch[gebraten]?**
12.	Saignant ?	**Leicht angebraten?**
13.	Puis-je avoir un peu de moutarde ?	**Könnte ich ein bisschen Senf haben?**
14.	J'aimerais avoir du pain, s'il vous plaît !	**Ich hätte gern ein Stückchen Brot, bitte!**
15.	Ce que tu manges a l'air très bon.	**Was du isst, sieht sehr gut aus.**
16.	Est-ce que je peux goûter ?	**Kann** (*ou* **darf**) **ich kosten** (*ou* **probieren**)?
17.	- Est-ce que c'était bon ?	**- Hat es Ihnen geschmeckt?**
18.	- Le repas était excellent.	**- Das Essen war hervor-ragend** (*ou* **vorzüglich**).
19.	- Désirez-vous encore autre chose ?	**- Wünschen Sie noch etwas Anderes?**
20.	- Non, merci. Ce sera tout.	**- Nein, danke. Das wäre es gewesen.**
21.	L'addition, s'il vous plaît !	**Die Rechnung bitte!**
22.	Le service est compris.	**Die Bedienung ist mit inbegriffen.**
23.	Mais on peut laisser un pourboire.	**Doch man kann ein Trinkgeld hinterlassen.**
24.	Où sont les toilettes, s'il vous plaît ?	**Wo ist bitte die Toilette?**

7.

LES REPAS (1)

DIE MAHLZEITEN

1.	le repas	**das Essen** (-)
2.	le petit-déjeuner	**das Frühstück** (e)
3.	le pain	**das Brot**
4.	le beurre	**die Butter**
5.	la confiture	**die Marmelade**
6.	le miel	**der Honig**
7.	le déjeuner	**das Mittagessen** (-)
8.	le dîner	**das Abendessen** (-)
9.	l'entrée	**die Vorspeise** (n)
10.	le plat principal	**die Hauptspeise** (n)
11.	la boisson	**das Getränk** (e)
12.	l'eau (plate)	**das (stille) Wasser**
13.	l'eau gazeuse	**das Sprudelwasser**
14.	Est-ce que l'eau est potable ?	**Ist das Wasser trinkbar ?**
15.	le jus	**der Saft** ("e)
16.	le jus de fruit	**der Fruchtsaft** ("e)
17.	le vin	**der Wein** (e)
18.	la bière	**das Bier** (e)
19.	une bière pression	**ein Fassbier**
20.	le café	**der Kaffee**
21.	le thé	**der Tee**
22.	le lait	**die Milch**
23.	avec ou sans lait ?	**mit oder ohne Milch?**
24.	le chocolat	**die Schokolade**
25.	le chocolat chaud	**der Kakao**
26.	- Que désirez-vous comme boisson ?	**- Was wünschen Sie als Getränk?**
27.	- Une bière et un verre de vin rouge.	**- Ein Bier und ein Glas Rotwein.**
28.	A votre santé ! *(avant de boire)*	**Prost! Prosit! Zum Wohl!**
29.	Cul sec !	**Mit einem Zug! Ex! Auf Ex !**
30.	C'est ma tournée !	**Das geht auf meine Rechnung!**
31.	le verre	**das Glas** ("er)
32.	la tasse	**die Tasse** (n)
33.	l'assiette	**der Teller** (-)
34.	la cuillère	**der Löffel** (-)
35.	le couteau	**das Messer** (-)
36.	la fourchette	**die Gabel** (n)

8.

LES REPAS (2)

DIE MAHLZEITEN

37.	la salade	**der Salat** (e)
38.	l'œuf	**das Ei** (er)
39.	la pomme de terre	**die Kartoffel** (n)
40.	les frites	**die Pommes (frites)**
41.	le steak-frites	**das Steak-Frites**
42.	la viande	**das Fleisch**
43.	le poisson	**der Fisch** (e)
44.	le bœuf	**das Rind**
45.	le veau	**das Kalb** ("er)
46.	le porc	**das Schwein** (e)
47.	le jambon	**der Schinken** (-)
48.	la saucisse	**die Wurst** ("e)
49.	le hot-dog	**der Hot Dog** (s)
50.	l'agneau	**das Lamm**
51.	le saumon	**der Lachs**
52.	la truite	**die Forelle** (n)
53.	la sole	**die Seezunge** (n)
54.	les pâtes	**die Nudeln**
55.	le riz	**der Reis**
56.	l'huile	**das Öl**
57.	le vinaigre	**der Essig**
58.	la moutarde	**der Senf**
59.	le poivre	**der Pfeffer**
60.	le sel	**das Salz**
61.	le sucre	**der Zucker**
62.	les légumes	**das Gemüse**
63.	le fromage	**der Käse**
64.	le dessert	**der Nachtisch**
65.	la glace	**das Eis**
66.	le gâteau	**der Kuchen** (-)
67.	sucré	**süß**
68.	le fruit	**die Frucht** ("e)
69.	la pomme	**der Apfel** (")
70.	la poire	**die Birne** (n)
71.	l'orange	**die Orange** (n)
72.	la fraise	**die Erdbeere** (n)
73.	l'ananas	**die Ananas** (-)
74.	le jus de pomme	**der Apfelsaft** ("e)
75.	la pelure	**die Schale** (n)
76.	Quel est le nom de ce fruit ?	**Was ist der Name dieser Frucht?**

9.

LES JOURS ET LES MOIS

DIE TAGE UND DIE MONATE

1.	la semaine	**die Woche** (n)
2.	le lundi	**der Montag**
3.	le mardi	**der Dienstag**
4.	le mercredi	**der Mittwoch**
5.	le jeudi	**der Donnerstag**
6.	le vendredi	**der Freitag**
7.	le samedi	**der Samstag**
8.	le dimanche	**der Sonntag**
9.	Janvier	**der Januar**
10.	Février	**der Februar**
11.	Mars	**der März**
12.	Avril	**der April**
13.	Mai	**der Mai**
14.	Juin	**der Juni**
15.	Juillet	**der Juli**
16.	Août	**der August**
17.	Septembre	**der September**
18.	Octobre	**der Oktober**
19.	Novembre	**der November**
20.	Décembre	**der Dezember**

10.

LES CHIFFRES ET LES NOMBRES

ZIFFERN UND ZAHLEN

1	**eins**	18	**achtzehn**
2	**zwei**	19	**neunzehn**
3	**drei**	20	**zwanzig**
4	**vier**	21	**einundzwanzig**
5	**fünf**	22	**zweiundzwanzig**
6	**sechs**	23	**dreiundzwanzig**
7	**sieben**	24	**vierundzwanzig**
8	**acht**	30	**dreißig**
9	**neun**	40	**vierzig**
10	**zehn**	50	**fünfzig**
11	**elf**	60	**sechzig**
12	**zwölf**	70	**siebzig**
13	**dreizehn**	80	**achtzig**
14	**vierzehn**	90	**neunzig**
15	**fünfzehn**	100	**hundert**
16	**sechzehn**	1000	**[ein]tausend**
17	**siebzehn**	0	**null**

11.

L'ARGENT - LE PRIX

DAS GELD - DER PREIS

1.	- Combien est-ce que ça coûte ?	**- Wie teuer ist das? = Wie viel kostet das?**
2.	- 17 euros et cinquante centimes.	**- 17 Euro und fünfzig [Euro]cents!**
3.	C'est bon marché.	**Es ist billig.**
4.	C'est cher.	**Es ist teuer.**
5.	Ce n'est vraiment pas cher.	**Das ist wirklich nicht teuer.**
6.	C'est très cher.	**Es ist sehr teuer.**
7.	C'est trop cher pour moi.	**Es ist zu teuer für mich.**
8.	Est-ce que vous avez autre chose ?	**Haben Sie etwas Anderes?**
9.	Avez-vous quelque chose de moins cher ?	**Haben Sie etwas Billigeres?**
10.	Je n'ai pas assez d'argent.	**Ich habe nicht genug Geld.**
11.	Combien d'argent as-tu ?	**Wie viel Geld hast du?**
12.	Peux-tu me donner quelques euros ?	**Kannst du mir ein paar Euro geben?**
13.	Est-ce que je peux payer en dollars ?	**Kann ich mit Dollar[s] bezahlen?**
14.	Rendez-moi la monnaie, s'il vous plaît !	**Geben Sie mir bitte das Rückgeld!**
15.	Vous pouvez garder la monnaie.	**Das Rückgeld können Sie behalten.**
16.	Où est le magasin le plus proche ?	**Wo ist das nächstliegende Geschäft?**
17.	Au bout de la rue, à gauche !	**Am Ende der Straße, links!**
18.	Entrez donc ! Venez jeter un coup d'œil !	**Kommen Sie doch herein! Schauen Sie mal!**
19.	- Que cherchez vous exactement ?	**- Was suchen Sie denn genau?**
20.	- Je voudrais juste jeter un coup d'œil !	**- Ich möchte nur gucken.**
21.	Je voudrais acheter ceci.	**Ich möchte das hier kaufen.**
22.	Profitez-en, c'est une bonne affaire !	**Nutzen Sie die (gute) Gelegenheit!**
23.	- Est-ce que vous désirez autre chose ?	**- Wünschen Sie noch etwas Anderes?**
24.	- J'aimerais ramener un souvenir.	**- Ich würde gern ein Souvenir mitbringen.**

12.

A L'HÔTEL

IM HOTEL

1.	la chambre	**das Zimmer** (-)
2.	le lit	**das Bett** (en)
3.	la douche	**die Dusche** (n)
4.	la chambre individuelle	**das Einzelzimmer** (-)
5.	la chambre double	**das Doppelzimmer** (-)
6.	la salle de bains	**das Badezimmer** (-)
7.	l'air conditionné	**die Klimaanlage**
8.	la demi-pension	**die Halbpension**
9.	la pension complète	**die Vollpension**
10.	- Avez-vous encore des chambres libres ?	**- Haben Sie noch freie Zimmer?**
11.	- Désolé, l'hôtel est complet.	**- Tut mir leid, das Hotel ist voll besetzt.**
12.	Deux chambres sont encore disponibles.	**Zwei Zimmer sind noch verfügbar.**
13.	Nous aimerions une chambre double.	**Wir hätten gern[e] ein Doppelzimmer.**
14.	La chambre coûte 150 euros.	**Das Zimmer kostet 150 Euro.**
15.	Avez-vous quelque chose de moins cher ?	**Haben Sie etwas Billigeres?**
16.	- Pouvons-nous voir la chambre ?	**- Können wir das Zimmer sehen?**
17.	- Voici la clé de la chambre.	**- Hier ist der Schlüssel zum Zimmer.**
18.	La chambre est au deuxième étage.	**Das Zimmer ist im zweiten Stock.**
19.	La chambre me plaît. Nous la prenons.	**Das Zimmer gefällt mir. Wir nehmen es.**
20.	- Combien de temps pensez-vous rester?	**- Wie lange gedenken Sie zu bleiben?**
21.	- Nous resterons deux ou trois jours.	**- Wir werden zwei oder drei Tage bleiben.**
22.	- Je vous souhaite un agréable séjour.	**Ich wünsche Ihnen einen angenehmen Aufenthalt.**
23.	Le petit-déjeuner est inclus.	**Das Frühstück ist [e]inbegriffen.**
24.	Jusqu'à quelle heure peut-on déjeuner ?	**Bis wie viel Uhr kann man frühstücken?**
25.	Pouvez-vous me réveiller à six heures ?	**Können Sie mich um sechs Uhr wecken?**

13.

LA VOITURE

DAS AUTO

1.	l'essence	**das Benzin**
2.	faire le plein	**voll tanken**
3.	la station-service	**die Tankstelle** (n)
4.	la rue	**die [Stadt]straße** (n)
5.	la route	**die Straße** (n)
6.	l'autoroute	**die Autobahn** (en)
7.	le camion	**der Lastwagen** (-)
8.	l'autocar	**der Bus** (se)
9.	- Je voudrais louer une voiture.	**- Ich möchte ein Auto mieten.**
10.	- Montrez-moi votre permis de conduire !	**- Zeigen Sie mir Ihren Führerschein!**
11.	Je dois faire le plein.	**Ich muss voll tanken.**
12.	Où est la prochaine station-service ?	**Wo ist die nächste Tankstelle?**
13.	J'aimerais prendre vingt litres d'essence.	**Ich hätte gern[e] zwanzig Liter getankt.**
14.	Où est le prochain arrêt d'autobus ?	**Wo ist die nächste Bushaltestelle?**
15.	Stationnement interdit.	**Parkverbot.**
16.	Stationnement payant.	**Gebührenpflichtiges Parken.**
17.	- Sommes-nous sur la bonne route ?	**- Sind wir auf der richtigen Straße?**
18.	- Non, vous vous êtes trompés.	**- Nein, Sie haben sich verfahren.**
19.	Vous êtes sur la mauvaise route.	**Sie sind auf der falschen Straße.**
20.	Vous devez faire demi-tour.	**Sie müssen umkehren.**
21.	A quelle distance se trouve cette ville ?	**Wie weit entfernt liegt diese Stadt?**
22.	Où est la gare, s'il vous plaît ?	**Wo ist bitte der Bahnhof?**
23.	Allez jusqu'au prochain feu rouge !	**Fahren Sie zuerst bis zur nächsten Ampel!**
24.	Là, vous tournez à droite.	**Dort biegen Sie nach rechts ab.**
25.	Prenez ensuite la deuxième rue à gauche.	**Nehmen Sie dann die zweite Straße links.**
26.	Après, c'est toujours tout droit !	**Dann (geht es) immer geradeaus!**

14.

QUELQUES CONTRAIRES

EIN PAAR GEGENSÄTZE

1.	C'est beau.	**Es ist schön.**
2.	Ce n'est pas beau.	**Es ist nicht schön.**
3.	C'est ouvert.	**Es ist auf.**
4.	C'est fermé.	**Es ist zu.**
5.	C'est grand.	**Es ist groß.**
6.	C'est petit.	**Es ist klein.**
7.	long - court	**lang - kurz**
8.	large - étroit	**breit - eng**
9.	bon - mauvais	**gut - schlecht**
10.	jeune - vieux	**jung - alt**
11.	nouveau - ancien	**neu - alt, veraltet**
12.	chaud - froid	**warm, heiß - kalt**
13.	rapide - lent	**schnell - langsam**
14.	propre - sale	**sauber - schmutzig**
15.	vrai, exact - faux	**wahr, richtig - falsch**
16.	interdit - autorisé	**verboten - erlaubt**
17.	quelqu'un	**jemand**
18.	personne	**niemand**
19.	tout le monde	**alle**
20.	quelque chose	**etwas**
21.	rien - tout	**nichts - alles**
22.	beaucoup - peu	**viel - wenig**
23.	maintenant	**jetzt**
24.	plus tard	**später**
25.	aujourd'hui	**heute**
26.	hier - demain	**gestern - morgen**
27.	avant-hier	**vorgestern**
28.	après-demain	**übermorgen**
29.	en haut - en bas	**oben - unten**
30.	à droite - à gauche	**rechts - links**
31.	loin - proche	**weit - nah**
32.	ici - là-bas	**hier - dort**

15.

LES COULEURS

DIE FARBEN

1.	blanc - noir	**weiß - schwarz**
2.	bleu - rouge	**blau - rot**
3.	vert - jaune	**grün - gelb**
4.	gris - marron	**grau - braun**
5.	rose - orange	**rosa - orange**

16.

COMMENT ALLEZ-VOUS ?

WIE GEHT ES IHNEN?

1.	- Comment ça va ?	**- Wie geht's ?**
2.	- Très bien, merci. Et vous ?	**- Sehr gut, danke. Und Ihnen?**
3.	Entrez, je vous en prie !	**Kommen Sie bitte [he]rein!**
4.	Après vous, je vous en prie !	**Nach Ihnen, bitte (schön)!**
5.	C'est très aimable à vous !	**Es ist sehr höflich von Ihnen!**
6.	Faites comme chez vous !	**Fühlen Sie sich wie zu Hause!**
7.	Mettez-vous à l'aise !	**Machen Sie es sich bequem!**
8.	- Puis-je m'asseoir à côté de vous ?	**- Darf ich mich neben Sie setzen?**
9.	- Mais bien sûr !	**- Selbstverständlich!**
10.	- Cela ne vous dérange pas ?	**- Stört Sie das nicht?**
11.	- Mais pas du tout, au contraire !	**- Überhaupt nicht, im Gegenteil!**
12.	- Comment vous sentez-vous ?	**- Wie fühlen Sie sich?**
13.	- Je ne me sens pas très bien.	**- Ich fühle mich nicht sehr gut.**
14.	Je me sens mal.	**Mir ist schlecht.**
15.	Je me sens bien.	**Ich fühle mich wohl.**
16.	Je me sens mieux.	**Ich fühle mich besser.**
17.	la santé	**die Gesundheit**
18.	la maladie	**die Krankheit** (en)
19.	malade	**krank**
20.	le médecin	**der Arzt** ("e)
21.	le médicament	**das Medikament** (e)
22.	la pharmacie	**die Apotheke** (n)
23.	J'ai attrapé un rhume.	**Ich habe einen Schnupfen gekriegt.**
24.	J'ai mal à la tête.	**Ich habe Kopfschmerzen.**
25.	Il faut que je voie un médecin.	**Ich muss zum Arzt.**
26.	Où y a-t-il une pharmacie ?	**Wo gibt es (hier) eine Apotheke?**
27.	Bon rétablissement !	**Gute Besserung!**

Pour bien mémoriser toutes ces phrases allemandes et assimiler parfaitement leur prononciation, n'oubliez pas de vous rendre sur notre site internet : **www.parlissimo. com**

Toutes les phrases de « Douze langues pour sillonner le monde » peuvent y être écoutées en libre service (gratuitement) ou téléchargées en toute légalité (2 euros seulement par langue).

3. LA CONJUGAISON ALLEMANDE

Il existe en allemand **trois auxiliaires** (**sein** *(être)*, **haben** (*avoir)* et **werden**, *auxiliaire du passif et du futur*) et **deux grandes catégories de verbes :** les verbes **faibles ou réguliers** comme **lernen** *(apprendre*) et les verbes **forts ou irréguliers** comme **geben** *(donner).* Voici la conjugaison à l'indicatif de ces cinq verbes :

SEIN		HABEN		WERDEN
PRÉSENT DE L'INDICATIF				
ich bin	: *je suis*	**ich habe**	: *j'ai*	**ich werde**
du bist	: *tu es*	**du hast**	: *tu as*	**du wirst**
er ist	: *il est*	**er hat**	: *il a*	**er wird**
wir sind	: *nous sommes*	**wir haben**	: *nous avons*	**wir werden**
ihr seid	: *vous êtes*	**ihr habt**	: *vous avez*	**ihr werdet**
sie sind	: *ils sont*	**sie haben**	: *ils ont*	**sie werden**
PRÉTÉRIT DE L'INDICATIF *(= passé simple et imparfait du français)*				
ich war	: *j'étais*	**ich hatte**	: *j'avais*	**ich wurde**
du warst	: *tu étais*	**du hattest**	: *tu avais*	**du wurdest**
er war	: *il était*	**er hatte**	: *il avait*	**er wurde**
wir waren	: *nous étions*	**wir hatten**	: *nous avions*	**wir wurden**
ihr wart	: *vous étiez*	**ihr hattet**	: *vous aviez*	**ihr wurdet**
sie waren	: *ils étaient*	**sie hatten**	: *ils avaient*	**sie wurden**
PARFAIT DE L'INDICATIF *(= passé composé du français)*				
ich bin gewesen *j'ai été*		**ich habe gehabt** *j'ai eu*		**ich bin geworden**

LERNEN : *apprendre* (**lernen** *est un verbe « faible »*)		**GEBEN** : *donner* (**geben** *est un verbe « fort »*)	
PRÉSENT DE L'INDICATIF			
ich lern**e**	: *j'apprends*	ich geb**e**	: *je donne*
du lern**st**	: *tu apprends*	du g**i**b**st**	: *tu donnes*
er lern**t**	: *il apprend*	er g**i**b**t**	: *il donne*
wir lern**en**	: *nous apprenons*	wir geb**en**	: *nous donnons*
ihr lern**t**	: *vous apprenez*	ihr geb**t**	: *vous donnez*
sie lern**en**	: *ils apprennent*	sie geb**en**	: *ils donnent*
PRÉTÉRIT DE L'INDICATIF			
ich lern**te**	: *j'apprenais*	ich g**a**b	: *je donnais*
du lern**test**	: *tu apprenais*	du g**a**b**st**	: *tu donnais*
er lern**te**	: *il apprenait*	er g**a**b	: *il donnait*
wir lern**ten**	: *nous apprenions*	wir g**a**b**en**	: *nous donnions*
ihr lern**tet**	: *vous appreniez*	ihr g**a**b**t**	: *vous donniez*
sie lern**ten**	: *ils apprenaient*	sie g**a**b**en**	: *ils donnaient*
PARFAIT DE L'INDICATIF			
ich habe **ge**lern**t**	: *j'ai appris*	ich habe **ge**geb**en**	: *j'ai donné*
du hast **ge**lern**t**	: *tu as appris*	du hast **ge**geb**en**	: *tu as donné*
er hat **ge**lern**t**	: *il a appris*	er hat **ge**geb**en**	: *il a donné*

4. EMPLOIS DE «WERDEN»

a) **Werden** s'emploie comme **auxiliaire du futur et du passif** :

Ich werde kommen : *je viendrai* (**kommen** = *venir*)
(le futur est en allemand un temps composé)

Der Dieb wird von der Polizei festgenommen.
Le voleur est arrêté par la police

b) Lorsqu'il n'est pas employé comme auxiliaire, **werden** signifie *devenir.*

Er ist Soldat geworden : *il est devenu soldat*

5. VERBES FAIBLES ET VERBES FORTS

a) Les verbes faibles sont réguliers et leur participe passé se termine toujours par **-t** :

Ich lerne : *j'apprends* **Ich lernte :** *j'apprenais*
Ich habe gelernt : *j'ai appris*

b) Les verbes forts sont irréguliers et leur participe passé se termine par **-en** :

Ich gebe : *je donne* **Ich gab :** *je donnais*
Ich habe gegeben : *j'ai donné*

6. LE PARTICIPE PASSÉ DES VERBES FAIBLES

a) Le participe passé des verbes faibles se forme en ajoutant un **-t** au radical de l'infinitif et en le faisant précéder du préfixe **ge** :

lernen: *apprendre* → **gelernt**
arbeiten: *travailler* → **gearbeitet**

b) Lorsque le verbe commence par une particule séparable, cette particule séparable se soude au participe passé du verbe de base :

auf/machen: *ouvrir* → **aufgemacht**
zu/machen: *fermer* → **zugemacht**

c) Le participe passé ne prend pas le préfixe **ge-** si le verbe commence par une particule inséparable ou par une particule mixte utilisée dans un emploi inséparable.

besuchen: *fréquenter* → **besucht**
versuchen: *essayer* → **versucht**

d) Le participe passé de certains verbes d'origine étrangère ne prend pas le préfixe **ge-**. Ceci est notamment le cas des verbes se terminant par le suffixe **-ieren**.

studieren: *étudier* → **studiert**
rasieren: *raser* → **rasiert**

7. LE PARTICIPE PASSÉ DES VERBES FORTS

a) Le participe passé des verbes forts se caractérise par la désinence **-en** ajoutée au radical et par la **modification** fréquente **du radical de l'infinitif.** Cette modification est toujours indiquée entre parenthèses dans les lexiques et les dictionnaires :

singen (a,u): *chanter* → **gesungen**
schreiben (ie,ie): *écrire* → **geschrieben**

b) Il peut arriver que les radicaux de l'infinitif et du participe passé soient identiques.

geben (i,a,e): *donner* → **gegeben**
kommen (kam,o): *venir* → **gekommen**

8. LES DÉCLINAISONS

a) En allemand, les articles et déterminatifs (adjectifs possessifs, démonstratifs et interrogatifs), les adjectifs, les substantifs et les pronoms se déclinent.

b) Les déclinaisons comportent **trois genres** (masculin, féminin, neutre) **et quatre cas (nominatif, accusatif, datif, génitif).**

- **Le nominatif** est le cas du sujet et de l'attribut du sujet.
- **L'accusatif** est le cas du complément d'objet direct.
- **Le datif** est le cas du complément d'attribution ou du complément d'objet indirect.
- **Le génitif** est le cas du complément de nom.

9. LES DÉCLINAISONS DE L'ADJECTIF

a) Seuls les adjectifs épithètes se déclinent. Les adjectifs attributs sont invariables. L'adjectif épithète précède toujours le substantif :

Ein schlechter Schüler : *un mauvais élève* (épithète)
Dieser Schüler ist schlecht : *cet élève est mauvais* (attribut)

b) La déclinaison de l'adjectif épithète varie en fonction de l'article ou du déterminatif qui le précède. Il existe trois types de déclinaisons de l'adjectif :

- **la déclinaison faible** (employée après l'article défini **der, die, das**).
- **la déclinaison mixte** (employée après l'article indéfini **ein, eine, ein**, après **kein** et après les adjectifs possessifs).
- **la déclinaison forte** (employée lorsque l'adjectif n'est précédé d'aucun déterminatif).

10. DÉCLINAISON FAIBLE DE L'ADJECTIF

	Masculin	*Féminin*
Nominatif	der gute Wein : *le bon vin*	die gute Milch : *le bon lait*
Accusatif	den guten Wein	die gute Milch
Datif	dem guten Wein	der guten Milch
Génitif	des guten Weins	der guten Milch
	Neutre	*Pluriel*
Nominatif	das gute Bier : *la bonnne bière*	die guten Weine : *les bons vins*
Accusatif	das gute Bier	die guten Weine
Datif	dem guten Bier	den guten Weinen
Génitif	des guten Biers	der guten Weine

11. DÉCLINAISON MIXTE DE L'ADJECTIF

	Masculin	*Féminin*
Nominatif	ein guter Wein : *un bon vin*	eine gute Milch : *un bon lait*
Accusatif	einen guten Wein	eine gute Milch
Datif	einem guten Wein	einer guten Milch
Génitif	eines guten Weins	einer guten Milch
	Neutre	*Pluriel*
Nominatif	ein gutes Bier : *une bonne*	keine guten Weine : *pas de*
Accusatif	ein gutes Bier *bière*	keine guten Weine *bons vins*
Datif	einem guten Bier	keinen guten Weinen
Génitif	eines guten Biers	keiner guten Weine

12. DÉCLINAISON FORTE DE L'ADJECTIF

	Masculin	*Féminin*
Nominatif	guter Wein : *du bon vin*	gute Milch : *du bon lait*
Accusatif	guten Wein	gute Milch
Datif	gutem Wein	guter Milch
Génitif	guten Weins	guter Milch
	Neutre	*Pluriel*
Nominatif	gutes Bier : *de la bonne bière*	gute Weine : *de bons vins*
Accusatif	gutes Bier	gute Weine
Datif	gutem Bier	guten Weinen
Génitif	guten Biers	guter Weine

13. DÉCLINAISON DES ARTICLES ET SUBSTANTIFS

a) Les tableaux de déclinaisons ci-dessus font apparaître à la fois les déclinaisons de l'adjectif et celles des articles et des substantifs.

b) L'article indéfini allemand n'a pas de pluriel.

Ein reicher Mann : *un homme riche*
Reiche Männer : *des hommes riches*

c) **Kein** est la négation de **ein,** mais également celle de l'**absence d'article** qui est l'équivalent allemand de l'article partitif français *(du, de la, des)* :

Er hat einen Wagen : *il a une voiture*
Er hat keinen Wagen : *il n'a pas de voiture*
Er hat Geld : *il a de l'argent*
Er hat kein Geld : *il n'a pas d'argent*

d) La forme de nominatif pluriel de l'article défini est **die**, quel que soit le genre du substantif :

Masculin :	**der** Mann	→ **die** Männer	*(l'homme*	→ *les hommes)*
Féminin:	**die** Frau	→ **die** Frauen	*(la femme*	→ *les femmes)*
Neutre:	**das** Kind	→ **die** Kinder	*(l'enfant*	→ *les enfants)*

14. LES SUBSTANTIFS

a) **Les substantifs allemand s'écrivent toujours avec une majuscule.** Au génitif singulier, les substantifs masculins et neutres prennent un **- s** :

der Wein → des Weins **das Bier → des Biers**

b) Pour bien connaître un substantif allemand, il faut non seulement connaître son genre, mais également sa forme de pluriel. Les neuf formes les plus répandues sont les suivantes :

1.	**-e**	**der Hund**	le chien	→ **die Hunde**
2.	**"e**	**der Sohn**	le fils	→ **die Söhne (*)**
3.	**-er**	**das Kind**	l'enfant	→ **die Kinder**
4.	**"er**	**der Mann**	l'homme	→ **die Männer (*)**
5.	**-n**	**die Katze**	le chat	→ **die Katzen**
6.	**en**	**die Frau**	la femme	→ **die Frauen**
7.	**-**	**der Lehrer**	l'enseignant	→ **die Lehrer**
8.	**"**	**der Bruder**	le frère	→ **die Brüder (*)**
9.	**-s**	**das Auto**	l'automobile	→ **die Autos**

(*) Seules les voyelles **a, o, u** peuvent recevoir le tréma (appellé aussi ***inflexion*** *ou* ***Umlaut***) :

der Mann → die Männer **der Sohn → die Söhne**
der Bruder → die Brüder

c) La forme de pluriel est indiquée dans les dictionnaires et les lexiques de la manière suivante :

der Hund (e)	**der Sohn ("e)**	**das Kind (er)**
der Mann ("er)	**die Katze (n)**	**die Frau (en)**
der Lehrer (-)	**der Bruder (")**	**das Auto (s)**

15. LES PRONOMS PERSONNELS

Les pronoms personnels se déclinent de la manière suivante :

	Nominatif		*Accusatif*	*Datif*	*Génitif*
1ère pers. sing.	**ich**	*(je)*	**mich**	**mir**	**meiner**
2ème pers. sing.	**du**	*(tu)*	**dich**	**dir**	**deiner**
3ème pers. masc.	**er**	*(il)*	**ihn**	**ihm**	**seiner**
3ème pers. fém..	**sie**	*(elle)*	**sie**	**ihr**	**ihrer**
3ème pers. neutre	**es**	*(il, elle)*	**es**	**ihm**	**seiner**
1ère pers. pluriel	**wir**	*(nous)*	**uns**	**uns**	**unser**
2ème pers. pluriel	**ihr**	*(vous)*	**euch**	**euch**	**euer**
3ème pers. pluriel	**sie**	*(ils, elles)*	**sie**	**ihnen**	**ihrer**
vouvoiement	**Sie**	*(vous)*	**Sie**	**Ihnen**	**Ihrer**

Il *est là.*	**Er** ist da.	*(nominatif)*
Je ***le*** *vois.*	Ich sehe **ihn**.	*(accusatif)*
La lettre est pour ***lui****.*	Der Brief ist für **ihn**.	*(accusatif)*
Je ***lui*** *donne la lettre.*	Ich gebe **ihm** den Brief.	*(datif)*
Je travaille avec ***lui****.*	Ich arbeite mit **ihm**.	*(datif)*

16. LES PRONOMS INTERROGATIFS

a) **Wer?** *(qui?)* désigne les personnes, **was?** *(quoi?)* désigne les choses.

Wer ist das? *Qui est-ce?*
Was ist das? *Qu'est-ce que c'est?*

b) **Wer** se décline de la manière suivante :

Nom. :	**Wer**	**Wer ist gekommen?** *Qui est venu?*
Acc. :	**Wen**	**Wen hast du gesehen?** *Qui as-tu vu?*
Datif :	**Wem**	**Wem gibst du das Buch?** *A qui donnes-tu le livre?*
Gén. :	**Wessen**	**Wessen Bruder ist er?** *De qui est-il le frère?*

c) **Wer** peut être précédé d'une préposition.

Von wem spricht er? *De qui parle-t-il?*
An wen denkst du? *A qui penses-tu?*

d) **Was** ne se décline pas et s'emploie uniquement au nominatif et à l'accusatif.

Was ist das? *Qu'est-ce que c'est?* (nominatif)
Was siehst du? *Que vois-tu?* (accusatif)

e) **Was** ne s'emploie pratiquement jamais avec une préposition. On a recours à un **adverbe interrogatif** formé de **wo-** ou de **wor-** suivi de la préposition considérée. On utilise **wo-** quand la préposition commence par une **consonne** et **wor-** quand elle commence par une **voyelle**.

Wovon spricht er? *De quoi parle-t-il?*
Woran denkst du? *A quoi penses-tu?*

17. LES PRONOMS RELATIFS

Le pronom relatif le plus usité est **der, die, das.** Il se décline de la manière suivante :

	Masculin	*Féminin*	*Neutre*	*Pluriel*
Nominatif	de**r**	die	da**s**	die
Accusatif	de**n**	die	da**s**	die
Datif	de**m**	de**r**	de**m**	de**nen**
Génitif	de**ssen**	de**ren**	de**ssen**	de**ren**

Er hat einen Wagen, der sehr billig ist.
Il a une voiture qui est très bon marché.
Der Mann, den wir sehen, ist reich.
L'homme que nous voyons est riche.
Der Mann, dem er Geld gibt, ist arm.
L'homme auquel il donne de l'argent est pauvre.
Der Mann, dessen Wagen du siehst, ist reich.
L'homme dont tu vois la voiture est riche.

18. LE GÉNITIF SAXON

Lorsqu'un complément de nom complète un substantif précédé de l'article défini, on peut utiliser le génitif saxon. Dans ce cas, **le génitif précède le substantif dont il est complément et l'article défini disparaît.** Le génitif saxon s'emploie essentiellement avec les noms propres.

das Buch Peters
→ **Peters Buch:** *le livre de Pierre*
Ich spreche mit dem Bruder Pauls
→ **Ich spreche mit Pauls Bruder.**
Je parle au frère de Paul

19. LES ADJECTIFS POSSESSIFS

a) Les adjectifs possessifs sont les suivants : **mein** *(mon, ma)*, **dein** *(ton, ta)*, **sein** et **ihr** *(son, sa)*, **unser** *(notre)*, **euer** *(votre)*, **ihr** *(leur)*, **Ihr** (*votre* - formule de politesse). Ils se déclinent comme l'article indéfini **ein, eine, ein** (cf page 50 § 11).

b) A la troisième personne du singulier on emploie l'adjectif possessif **sein** lorsque le possesseur est masculin ou neutre et **ihr** lorsque le possesseur est féminin.

Ein Mann und seine Frau : *un homme et sa femme*
Eine Frau und ihr Mann : *une femme et son mari*

20. LE COMPARATIF

a) **Le comparatif de supériorité** se forme en ajoutant **-er** au radical de l'adjectif ou de l'adverbe. Le deuxième élément de la comparaison est précédé de **als.**

Er ist kleiner als sein Bruder.
Il est plus petit que son frère
Er singt schlechter als sein Bruder.
Il chante plus mal que son frère

b) **Le comparatif d'égalité** se forme en faisant précéder l'adjectif ou l'adverbe de **so** et en le faisant suivre de **wie**.

Er ist so groß wie sein Bruder.
Il est aussi grand que son frère
Er singt so gut wie sein Bruder.
Il chante aussi bien que son frère

21. LE SUPERLATIF

a) **Le superlatif d'un adjectif épithète** se forme en ajoutant **-st** au radical de l'adjectif.

schön : *beau* → **das schönste Auto**: *la plus belle voiture*

b) **Le superlatif d'un adjectif attribut ou d'un adverbe** se forme en ajoutant **-sten** au radical de cet adjectif ou adverbe et en le faisant précéder de **am**.

Dieses Auto ist am schönsten.
C'est cette voiture qui est la plus belle
Dieser Schüler läuft am schnellsten.
C'est cet élève qui court le plus vite

c) On intercale un **-e** entre l'adjectif et la désinence du superlatif lorsque l'adjectif se termine par une consonne sifflante (**s,ß,z**) ou par une consonne dentale (**d** ou **t**).

Er ist der schlechteste Schüler. (**schlecht :** *mauvais*)
C'est le plus mauvais élève.
Er arbeitet am schlechtesten.
C'est lui qui travaille le plus mal.

22. REMARQUES SUR LE COMPARATIF ET LE SUPERLATIF

a) Un certain nombre d'**adjectifs monosyllabiques** prennent une **inflexion au comparatif et au superlatif.** Les plus fréquemment utilisés sont : **alt** *(vieux)*, **arm** *(pauvre)*, **dumm** *(sot)*, **groß** *(grand)*, **hoch** *(haut)*, **jung** *(jeune)*, **kalt** *(froid)*, **krank** *(malade)*, **kurz** *(court)*, **lang** *(long)*, **nah** *(proche)*, **schwach** *(faible)*, **stark** *(fort)* et **warm** *(chaud)*.

b) **Comparatifs et superlatifs irréguliers:**

groß : *grand*	**größer :** *plus grand*	**der größte :** *le plus grand*
gut : *bon, bien*	**besser :** *meilleur*	**der beste:** *le meilleur*
hoch : *haut*	**höher :** *plus haut*	**der höchste :** *le plus haut*

LA LANGUE NÉERLANDAISE

1. GÉNERALITÉS

Petite précision indispensable : le néerlandais n'est pas subitement devenu l'une des douze ou vingt langues les plus répandues dans le monde. Sa place dans ce guide s'explique surtout par la proximité géographique des Pays-Bas et de la Belgique par rapport à la France. Et aussi parce que Néerlandais et Belges sont de grands voyageurs et que vous aurez souvent l'occasion - quel que soit le coin de la planète où vous pourrez vous trouver - de leur adresser un convivial *Eet smakelijk* ou un attendrissant *Ik hou van jou !*

• Le **néerlandais** est la langue officielle des Pays-Bas et de la Flandre belge. La langue néerlandaise est une langue germanique. Elle présente des similitudes avec la langue anglaise, mais plus encore avec l'allemand.

• Comme l'anglais, le néerlandais n'a pas de déclinaison, ce qui simplifie beaucoup l'apprentissage ! C'est ainsi que l'article défini *(= le, la, les)* n'a que deux formes : **de** et **het**. Quant à l'article indéfini au singulier *(= un, une)*, il a une forme unique (**een**) pour les trois genres.

• Comme en allemand, le participe passé des verbes commence généralement par **ge-** et les verbes peuvent être associés à des particules séparables ou inséparables. D'autres similitudes concernent par exemple la position du verbe dans la phrase : la forme conjuguée du verbe est toujours en deuxième position dans une proposition indépendante et les formes non conjuguées se trouvent toujours à la fin de la proposition. Dans les propositions subordonnées, l'ensemble des formes verbales se trouve à la fin.

• Deux éléments sont absolument essentiels pour une bonne prononciation de la langue néerlandaise : l'accent tonique et la longueur des voyelles. Dans la très grande majorité des cas, l'accent tonique porte sur la première syllabe des mots. La principale exception concerne les particules verbales inséparables.

• Pour **parler** et pour **écrire** correctement le néerlandais, il faut veiller à respecter la longueur des voyelles. Les voyelles longues portent très souvent l'accent tonique. Les voyelles brèves correspondent à un son plus court qu'en français. L'orthographe correcte du mot (notamment les doublements de voyelles ou de consonnes) permet toujours de savoir si une voyelle est longue ou brève.

2. SYLLABES OUVERTES ET SYLLABES FERMÉES

a) Les notions de "syllabes ouvertes" et de "syllabes fermées" sont très importantes pour orthographier correctement les mots néerlandais :

• Une "**syllabe ouverte**" est une syllabe qui se termine par une **voyelle**.

• Une "**syllabe fermée**" est une syllabe qui se termine par une **consonne**.

b) Les deux principales règles concernant la division des mots en syllabes sont les suivantes :

- Lorsque deux consonnes se suivent dans un mot, la première consonne fait partie de la syllabe qui la précède et la deuxième de celle qui la suit :

de ambtenaar : *le fonctionnaire* **(de amb-te-naar)**
de ambtenaren : *les fonctionnaires* **(de amb-te-na-ren)**

- On ne scinde pas les groupes de consonnes **ch** et **sch** :

beschrijven : *décrire* **(be-schrij-ven)**

3. VOYELLES BRÈVES ET VOYELLES LONGUES

a) Les **voyelles simples** se prononcent de manière **longue** lorsqu'elles se trouvent dans une syllabe **ouverte** :

dragen : *porter* **proberen :** *essayer* **weten :** *savoir*

b) Les **voyelles simples** se prononcent de manière **brève** lorsqu'elles se trouvent dans une syllabe **fermée** :

Wat ? *Quoi ?* **dus :** *donc* **alles :** *tout*

c) Dans une syllabe **fermée**, il faut **doubler une voyelle** pour qu'elle se prononce de manière **longue** :

Waar ? *Où ?* **Waarom ?** *Pourquoi ?* **alleen :** *seul*

4. LA PRONONCIATION

a) **La prononciation de la langue néerlandaise** est en étroite concordance avec l'orthographe. Il ne vous reste plus qu'à bien connaître les quelques points suivants :

ae	= *a* long	**ai**	= *aïe*
an	= *ann*	**au**	= *aou*
ch	= *r* très guttural (après **a**, **o** ou **u**)		
e	= *ê* fermé quand il s'agit d'une voyelle longue = *è* ouvert quand il s'agit d'une voyelle brève		
eeuw	= *éou*	**ei**	= *eille*
g	= *son assez proche du* **ch** *guttural*		
h	= *h* très aspiré en début de mot		
ie	= *i long*	**ij**	= *eille*
ijk	= *ik (se trouve souvent en fin de mot)*		
in	= *inn*	**ieuw**	= *iou*
j	= *y* (comme dans le mot *yacht*)		
o	= *ô* fermé quand il s'agit d'une voyelle longue = *o* ouvert quand il s'agit d'une voyelle brève		
oe	= *ou*	**oei**	= *ouille*
ooi	= *oy* (comme dans le mot anglais *boy*)		
on	= *onn*	**ou**	= *aou*
qu	= *qv*	**sje**	= *cheu* (en fin de mot)
sch	= *sk*	**ui**	= *euille, oeil*

b) Petite précision : dans les mots qui se terminent par -**en**, les Néerlandais ne prononcent pas le **n** final.

5. LES RÈGLES ORTHOGRAPHIQUES DE BASE

a) L'application des règles concernant la longueur des voyelles a notamment des conséquences sur l'orthographe des formes de pluriel des substantifs et sur la conjugaison des verbes : on doit par exemple doubler la consonne qui termine une syllabe fermée afin d'indiquer que la voyelle de cette syllabe est brève :

de man : *l'homme* → **de mannen :** *les hommes*

b) Inversement, lorsque la dernière syllabe d'un mot est une syllabe fermée et qu'elle se termine par une double voyelle, une de ces deux voyelles disparaît au pluriel :

de vraag : *la question* → **de vragen :** *les questions*

c) Ces règles orthographiques expliquent aussi certains doublements de lettres dans la conjugaison des verbes :

weten : *savoir* → **ik weet :** *Je sais*
hebben : *avoir* → **ik heb :** *J'ai*

d) Autre règle orthographique à noter : le **v** et le **z** se trouvent uniquement en début de syllabe. Lorsque tel n'est pas le cas, ces deux lettres sont respectivement remplacées par **f** et **s** :

leven : *vivre* → **ik leef :** *Je vis*
reizen : *voyager* → **Ik reis :** *Je voyage*

6. LA CONJUGAISON

Il existe en néerlandais **trois auxiliaires : zijn** *(être)*, **hebben** *(avoir)* et **worden** *(auxiliaire du passif)* et **deux grandes catégories de verbes:** les verbes **réguliers** comme **werken** *(travailler)* et les verbes **irréguliers** comme **zingen** *(chanter) :*

PRÉSENT DE L'INDICATIF

ZIJN		HEBBEN		WORDEN
ik **ben**	*je suis*	ik heb	*j'ai*	ik word
jij **bent**	*tu es*	jij hebt	*tu as*	jij wordt
hij **is**	*il est*	hij **heeft**	*il a*	hij wordt
wij zijn	*nous sommes*	wij hebben	*nous avons*	wij worden
jullie zijn	*vous êtes*	jullie hebben	*vous avez*	jullie worden
zij zijn	*ils sont*	zij hebben	*ils ont*	zij worden

PRÉTÉRIT DE L'INDICATIF

(= passé simple et imparfait français)

ZIJN		HEBBEN		WORDEN
ik **was**	*j'étais*	ik **had**	*j'avais*	ik **werd**
jij **was**	*tu étais*	jij **had**	*tu avais*	jij **werd**
hij **was**	*il était*	hij **had**	*il avait*	hij **werd**
wij **waren**	*nous étions*	wij **hadden**	*nous avions*	wij **werden**
jullie **waren**	*vous étiez*	jullie **hadden**	*vous aviez*	jullie **werden**
zij **waren**	*ils étaient*	zij **hadden**	*ils avaient*	zij **werden**

PRÉSENT DE L'INDICATIF

WERKEN			ZINGEN		
ik	werk	*je travaille*	ik	zing	*je chante*
jij	werkt	*tu travailles*	jij	zingt	*tu chantes*
hij	werkt	*il travaille*	hij	zingt	*il chante*
wij	werken	*nous travaillons*	wij	zingen	*nous chantons*
jullie	werken	*vous travaillez*	jullie	zingen	*vous chantez*
zij	werken	*ils travaillent*	zij	zingen	*ils chantent*

PRÉTÉRIT DE L'INDICATIF

WERKEN			ZINGEN		
ik	werk**te**	*je travaillais*	ik	**zong**	*je chantais*
jij	werk**te**	*tu travaillais*	jij	**zong**	*tu chantais*
hij	werk**te**	*il travaillait*	hij	**zong**	*il chantait*
wij	werk**ten**	*nous travaillions*	wij	**zongen**	*nous chantions*
jullie	werk**ten**	*vous travailliez*	jullie	**zongen**	*vous chantiez*
zij	werk**ten**	*ils travaillaient*	zij	**zongen**	*ils chantaient*

7. LA RACINE DES VERBES

a) Afin de conjuguer correctement un verbe néerlandais, il faut en connaître la **racine**. Celle-ci n'est en effet pas toujours identique au **radical** de ce verbe.

b) Le **radical** correspond à la forme d'infinitif à laquelle on retire la terminaison **-en.** La **racine** correspond au radical que l'on a (si nécessaire) modifié pour tenir compte des règles orthographiques de base (cf page 55 § 5) :

- **werk** est à la fois le radical et la racine du verbe **werken** *(travailler).*
- **ren** est la racine du verbe **rennen** *(courir)* dont le radical est **renn**.
- **speel** est la racine du verbe **spelen** *(jouer)* dont le radical est **spel**.
- **vraag** est la racine du verbe **vragen** *(demander)* dont le radical est **vrag**.
- **leef** est la racine du verbe **leven** *(vivre)* dont le radical est **lev**.
- **reis** est la racine du verbe **reizen** *(voyager)* dont le radical est **reiz**.

8. LE PARTICIPE PASSÉ

a) **Le participe passé des verbes réguliers** se forme en ajoutant un **-t** ou un **-d** à la racine du verbe et en la faisant précéder du préfixe **ge**. On ajoute un **-t** lorsque la racine se termine par une consonne sourde (**f, k, p, s, t, ch**) et un **-d** dans les autres cas :

werken *(travailler)* → **gewerkt**
spelen *(jouer)* → **gespeeld**

b) **Le participe passé des verbes irréguliers** se caractérise par la **modification** fréquente **de la racine du verbe.** D'autre part, on ajoute la désinence **-en** à cette racine et non pas un **-t** ou un **-d :**

zingen *(chanter)* → **gezongen**
spreken *(parler)* → **gesproken**

9. LE FUTUR

Le futur est en néerlandais un **temps composé.** On utilise généralement l'auxiliaire de mode **zullen** suivi de l'infinitif du verbe que l'on veut mettre au futur

Wij zullen morgen komen : *nous viendrons demain*

10. L'IMPÉRATIF

a) La forme la plus courante d'impératif consiste à employer sans pronom la racine du verbe. Cette tournure correspond à la fois à la deuxième personne du singulier et du pluriel :

Kom met ons mee ! *Viens avec nous ! Venez avec nous !*

b) De manière plus formelle, on emploiera cependant le pronom personnel correspondant :

Kom jij met ons mee ! *Viens avec nous !*

11. LES ARTICLES ET LES NOMS COMMUNS

a) Il existe en néerlandais trois genres : le masculin, le féminin et le neutre.

b) L'article défini *(= le, la, les)* a deux formes possibles : **de** et **het**. On emploie **het** uniquement avec les subtantifs neutres au singulier. Dans tous les autres cas, on emploie **de** :

Masculin singulier :
de man : *l'homme*

Masculin pluriel :
de mannen : *les hommes*

Féminin singulier :
de vrouw : *la femme*

Féminin pluriel :
de vrouwen : *les femmes*

Neutre singulier :
het meisje : *la jeune fille*

Neutre pluriel :
de meisjes : *les jeunes filles*

c) L'article indéfini au singulier *(= un, une)* est **een** quel que soit le genre du substantif. **Een** n'a pas de pluriel :

een man : *un homme* — **mannen :** *des hommes*
een vrouw : *une femme* — **vrouwen :** *des femmes*
een meisje : *une jeune fille* — **meisjes :** *des jeunes filles*

d) La négation **geen** *est la négation de* **een**, mais aussi celle de l'**absence d'article** qui est l'équivalent néerlandais de l'article partitif français *(du, de la, des)* :

Ik heb een auto : *j'ai une voiture*
→ **Ik heb geen auto :** *je n'ai pas de voiture*
Ik heb geld : *j'ai de l'argent*
→ **Ik heb geen geld :** *je n'ai pas d'argent*

e) La majorité des noms communs néerlandais prend **-en** ou **-n** au pluriel. Attention : l'adjonction de la forme de pluriel entraîne parfois une modification orthographique :

de man : *l'homme* → **de mannen :** *les hommes*
de vraag : *la question* → **de vragen :** *les questions*
het boek : *le livre* → **de boeken :** *les livres*

f) Le pluriel en **-s** est également très répandu, notamment pour les substantifs qui se terminent au singulier par **e, el, em, en** ou **er** :

het meisje : *la jeune fille* → **de meisjes :** *les jeunes filles*

12. LES PRONOMS PERSONNELS

En néerlandais comme en français, les pronoms personnels ont des formes différentes selon qu'ils occupent la fonction de sujet *(je, tu, il, elle,* etc.) ou celle de complément *(me, te, le, la, lui,* etc.). Par ailleurs, certains pronoms personnels néerlandais ont une forme non accentuée *(je, ze, we)* très utilisée dans la langue courante. Dans les listes ci-dessous, cette forme non accentuée figure (en caractères rouges) à droite de la forme accentuée :

Pronoms personnels (sujets) :

ik		*je*
jij	**je**	*tu*
u + *verbe au singulier*		*vous* (politesse)
hij		*il* (masculin)
zij	**ze**	*elle* (féminin)
het		*il, elle* (neutre)
wij	**we**	*nous*
jullie		*vous* (pluriel)
zij	**ze**	*ils, elles*

Pronoms personnels (compléments) :

mij	**me**	*me*
jou	**je**	*te*
u + *verbe au singulier*		*vous* (politesse)
hem		*le, lui* (masculin)
haar		*la, lui* (féminin)
het		*le, la, lui* (neutre)
ons		*nous*
jullie		*vous* (pluriel)
hen, hun	**ze**	*les, leur*

13. LA FORMULE DE POLITESSE

La **formule de politesse** s'exprime en néerlandais avec le pronom **u**. Mais contrairement à ce qui se passe dans le vouvoiement français, le pronom **u** est toujours suivi d'un verbe au singulier (deuxième ou troisième personne) même lorsque l'on s'adresse à plusieurs personnes :

Kunt u het herhalen, alstublieft ?
Pouvez-vous répéter, s'il vous plaît ?

14. LE PRONOM "ER"

a) Dans les phrases néerlandaises, on retrouve très souvent le mot **er** qui peut selon les cas avoir une valeur de pronom ou d'adverbe.

b) **Er** est souvent employé comme sujet apparent ou indéterminé :

Er wordt hier hard gewerkt ! *On travaille dur, par ici !*
Er zijn veel mensen op het strand.
Il y a beaucoup de monde sur la plage.

c) **Er** peut également occuper une fonction de complément de lieu ou de quantité et correspond dans ce cas très souvent aux mots français *y* et *en :*

- **Kent u Frankrijk ?** *Connaissez-vous la France ?*
- **Nee, ik ben er nog nooit geweest.**
Non, je n'y suis encore jamais allé.
- **Hebt u nog snoepjes ?** *Avez-vous encore des bonbons ?*
- **Ja, ik heb er nog drie :** *Oui, j'en ai encore trois.*

15. LES ADJECTIFS POSSESSIFS

a) Les adjectifs possessifs néerlandais sont les suivants :

mijn		: *mon, ma, mes*
jouw	je	: *ton, ta, tes*
uw		: *votre, vos* (politesse)
zijn		: *son, sa, ses* (possesseur (masculin)
haar		: *son, sa, ses* (possesseur féminin)
zijn		: *son, sa, ses* (possesseur neutre)
ons, onze		: *notre, nos*
jullie	je	: *votre, vos* (pluriel)
hun		: *leur*

b) Les adjectifs possessifs néerlandais sont invariables au singulier comme au pluriel. Certains d'entre eux (**jouw** et **jullie**) ont une forme non accentuée (**je**) très utilisée dans la langue courante.

16. LES ADJECTIFS QUALIFICATIFS

a) Les adjectifs **attributs** sont invariables :

Mijn auto is nieuw : *ma voiture est neuve*
Hun auto's zijn nieuw : *leurs voitures sont neuves*

b) Les adjectifs **épithètes** se placent toujours devant le substantif qu'ils qualifient et prennent généralement un **-e** (au singulier et au pluriel) : **Waar is de nieuw<u>e</u> auto ?** *Où est la nouvelle voiture ?*

c) Dans certains cas, l'adjectif **épithète** ne prend pas de **-e**, notamment lorsqu'il précède un substantif neutre singulier employé sans article ou avec certains déterminatifs comme **een** *(un, une)*, **geen** *(pas de, aucun)*, **veel** *(beaucoup)* ou **weinig** *(peu)* :

Ik drink koel water : *je bois de l'eau fraiche*
een nieuw huis : *une nouvelle maison*

17. LE COMPARATIF

a) **Le comparatif de supériorité** se forme en ajoutant **-er** au radical de l'adjectif ou de l'adverbe (ou **-der** si l'adjectif se termine par un **-r**). Le deuxième élément de la comparaison est précédé de **dan**. **Hij is kleiner dan zijn broer.** (**klein :** *petit*)
Il est plus petit que son frère.

b) **Le comparatif d'infériorité** se forme avec **minder** et **dan.**

Hij is minder groot dan zijn broer. (**groot :** *grand*)
Il est moins grand que son frère.

c) **Le comparatif d'égalité** se forme en faisant précéder l'adjectif ou l'adverbe de **net zo** ou de **even** et en le faisant suivre de **als**.

Hij is net zo groet als zijn broer.
= **Hij is even groet als zijn broer.**
Il est aussi grand que son frère.

18. LE SUPERLATIF

a) Dans la majorité des cas, **le superlatif d'un adjectif épithète** se forme en ajoutant **-st** au radical de l'adjectif :

mooi → het mooiste auto : *la plus belle voiture*

b) Il est également toujours possible de former le superlatif en intercalant l'adverbe **meest** entre l'article et l'adjectif. C'est notamment le cas lorsque l'adjectif se termine par **de**, **sd** ou **st :**

juist → het meest juiste woord : *le mot le plus exact*

c) **Le superlatif d'un adjectif attribut ou d'un adverbe** se forme en ajoutant **-ste** au radical de cet adjectif ou adverbe et en le faisant précéder de **het**.

Deze auto is het mooiste.
C'est cette voiture qui est la plus belle.

1.

EXPRESSIONS DE BASE (1)

BASISUITDRUKKINGEN

1.	Bonjour ! *(le matin)*	**Goedemorgen! Goeiemorgen!**
2.	Bonjour ! *(l'après-midi)*	**Goedemiddag! Goeiemiddag!**
3.	Bonjour ! *(toute la journée)*	**Goedendag! Goeiedag!**
4.	Salut ! *(= bonjour familier)*	**Hoi! Dag! Hallo!**
5.	Salut à tous !	**Hallo iedereen!**
6.	Bonsoir !	**Goedenavond!**
7.	Mesdames et Messieurs, bonjour !	**Dames en heren, goedendag!**
8.	Chers amis, bonsoir !	**Beste vrienden, goedenavond!**
9.	Bienvenue !	**Welkom!**
10.	Soyez les bienvenus !	**Wees welkom!**
11.	Bon appétit !	**Eet smakelijk!**
12.	A votre santé !	**(Op uw) gezondheid! Toast! Proost!**
13.	A vos souhaits !	**Gezondheid!**
14.	Bonne nuit !	**Goedenacht!**
15.	A demain !	**Tot morgen!**
16.	Dors bien !	**Slaap wel!**
17.	Dormez bien !	**Welterusten!**
18.	A bientôt !	**Tot gauw!**
19.	A tout à l'heure !	**Tot straks!**
20.	Au revoir !	**Tot ziens! Tot kijk!**
21.	Salut ! *(= au revoir)*	**Dag!**
22.	Bon voyage !	**Goede reis! Goeie reis!**
23.	A l'an prochain !	**Tot volgend jaar!**
24.	A la semaine prochaine !	**Tot volgende week!**
25.	D'accord !	**Goed! Afgesproken! Ok!**
26.	Pas de problème !	**Geen probleem!**
27.	- Parlez-vous français ?	**- Spreekt u Frans ?**
28.	- Non, je ne parle que l'anglais.	**- Nee, ik spreek alleen maar Engels.**
29.	Je parle néerlandais.	**Ik spreek Nederlands.**
30.	Je ne parle pas néerlandais.	**Ik spreek geen Nederlands.**
31.	Y a-t-il ici quelqu'un qui parle français ?	**Is hier iemand die Frans spreekt?**
32.	Pouvez-vous traduire ce mot ?	**Kunt u dit woord vertalen?**
33.	Que signifie ce mot ?	**Wat betekent dit woord?**

2.

EXPRESSIONS DE BASE (2)

BASISUITDRUKKINGEN

34.	Merci ! *(vouvoiement)*	**Dank u !**
35.	Merci ! *(tutoiement)*	**Dank je !**
36.	Merci beaucoup !	**Dank u wel!**
37.	Merci beaucoup) ! *(tutoiement)*	**Dank je wel!**
38.	Je vous en prie !	**Alstublieft!**
39.	Je t'en prie !	**Alsjeblieft!**
40.	Il n'y a pas de quoi !	**Geen dank!**
41.	De rien !	**Graag gedaan.**
42.	Non merci !	**Nee bedankt !**
43.	Oui.	**Ja.**
44.	Non.	**Nee.**
45.	Si.	**Jawel.**
46.	Peut-être.	**Misschien.**
47.	Parfois.	**Soms.**
48.	Jamais.	**Nooit.**
49.	Souvent.	**Vaak.**
50.	Toujours.	**Altijd.**
51.	Je ne sais pas.	**Ik weet het niet.** (weten : *savoir*)
52.	Je ne comprends pas.	**Ik begrijp het niet.**
	(begrijpen : *comprendre* / begrepen : *compris*)	
53.	Je n'ai pas compris.	**Ik heb het niet begrepen.**
54.	Que dites-vous ?	**Wat zegt u?**
55.	Que dit-il ?	**Wat zegt hij?**
56.	Il dit qu'il ne comprend rien !	**Hij zegt dat hij niets begrijpt!**
57.	Je ne parle pas votre langue.	**Ik spreek uw taal niet.**
58.	Comment dit-on cela en anglais ?	**Hoe zeg je dat in het Engels?**
59.	Dites-le plutôt en français !	**Zeg het liever in het Frans!**
60.	Que signifie cette phrase, s'il vous plaît ?	**Wat betekent deze zin, alstublieft?**
61.	Pouvez-vous répéter, s'il vous plaît ?	**Kunt u het herhalen, alstublieft?**
62.	Parlez plus lentement, s'il vous plaît.	**Spreek wat langzamer, alstublieft.**
63.	Pardon !	**Sorry! Pardon!**
64.	Excusez-moi !	**Excuseer me!**
65.	Désolé(e) !	**Het spijt me!**
66.	Dommage !	**Jammer!**
67.	C'est vraiment dommage !	**Het is echt jammer!**

3.

SE PRÉSENTER

ZICH VOORSTELLEN

1.	Comment vous appelez-vous ?	**Hoe heet u?**
2.	Mon nom (de famille) est Dubois.	**Mijn (achter)naam is Dubois.**
3.	Je m'appelle Marie Dubois.	**Ik heet Marie Dubois.**
4.	Enchanté (de faire votre connaissance) !	**Aangenaam (kennis met u te maken)!**
5.	Madame Dubois.	**Mevrouw Dubois.**
6.	Monsieur Dubois.	**Meneer Dubois.**
7.	Mademoiselle Dubois.	**Juffrouw Dubois.**
8.	Je vous présente mon mari.	**Dit is mijn man.**
9.	Je vous présente ma femme.	**Dit is mijn vrouw.**
10.	- Quel âge avez-vous ?	**- Hoe oud bent u?**
11.	- Quel âge avez-as-tu?	**- Hoe oud ben je?**
12.	- J'ai 32 ans.	**- Ik ben tweeëndertig (jaar).**
13.	Aujourd'hui, c'est mon anniversaire.	**Het is mijn verjaardag vandaag.**
14.	J'ai 25 ans aujourd'hui.	**Vandaag ben ik 25 jaar geworden.** (25 = vijfentwintig)
15.	Bon anniversaire !	**Gelukkige verjaardag!**
16.	Félicitations !	**Gefeliciteerd!**
17.	- Avez-vous des enfants ?	**Heeft u kinderen?**
18.	- J'ai un garçon et une fille.	**Ik heb een zoon en een dochter.**
19.	la famille	**de familie**
20.	l'homme / la femme	**de man / de vrouw**
21.	le père / la mère	**de vader / de moeder**
22.	papa / maman	**papa / mama**
23.	les parents	**de ouders**
24.	les grands-parents	**de grootouders**
25.	l'enfant	**het kind**
26.	le garçon / la fille	**de jongen / het meisje**
27.	le fils / la fille	**de zoon / de dochter**
28.	le frère / la sœur	**de broer / de zus**
29.	l'amitié	**de vriendschap**
30.	l'ami	**de vriend**
31.	l'amour	**de liefde**
32.	aimer	**houden van**
33.	Je t'aime.	**Ik hou van jou.**
34.	Est-ce que tu m'aimes ?	**Hou je van me?**

4.

QUELQUES QUESTIONS

ENKELE VRAGEN

1.	la question	**de vraag**
2.	la réponse	**het antwoord**
3.	Puis-je vous poser une question ?	**Mag ik u iets vragen?**
4.	Quel jour sommes-nous ?	**Wat is het vandaag? = Welke dag zijn we?**
5.	Quelle heure est-il ?	**Hoe laat is het?**
6.	Quel temps fait-il aujourd'hui ?	**- Wat voor weer is het vandaag ?**
7.	Allô ?	**Hallo ?**
8.	Qui est à l'appareil ?	**Met wie spreek ik ?**
9.	Pourrais-je parler à Monsieur Dubois ?	**Kan ik Meneer Dubois spreken ?**
10.	Qui ? / Quoi ?	**Wie? / Wat?**
11.	Comment ?	**Hoe?**
12.	Pourquoi ?	**Waarom?**
13.	Quand ?	**Wanneer?**
14.	Depuis quand ?	**Sinds wanneer?**
15.	Qui est là ?	**Wie is er?**
16.	Qui êtes-vous ?	**Wie bent u?**
17.	- Qui est-ce ?	**- Wie is dat?**
18.	- C'est moi !	**- Ik ben het!**
19.	Qu'est-ce que c'est ?	**Wat is er?**
20.	Que se passe-t-il ?	**Wat is er aan de hand?**
21.	Où es-tu ?	**Waar ben je?**
22.	Où vas-tu ?	**Waar ga je heen?**
23.	D'où viens-tu ?	**Waar kom je vandaan?**
24.	- A quelle heure peux-tu venir ?	**- hoe laat kun je komen ?**
25.	Où puis-je trouver un restaurant ?	**Waar kan ik een restaurant vinden?**
26.	Où se trouve l'hôtel ?	**Waar ligt het hotel?**
27.	Avez-vous un plan de la ville ?	**Heeft u een plattegrond van de stad ?**
28.	Pouvez-vous me donner votre adresse ?	**Kunt u mij uw adres geven?**
29.	Quelle est votre profession ?	**Wat is uw beroep?**
30.	Est-ce que cela vous gêne si je fume ?	**Vindt u het erg als ik rook?**
31.	Avez-vous du feu ?	**Heeft u een vuurtje?**

5.

EN VOYAGE

OP REIS

1.	le voyage	**de reis**
2.	voyager	**reizen**
3.	le départ	**het vertrek**
4.	l'arrivée	**de aankomst**
5.	la valise	**de koffer**
6.	les bagages	**de bagage**
7.	Allons-y !	**Kom, we gaan!**
8.	En route !	**Op weg!**
9.	la douane	**de douane**
10.	le passeport	**het paspoort**
11.	la carte d'identité	**de identiteitskaart**
12.	Puis-je voir votre passeport ?	**Mag ik uw paspoort zien?**
13.	l'avion	**het vliegtuig**
14.	l'aéroport	**het vliegveld**
15.	le pilote	**de piloot**
16.	décoller	**opstijgen**
17.	atterrir	**landen**
18.	annuler	**afzeggen, annuleren**
19.	retarder	**vertragen, uitstellen**
20.	Le vol est retardé.	**De vlucht is vertraagd. = De vlucht is uitgesteld.**
21.	Notre avion décolle à 15 heures.	**Ons vliegtuig stijgt om drie uur 's middags op.**
22.	Attachez vos ceintures, s'il vous plaît !	**Doe uw veiligheidsgordel om, alstublieft!**
23.	Il est interdit de fumer dans les toilettes.	**Het is verboden in de toiletten te roken.**
24.	le chemin de fer	**de spoorweg**
25.	le train	**de trein**
26.	la gare	**het station**
27.	le quai	**het perron**
28.	le compartiment	**de coupé, het compartiment**
29.	le wagon	**de wagon**
30.	le wagon-restaurant	**het restauratierijtuig**
31.	- Je voudrais un billet pour Paris.	**- Mag ik een kaartje voor Parijs.**
32.	- Aller simple ou aller et retour ?	**- Enkele reis of een retourtje? = Heen of heen en terug?**

6.

AU RESTAURANT

IN HET RESTAURANT

1.	Le restaurant est ouvert.	**Het restaurant is open.**
2.	Cette table est-elle libre ?	**Is deze tafel vrij?**
3.	Nous avons réservé une table pour deux.	**We hebben een tafel voor twee gereserveerd.**
4.	J'ai faim.	**Ik heb honger.**
5.	J'ai soif.	**Ik heb dorst.**
6.	Garçon, puis-je avoir la carte ?	**Ober, mag ik het menu?**
7.	Donnez-moi aussi la carte des vins !	**Geef me ook maar de wijnkaart !**
8.	Que nous recommandez-vous ?	**Wat beveelt u ons aan?**
9.	Quel est le plat du jour ?	**Wat is het dagschotel?**
10.	Ceci est notre plat national.	**Dit is ons nationale gerecht.**
11.	J'adore la cuisine française.	**Ik ben gek op Frans eten.**
12.	Moi, je préfère la cuisine chinoise !	**Ik heb liever Chinees eten!**
13.	Quelle cuisson désirez-vous ?	**Hoe wilt u het gebakken hebben?**
14.	A point ?	**Gaar?**
15.	Bien cuit ?	**Goed doorbakken?**
16.	Saignant ?	**Weinig doorbakken?**
17.	Puis-je avoir un peu de moutarde ?	**Mag ik een beetje mosterd hebben?**
18.	J'aimerais avoir du pain, s'il vous plaît !	**Ik zou graag wat brood willen hebben, alstublieft!**
19.	Ce que tu manges a l'air très bon.	**Wat je eet ziet er lekker uit!**
20.	Est-ce que je peux goûter ?	**Mag ik eens proeven?**
21.	- Est-ce que c'était bon ?	**- Heeft het gesmaakt?**
22.	- Le repas était excellent.	**- De maaltijd was heerlijk.**
23.	- Désirez-vous encore autre chose ?	**- Wilt u nog iets anders?**
24.	- Non, merci. Ce sera tout.	**- Nee, dank u. Dit is alles.**
25.	L'addition, s'il vous plaît !	**De rekening, alstublieft!**
26.	Le service est compris.	**Service inbegrepen.**
27.	Mais on peut laisser un pourboire.	**Maar we kunnen toch een fooi geven!**
28.	Où sont les toilettes, s'il vous plaît ?	**Waar zijn de toiletten, alstublieft?**

7.

LES REPAS (1)

MAALTIJDEN

1.	le repas	**de maaltijd**
2.	le petit-déjeuner	**het ontbijt**
3.	le pain	**het brood**
4.	le beurre	**de boter**
5.	la confiture	**de jam**
6.	le miel	**de honing**
7.	le déjeuner	**de lunch**
8.	le dîner	**het avondeten**
9.	l'entrée	**het voorgerecht**
10.	le plat principal	**het hoofdgerecht**
11.	la boisson	**de drank**
12.	l'eau [gazeuse]	**het [spuit]water**
13.	l'eau plate	**het plat water**
14.	le jus (de fruit)	**het [vruchten]sap = het [fruit]sap**
15.	le vin (rouge)	**de (rode) wijn**
16.	le vin blanc	**de witte wijn**
17.	la bière (blonde)	**het (licht) bier**
18.	la bière brune	**het donker bier**
19.	la bière pression	**het tap bier**
20.	le café	**de koffie**
21.	le thé	**de thee**
22.	le lait	**de melk**
23.	avec ou sans lait ?	**met of zonder melk?**
24.	le chocolat (chaud)	**de (warme) chocolademelk**
25.	Pouvez-vous m'apporter un verre ?	**Kunt u mij een nieuw glas brengen ?**
26.	- Que voulez-vous boire ?	**- Wat wilt u drinken ? = Wat wenst u te drinken?**
27.	- Une bière et un verre de vin rouge.	**- Een bier en een glasje rode wijn.**
28.	A votre santé !	**Proost!**
29.	Cul sec !	**In één teug [leegdrinken]!**
30.	C'est ma tournée !	**Het is mijn rondje!**
31.	le verre	**het glas**
32.	la tasse	**het kopje**
33.	l'assiette	**het bord**
34.	la cuillère	**de lepel**
35.	le couteau	**het mes**
36.	la fourchette	**de vork**

8.

LES REPAS (2)

MAALTIJDEN

37.	la salade	**de sla**
38.	l'œuf	**het ei**
39.	la pomme de terre	**de aardappel**
40.	les frites	**de frieten**
41.	le steak-frites	**de biefstuk met aardappelen**
42.	la viande	**het vlees**
43.	le poisson	**de vis**
44.	le bœuf	**het rund**
45.	le veau	**het kalf**
46.	le porc	**het varken**
47.	le jambon	**de ham, *de hesp***
48.	la saucisse	**de worst**
49.	le hot dog	**de hotdog**
50.	le poulet	**de kip**
51.	l'agneau	**het lam**
52.	le saumon	**de zalm**
53.	la truite	**de forel**
54.	la sole	**de tong**
55.	les pâtes	**de deegwaren**
56.	le riz	**de rijst**
57.	l'huile	**de olie**
58.	le vinaigre	**de azijn**
59.	la moutarde	**de mosterd**
60.	le poivre	**de peper**
61.	le sel	**het zout**
62.	le sucre	**de suiker**
63.	les légumes	**de groenten**
64.	le fromage	**de kaas**
65.	le dessert	**het nagerecht, het toetje**
66.	la glace	**het ijsje**
67.	le gâteau	**de taart, de koek**
68.	le fruit	**het fruit**
69.	la pomme	**de appel**
70.	la poire	**de peer**
71.	l'orange	**de sinaasappel**
72.	la fraise	**de aardbei**
73.	le jus de pomme	**het appelsap**
74.	la pelure	**de schil**
75.	Quel est le nom de ce fruit ?	**Wat is de naam van deze vrucht?**

9.

LES JOURS ET LES MOIS

DE DAGEN EN DE MAANDEN

1.	la semaine	**de week**
2.	le lundi	**maandag**
3.	le mardi	**dinsdag**
4.	le mercredi	**woensdag**
5.	le jeudi	**donderdag**
6.	le vendredi	**vrijdag**
7.	le samedi	**zaterdag**
8.	le dimanche	**zondag**
9.	Janvier	**Januari**
10.	Février	**Februari**
11.	Mars	**Maart**
12.	Avril	**April**
13.	Mai	**Mei**
14.	Juin	**Juni**
15.	Juillet	**Juli**
16.	Août	**Augustus**
17.	Septembre	**September**
18.	Octobre	**Oktober**
19.	Novembre	**November**
20.	Décembre	**December**

10.

LES CHIFFRES ET LES NOMBRES

CIJFERS EN GETALLEN

1	**één**	18	**achttien**
2	**twee**	19	**negentien**
3	**drie**	20	**twintig**
4	**vier**	21	**éénentwintig**
5	**vijf**	22	**tweeëntwintig**
6	**zes**	23	**drieëntwintig**
7	**zeven**	24	**vierentwintig**
8	**acht**	30	**dertig**
9	**negen**	40	**veertig**
10	**tien**	50	**vijftig**
11	**elf**	60	**zestig**
12	**twaalf**	70	**zeventig**
13	**dertien**	80	**tachtig**
14	**veertien**	90	**negentig**
15	**vijftien**	100	**honderd**
16	**zestien**	1000	**duizend**
17	**zeventien**	0	**nul**

11.

L'ARGENT - LE PRIX

HET GELD - DE PRIJS

1.	- Combien est-ce que ça coûte ?	**- Hoe duur is het? = Hoeveel kost het?**
2.	- 17 euros et cinquante centimes.	**- Zeventien euro vijftig.**
3.	C'est bon marché.	**Het is goedkoop.**
4.	C'est cher.	**Het is duur.**
5.	Ce n'est vraiment pas cher.	**Het is niet echt duur.**
6.	C'est très cher.	**Het is zeer duur.**
7.	C'est trop cher pour moi.	**Het is mij te duur.**
8.	Est-ce que vous avez autre chose ?	**Heeft u iets anders?**
9.	Avez-vous quelque chose de moins cher ?	**Heeft u iets goedkopers?**
10.	Je n'ai pas assez d'argent.	**Ik heb niet genoeg geld. = Ik heb geen geld genoeg.**
11.	Combien d'argent as-tu ?	**Hoeveel geld heb je?**
12.	Peux-tu me donner quelques euros ?	**Kun je me wat euro's geven?**
13.	Est-ce que je peux payer en dollars ?	**Kan ik in dollars betalen?**
14.	Rendez-moi la monnaie, s'il vous plaît !	**Kan ik kleingeld terug-krijgen, alstublieft?**
15.	Vous pouvez garder la monnaie.	**U kunt de muntjes houden.**
16.	- Où est le magasin le plus proche ?	**- Waar is de dichtsbijzijnde winkel?**
17.	- Au bout de la rue, à gauche !	**- Aan het eind van de straat links !**
18.	Entrez donc ! Venez jeter un coup d'œil !	**Kom binnen! Kom even kijken!**
19.	- Que cherchez-vous exactement ?	**- Wat zoekt u precies?**
20.	- Rien de spécial.	**-Niets bijzonders.**
21.	- Je voudrais juste jeter un coup d'œil!	**-Ik wil alleen maar even kijken!**
22.	Je voudrais acheter ceci.	**Dit wil ik graag kopen.**
23.	Profitez-en, c'est une bonne affaire !	**Het is echt een koopje!**
24.	- Est-ce que vous désirez autre chose ?	**- Wilt u nog iets anders?**
25.	- J'aimerais ramener un souvenir.	**- Ik wil graag een souvenir meenemen.**

12.

A L'HÔTEL

IN HET HOTEL

1.	la chambre	**de kamer**
2.	le lit	**het bed**
3.	la douche	**de douche**
4.	la chambre individuelle	**de eenpersoonskamer**
5.	la chambre double	**de tweepersoonskamer**
6.	la salle de bains	**de badkamer**
7.	l'air conditionné	**de airconditioning**
8.	la demi-pension	**het halfpension**
9.	la pension complète	**het volpension**
10.	- Avez-vous encore des chambres libres ?	**- Zijn er nog kamers vrij?**
11.	- Désolé, l'hôtel est complet.	**- Sorry, maar het hotel is vol** (*ou* **volzet**).
12.	Deux chambres sont encore disponibles.	**Er zijn nog twee kamers beschikbaar.**
13.	Nous aimerions une chambre double.	**We willen graag een tweepersoonskamer.**
14.	La chambre coûte 150 euros.	**De kamer kost honderd vijftig euro.**
15.	Avez-vous quelque chose de moins cher ?	**Heeft u iets goedkopers?**
16.	- Pouvons-nous voir la chambre ?	**- Kunnen we de kamer zien?**
17.	- Voici la clé de la chambre.	**- Hier (heeft u) de sleutel van de kamer.**
18.	La chambre est au deuxième étage.	**De kamer is op de tweede verdieping.**
19.	La chambre me plaît. Nous la prenons.	**De kamer bevalt me. We nemen hem.**
20.	- Combien de temps pensez-vous rester?	**- Hoe lang denkt u hier te blijven?**
21.	- Nous resterons deux ou trois jours.	**- We blijven hier twee of drie dagen.**
22.	- Je vous souhaite un agréable séjour.	**- Ik wens u een prettig verblijf.**
23.	Le petit-déjeuner est inclus.	**Het ontbijt is inbegrepen.**
24.	Jusqu'à quelle heure peut- on déjeuner ?	**Tot hoe laat kunnen we ontbijten?**
25.	Pouvez-vous me réveiller à six heures ?	**Kunt u me om zes uur wakker maken?**

13.

LA VOITURE

DE AUTO

1.	l'essence	**de benzine**
2.	faire le plein	**tanken**
3.	la station-service	**het benzinestation**
4.	la rue	**de straat**
5.	la route	**de weg**
6.	l'autoroute	**de snelweg**
7.	le camion	**de vrachtwagen**
8.	l'autocar	**de bus**
9.	- Je voudrais louer une voiture.	**- Ik wil graag een auto huren.**
10.	- Montrez-moi votre permis de conduire !	**- Laat uw rijbewijs eens zien!**
11.	Je dois faire le plein.	**Ik moet gaan tanken.**
12.	Où est la prochaine station-service ?	**Waar is het volgende benzinestation?**
13.	J'aimerais prendre vingt litres d'essence.	**Ik wil graag twintig liter benzine.**
14.	Où est le prochain arrêt de bus ?	**Waar is de volgende bushalte ?**
15.	Pouvez-vous nettoyer le pare-brise ?	**Kunt u mijn voorruit schoonmaken?**
16.	Stationnement interdit.	**Verboden te parkeren.**
17.	- Sommes-nous sur la bonne route ?	**- Zijn we op de goede weg?**
18.	- Non, vous vous êtes trompés.	**- Nee, jullie hebben zich vergist.**
19.	Vous êtes sur la mauvaise route.	**Jullie zijn op de verkeerde weg.**
20.	Vous devez faire demi-tour.	**Jullie moeten omkeren. = Jullie moeten terugkeren.**
21.	A quelle distance se trouve cette ville ?	**Hoe ver is deze stad?**
22.	Où est la gare, s'il vous plaît ?	**Waar is het station, alstublieft?**
23.	Allez jusqu'au prochain feu rouge !	**Ga tot het volgende verkeerslicht!**
24.	Là, vous tournez à droite.	**Daar rechtsaf.**
25.	Prenez ensuite la deuxième rue à gauche.	**Neem dan de tweede straat links.**
26.	Après, c'est toujours tout droit !	**Daarna altijd rechtdoor!**

14.

QUELQUES CONTRAIRES

ENKELE TEGENSTELLINGEN

1.	C'est beau.	**Het is mooi.**
2.	Ce n'est pas beau.	**Het is niet mooi.**
3.	C'est ouvert.	**Het is open.**
4.	C'est fermé.	**Het is gesloten.**
5.	C'est grand.	**Het is groot.**
6.	C'est petit.	**Het is klein.**
7.	long - court	**lang - kort**
8.	large - étroit	**breed - smal**
9.	bon - mauvais	**goed - slecht**
10.	jeune - vieux	**jong - oud**
11.	nouveau - ancien	**nieuw - oud**
12.	chaud - froid	**warm - koud**
13.	rapide - lent	**snel - langzaam**
14.	propre - sale	**schoon - vuil**
15.	vrai, exact - faux	**echt, juist - fout**
16.	interdit - autorisé	**verboden - toegestaan**
17.	quelqu'un	**iemand**
18.	personne	**niemand**
19.	tout le monde	**iedereen**
20.	quelque chose	**iets**
21.	rien - tout	**niets - alles**
22.	beaucoup - peu	**veel - weinig**
23.	maintenant	**nu**
24.	plus tard	**later**
25.	aujourd'hui	**vandaag**
26.	hier - demain	**gisteren - morgen**
27.	avant-hier	**eergisteren**
28.	après-demain	**overmorgen**
29.	en haut - en bas	**boven - beneden**
30.	à droite - à gauche	**rechts - links**
31.	loin - proche	**ver[af] - dichtbij**
32.	ici - là-bas	**hier - daar**

15.

LES COULEURS

KLEUREN

1.	blanc - noir	**wit - zwart**
2.	bleu - rouge	**blauw - rood**
3.	vert - jaune	**groen - geel**
4.	gris - marron	**grijs - bruin**
5.	rose - orange	**rose - oranje**

16.

- COMMENT ALLEZ-VOUS ?

- HOE GAAT HET (MET U)?

1.	- Comment ça va ?	**- Hoe gaat het?**
2.	- Très bien, merci. Et vous ?	**- Zeer goed, dank u. En met u?**
3.	Entrez, je vous en prie !	**Komt u binnen, alstublieft!**
4.	Après vous, je vous en prie !	**Gaat u voor, alstublieft!**
5.	C'est très aimable à vous !	**Dat is zeer vriendelijk!**
6.	Faites comme chez vous !	**Doe** (*ou* **doet u**) **alsof u thuis bent!**
7.	Mettez-vous à l'aise !	**Maak het u gemakkelijk!**
8.	- Puis-je m'asseoir à côté de vous ?	**- Mag ik naast u (gaan) zitten?**
9.	- Mais bien sûr !	**- Natuurlijk!**
10.	- Cela ne vous dérange pas ?	**- Stoort u dat niet?**
11.	- Mais pas du tout, au contraire !	**- Zeker niet, integendeel!**
12.	- Comment vous sentez-vous ?	**- Hoe voelt u zich?**
13.	- Je ne me sens pas très bien.	**- Ik voel me niet echt lekker.**
14.	Je me sens mal.	**Ik voel me slecht.**
15.	Je me sens bien.	**Ik voel me wel goed.**
16.	Je me sens mieux.	**Ik voel me beter.**
17.	la santé	**de gezondheid**
18.	la maladie	**de ziekte**
19.	malade / le malade	**ziek / de zieke**
20.	le médecin	**de dokter**
21.	le médicament	**het medicijn**
22.	la pharmacie	**de apotheek**
23.	J'ai attrapé un rhume.	**Ik ben verkouden.**
24.	J'ai mal à la tête.	**Ik heb hoofdpijn.**
25.	Il faut que je voie un médecin.	**Ik moet een dokter zien.**
26.	Où y a-t-il une pharmacie ?	**Waar is er een apotheek?**
27.	Bon rétablissement !	**Beterschap!**

Pour bien mémoriser toutes ces phrases néerlandaises et assimiler parfaitement leur prononciation, n'oubliez pas de vous rendre sur notre site internet : **www.parlissimo. com**

Toutes les phrases de « Douze langues pour sillonner le monde » peuvent y être écoutées en libre service (gratuitement) ou téléchargées en toute légalité (contre la modique somme de 2 euros par langue).

LA LANGUE ESPAGNOLE

L'espagnol (officiellement dénommé «castillan » dans la Constitution espagnole de 1978) comporte de nombreuses similitudes avec le français, étant donné l'origine latine commune de ces deux langues. Mais la langue espagnole a également été très influencée par la langue arabe, héritage de la présence musulmane entre 711 et 1492, et, dans une moindre mesure, par la langue basque. La langue espagnole compte plus de 5000 mots d'origine arabe.

La prononciation de la langue espagnole présente par rapport à celle de la langue française quelques particularités que l'on peut résumer ainsi :

ai	= *aïe*	**au**	= *aou*
an	= *ann*	**ch**	= *tch*
e	= *é* ou *è*	**em**	= *ém*
en	= *enn*	**eu**	= *éou*
g	= *r* guttural (devant **e** *et* **i**)		
im	= *imm*	**in**	= *inn*
j	= *r* très guttural (cette lettre s'appelle la « jota »)		
ll	= *l-li* (l « mouillé »)		
ñ	= *gn* (comme dans le mot *bagne*)		
om	= *omm*	**on**	= *onn*
r	= *r* très roulé	**s**	= *ss*
u	= *ou*	**um**	= *oum*
un	= *ounn*	**v**	= *b*
z	= *ss* légèrement zézayé qui se prononce avec la langue entre les dents)		

Quelques précisions :

- Le **ch**, le **ll** et le **ñ** sont trois consonnes ou groupements de consonnes considérées comme des lettres à part entière. Tous les mots commençant par **ch** (prononcez : *tch*), **ll** (prononcez : *l-li*) et **ñ** (prononcez : *gn*) figurent dans les lexiques et les dictionnaires respectivement après ceux commençant par les lettres **c, l** et **n.** Le signe qui figure sur la lettre **ñ** est appelé un « tilde ».
- Dans la région de Madrid, le **d** final se prononce souvent comme un **z** affaibli : Madrid = « Madriz »

L'ACCENT TONIQUE

a) L'accent tonique joue un rôle très important dans la prononciation. Les mots espagnols qui se terminent par une consonne autre que **n** ou **s** sont accentués sur la dernière syllabe.

b) Les mots espagnols qui se terminent par une voyelle ou par un **n** ou un **s** sont accentués sur l'avant-dernière syllabe.

c) Certains mots font exception à ces deux règles de base. Dans ce cas, la syllabe accentuée porte un accent aigu qui permet d'éviter toute erreur de lecture :

el avión : *l'avion* **el navío :** *le navire*

d) Dans certains cas, le déplacement de l'accent tonique suffit à modifier le sens d'un mot :

Hablo : *je parle* (= accent sur la première syllabe)
Habló : *il, elle parla* (= accent sur la deuxième syllabe)

e) Certains mots d'une seule syllabe portent également un accent, mais dans ce cas il s'agit de distinguer des mots d'orthographe identique, mais de sens différent :

él : *il* (pronom personnel) **el :** *le* (article défini)
sí : *oui / si* (affirmatif) **si :** *si* (conditionnel)

Petit aperçu de la grammaire espagnole

1. L'INTERROGATION ET L'EXCLAMATION

a) Une phrase interrogative espagnole commence toujours par un point d'interrogation inversé :

¿Qué significa esta palabra? *Que signifie ce mot ?*

b) De même, une phrase exclamative espagnole commence toujours par un point d'exclamation inversé :

¡Muchas gracias! *Merci beaucoup !*
¡Se lo ruego! *Je vous en prie !*
¡No hay de qué! *Il n'y a pas de quoi !*

2. LES VERBES

La plus grande difficulté de la grammaire espagnole est sans aucun doute la conjugaison des verbes qui comporte de nombreux cas particuliers. Voici la conjugaison du présent de l'indicatif de quatre verbes indispensables que vous rencontrerez très souvent dans nos différentes listes de vocabulaire :

SABER	: ***savoir***	**ENTENDER**	: ***comprendre***
sé	: *je sais*	**entiendo**	: *je comprends*
sabes	: *tu sais*	**entiendes**	: *tu comprends*
sabe	: *il, elle sait*	**entiende**	: *il, elle comprend*
sabemos	: *nous savons*	**entendemos**	: *nous comprenons*
sabéis	: *vous savez*	**entendéis**	: *vous comprenez*
saben	: *ils, elles savent*	**entienden**	: *ils, elles comprennent*
PODER	: ***pouvoir***	**HABLAR**	: ***parler***
puedo	: *je peux*	**hablo**	: *je parle*
puedes	: *tu peux*	**hablas**	: *tu parles*
puede	: *il, elle peut*	**habla**	: *il, elle parle*
podemos	: *nous pouvons*	**hablamos**	: *nous parlons*
podéis	: *vous pouvez*	**habláis**	: *vous parlez*
pueden	: *ils, elles peuvent*	**hablan**	: *ils, elles parlent*

3. L'ABSENCE DU PRONOM PERSONNEL

Les verbes espagnols s'emploient généralement sans **le pronom personnel sujet** *(je, tu, il, elle,* etc.). La forme verbale suffit à indiquer la personne utilisée. On emploie le pronom personnel sujet (cf page 80 § 19) lorsque cela apporte une précision utile pour la compréhension, pour exprimer une insistance ou lorsqu'il est employé seul en réponse à une question *(= moi, toi, lui, elle, eux,* etc.) :

Soy yo : *C'est moi.* **¿Y usted?** *Et vous ?*

4. LA FORMULE DE POLITESSE

En Espagne, le tutoiement est beaucoup plus courant qu'en France. La formule de politesse est réservée en général aux relations avec les personnes âgées. Le «vouvoiement» espagnol utilise la **troisième personne** du singulier ou du pluriel : on emploie le singulier quand on s'adresse à une seule personne et le pluriel quand on s'adresse à plusieurs personnes. Les pronoms personnels correspondants sont **usted** *(singulier)* et **ustedes** *(pluriel)* :

¿Puede repetir, por favor? *Pouvez-vous répéter, svp ?*

5. LA FORME NÉGATIVE

On obtient la forme négative en utilisant **no** devant la forme verbale : **Es bonito :** *C'est beau.*
No es bonito : *Ce n'est pas beau.*

Hablo francés : *Je parle français.*
No hablo francés : *Je ne parle pas français*

6. LES VERBES «HABER» et «TENER»

HABER : *avoir* (auxiliaire)		TENER : *avoir, posséder*	
he	: *j'ai*	**tengo**	: *j'ai*
has	: *tu as*	**tienes**	: *tu as*
ha	: *il, elle a*	**tiene**	: *il, elle a*
hemos	: *nous avons*	**tenemos**	: *nous avons*
habéis	: *vous avez*	**tenéis**	: *vous avez*
han	: *ils, elles ont*	**tienen**	: *ils, elles ont*

Les verbes **haber** et **tener** signifient tous les deux *«avoir»*, mais il ne faut surtout pas les confondre :

a) **Haber** est uniquement un auxiliaire. Il est utilisé pour former les temps composés du passé de tous les verbes :

He entendido casi todo : *J'ai presque tout compris.*
¿Ha ido ya a Italia? *Etes-vous déjà allé en Italie ?*

A noter que dans les formes verbales, le participe passé est invariable.

b) **Tener** exprime plus directement une idée de possession *(avoir = posséder, avoir à sa disposition)* :

Tengo bastante gasolina : *J'ai assez d'essence.*
Tiene una camisa roja : *Il a une chemise rouge.*

7. «HAY»

Hay correspond à la tournure française *il y a* (sauf pour les notions de temps). **Hay** est très utilisé en espagnol. Il s'agit de la troisième personne du singulier du présent de **haber (= ha)** auquel est accolé l'ancien adverbe de lieu **y** :

¿Qué hay de nuevo? *Qu'y a-t-il de nouveau ? Quoi de neuf ?*
¡No hay de qué! *Il n'y a pas de quoi !*
¿Hay alguien aquí? *Y a-t-il quelqu'un ici ?*
No hay nadie : *Il n'y a personne.*

8. LES VERBES «SER» et «ESTAR»

SER	: ***être***	**ESTAR**	: ***être***
soy	: *je suis*	**estoy**	: *je suis*
eres	: *tu es*	**estás**	: *tu es*
es	: *il, elle est*	**está**	: *il, elle est*
somos	: *nous sommes*	**estamos**	: *nous sommes*
sois	: *vous êtes*	**estáis**	: *vous êtes*
son	: *ils, elles sont*	**están**	: *ils, elles sont*

Les verbes **ser** et **estar** signifient tous les deux *«être»*, mais s'utilisent de manière bien distincte :

a) On utilise **ser** pour désigner ce que les choses ou les êtres vivants peuvent avoir de permanent ou de durable *(forme, couleur, nationalité, religion,* etc.). **Ser** est également utilisé pour indiquer l'heure et le prix et comme auxiliaire du passif :

Es francés : *Il est Français.* **Soy yo :** *C'est moi.*
Mi apellido es Dubois : *Mon nom est Dubois.*
Es la una : *Il est une heure.* **Son las diez :** *Il est 10h.*
Son diez euros : *Ça coûte dix euros.*

b) On utilise **estar** notamment dans les cas suivants :

- pour désigner ce qui a un caractère provisoire ou non définitif :
  - **¿Qué tal está?** *Comment allez-vous ?*
  - **Estoy cansado :** *Je suis fatigué.*
- pour désigner l'endroit où se trouve quelque chose ou quelqu'un et pour exprimer un point de vue :

  ¿Dónde estás? *Où es-tu ?*
  Este vino está muy bueno : *Ce vin est très bon.*

9. LA CONJUGAISON DES VERBES ESPAGNOLS

En fonction de la terminaison de leur forme d'infinitif, on classe les verbes espagnols en **trois groupes de conjugaison** :

- Tous les verbes en **-ar** appartiennent au **premier groupe**.
- Tous les verbes en **-er** appartiennent au **deuxième groupe**.
- Tous les verbes en **-ir** appartiennent au **troisième groupe**.

La majorité des verbes sont réguliers et se conjuguent sur le modèle du groupe auquel ils appartiennent. Mais il existe bien sûr également de très nombreux verbes irréguliers.

1. HABLAR *(parler)* = verbe du premier groupe

Présent Indicatif :		Imparfait Indicatif :	
hablo	: *je parle*	**hablaba**	: *je parlais*
hablas	: *tu parles*	**hablabas**	: *tu parlais*
habla	: *il parle*	**hablaba**	: *il parlait*
hablamos	: *nous parlons*	**hablábamos**	: *nous parlions*
habláis	: *vous parlez*	**hablabais**	: *vous parliez*
hablan	: *ils parlent*	**hablaban**	: *ils parlaient*

Participe passé :
hablado : *parlé*

Gérondif :
hablando : *parlant, (en) parlant*

Passé composé de l'indicatif :		
he	**hablado**	: *j'ai parlé*
has	**hablado**	: *tu as parlé*
ha	**hablado**	: *il a parlé*
hemos	**hablado**	: *nous avons parlé*
habéis	**hablado**	: *vous avez parlé*
han	**hablado**	: *ils ont parlé*

Futur de l'Indicatif :		Présent du Subjonctif :	
hablaré	: *je parlerai*	**hable**	: *que je parle*
hablarás	: *tu parleras*	**hables**	: *que tu parles*
hablará	: *il parlera*	**hable**	: *qu'il parle*
hablaremos	: *nous parlerons*	**hablemos**	: *que nous parlions*
hablaréis	: *vous parlerez*	**habléis**	: *que vous parliez*
hablarán	: *ils parleront*	**hablen**	: *qu'ils parlent*

2. COMER *(manger)* = verbe du deuxième groupe

Présent Indicatif :		Imparfait Indicatif :	
como	: *je mange*	**comía**	: *je mangeais*
comes	: *tu manges*	**comías**	: *tu mangeais*
come	: *il mange*	**comía**	: *il mangeait*
comemos	: *nous mangeons*	**comíamos**	: *nous mangions*
coméis	: *vous mangez*	**comíais**	: *vous mangiez*
comen	: *ils mangent*	**comían**	: *ils mangeaient*

Participe passé :
comido : *mangeant*

Gérondif :
comiendo : *mangeant, (en) mangeant*

Passé composé de l'indicatif :		
he	**comido**	: *j'ai mangé*
has	**comido**	: *tu as mangé*
ha	**comido**	: *il a mangé*
hemos	**comido**	: *nous avons mangé*
habéis	**comido**	: *vous avez mangé*
han	**comido**	: *ils ont mangé*

Futur de l'Indicatif :		Présent du Subjonctif :	
comeré	: *je mangerai*	**coma**	: *que je mange*
comerás	: *tu mangeras*	**comas**	: *que tu manges*
comerá	: *il mangera*	**coma**	: *qu'il mange*
comeremos	: *nous mangerons*	**comamos**	: *que nous mangions*
comeréis	: *vous mangerez*	**comáis**	: *que vous mangiez*
comerán	: *ils mangeront*	**coman**	: *qu'ils mangent*

3. VIVIR *(vivre)* = verbe du troisième groupe

Présent Indicatif :		Imparfait Indicatif :	
vivo	*: je vis*	**vivía**	*: je vivais*
vives	*: tu vis*	**vivías**	*: tu vivais*
vive	*: il vit*	**vivía**	*: il vivait*
vivimos	*: nous vivons*	**vivíamos**	*: nous vivions*
vivís	*: vous vivez*	**vivíais**	*: vous viviez*
viven	*: ils vivent*	**vivían**	*: ils vivaient*

Participe passé :
vivido *: vécu*

Gérondif :
viviendo *: (en) vivant*

Passé composé de l'indicatif :	
he	**vivido** *: j'ai vécu*
has	**vivido** *: tu as vécu*
ha	**vivido** *: il a vécu*
hemos	**vivido** *: nous avons vécu*
habéis	**vivido** *: vous avez vécu*
han	**vivido** *: ils ont vécu*

Futur de l'Indicatif :		Présent du Subjonctif :	
viviré	*: je vivrai*	**viva**	*: que je vive*
vivirás	*: tu vivras*	**vivas**	*: que tu vives*
vivirá	*: il vivra*	**viva**	*: qu'il vive*
viviremos	*: nous vivrons*	**vivamos**	*: que nous vivions*
viviréis	*: vous vivrez*	**viváis**	*: que vous viviez*
vivirán	*: ils vivront*	**vivan**	*: qu'ils vivent*

10. LE GÉRONDIF

Chaque verbe espagnol a une forme de **gérondif**. Le gérondif est invariable. Il correspond approximativement au participe présent français et aux tournures composées de *en* ou de *en train de* suivies du participe présent :

Habla comiendo : *Il parle en mangeant*
Está comiendo : *Il est en train de manger*

11. L'IMPÉRATIF

a) A quelques rares exceptions près, l'impératif de la deuxième personne du singulier se forme en supprimant le **-s** de la deuxième personne du singulier du présent de l'indicatif :

Hablas : *Tu parles* — **¡Habla!** *Parle !*
Comes : *Tu manges* — **¡Come!** *Mange !*

b) L'impératif de la deuxième personne du pluriel se forme en remplaçant le **-r** de l'infinitif par un **-d** :

Hablar : *parler* — **¡Hablad!** *Parlez !*
Comer : *manger* — **¡Comed!** *Mangez !*

c) Les formes ci-dessus ne peuvent être utilisées que pour des ordres positifs. Pour les ordres négatifs, on emploie le subjonctif présent :

¡No hables! *Ne parle pas !* — **¡No habléis!** *Ne parlez pas !*
¡No comas! *Ne mange pas !* — **¡No comáis!** *Ne mangez pas !*

12. LE SUBJONCTIF

En espagnol comme en français, on utilise le subjonctif pour exprimer les faits dont la réalité est incertaine. On l'emploie notamment dans les propositions subordonnées introduites par **que** lorsque le verbe de la principale exprime une **volonté**, un **sentiment** ou une **incertitude** :

Quiero que <u>vengas</u> : *Je veux que tu viennes.*
Siento que <u>estés</u> enfermo : *Je suis désolé que tu sois malade.*
No creo que <u>esté</u> enfermo : *Je ne crois pas qu'il soit malade.*

13. LES ARTICLES ET LES SUBSTANTIFS

a) En espagnol, les substantifs comportent **deux genres : le masculin et le féminin.**

Masculin :	**el chico :** *le garçon*	**los chicos :** *les garçons*
Féminin :	**la chica :** *la fille*	**las chicas :** *les filles*
Masculin :	**un chico :** *un garçon*	**unos chicos :** *des garçons*
Féminin :	**una chica :** *une fille*	**unas chicas :** *des filles*

b) Le **pluriel des substantifs** se forme en ajoutant **-s** ou **-es** à la forme de singulier.

c) Lorsque l'article défini masculin **el** est employé après les prépositions **a** et **de**, il se contracte en **al** et **del.**

d) A noter également l'existence de l'article défini neutre **lo** (= *le, ce qui est, ce qu'il y a de)* :

lo útil y lo agradable : *l'utile et l'agréable*
lo tuyo : *ce qui est à toi*

14. LES ADJECTIFS

a) Les **adjectifs** s'accordent en genre et en nombre avec le substantif et se placent généralement après lui.

b) La plupart des adjectifs **masculins** se terminent par **-o** : **bueno** *(bon)*, **bonito** *(beau)*

c) La plupart des adjectifs **féminins** se terminent par **-a** : **buena** *(bonne)*, **bonito** *(belle)*

d) Certains adjectifs se terminent par un **-e** ou par une **consonne**. Ils ont la même forme au masculin et au féminin :

suficiente : *suffisant, suffisante*
feliz : *heureux, heureuse* **real :** *réel, réelle*

15. LE COMPARATIF ET LE SUPERLATIF

a) On forme le **comparatif de supériorité et d'infériorité** en faisant précéder l'adjectif de **más** *(plus)* ou de **menos** *(moins)*. Le deuxième élément de la comparaison est précédé de **que** :

Mi hermana es mas hermosa que mi hermano.
Ma sœur est plus belle que mon frère.

Mi hermano es menos hermoso que mi hermana.
Mon frère est moins beau que ma sœur.

b) On forme le **comparatif d'égalité** avec la formule **tan... como...** *(aussi... que...)* :

Mi hermano es tan hermoso como mi hermana.
Mon frère est aussi beau que ma sœur.

c) Il y a cependant quelques formes particulières de comparatif de supériorité :

bueno : *bon*	→	**mejor :** *meilleur*
mucho : *beaucoup*	→	**más :** *plus*
grande : *grand*	→	**mayor :** *plus grand*
malo : *mauvais*	→	**peor :** *pire*
poco : *peu*	→	**menos :** *moins*
pequeño : *petit*	→	**menor :** *plus petit*

d) On forme le **superlatif comme en français** en mettant l'article défini devant la forme de comparatif de supériorité :

Mi hermana es la mas hermosa : *Ma sœur est la plus belle.*

16. LES ADVERBES

On forme les adverbes en ajoutant **-mente** à la forme féminine de l'adjectif :

absoluto : *absolu*	→	**absolutamente :** *absolument*
real : *réel, réelle*	→	**realmente :** *réellement*

17. LES ADJECTIFS POSSESSIFS

a) Les adjectifs possessifs ci-dessous se placent **devant le substantif** :

SINGULIER :
mi : *mon, ma* **tu :** *ton, ta* **su :** *son, sa*
nuestro / nuestra : *notre* (masculin / féminin)
vuestro / vuestra : *votre* (masculin / féminin)
su : *leur / votre* (vouvoiement singulier)

PLURIEL :
mis : *mes* **tus :** *tes* **sus :** *ses*
nuestros / nuestras : *nos* (masculin / féminin)
vuestros / vuestras : *vos* (masculin / féminin)
sus : *leurs / vos* (vouvoiement pluriel)

b) Les adjectifs possessifs ci-dessous se placent **après le substantif** :

Masc. sing.	*Fém. sing.*	*Masc. pluriel*	*Fém. pluriel*
mío : *mon*	**mía** : *ma*	**míos** : *mes*	**mías** : *mes*
tuyo : *ton*	**tuya** : *ta*	**tuyos** : *tes*	**tuyas** : *tes*
suyo : *son*	**suya** : *sa*	**suyos** : *ses*	**suyas** : *ses*
nuestro : *notre*	**nuestra** : *notre*	**nuestros** : *nos*	**nuestras** : *nos*
vuestro : *votre*	**vuestra** : *votre*	**vuestros** : *vos*	**vuestras** : *vos*
suyo : *leur*	**suya** : *leur*	**suyos** : *leurs*	**suyas** : *leurs*

c) Les adjectifs possessifs s'accordent en genre et en nombre avec les substantifs auxquels ils se rapportent.

18. LES PRONOMS POSSESSIFS

Les **pronoms possessifs** sont absolument identiques aux adjectifs possessifs qui se placent après le substantif (cf page 80 § 17b) :

el mío : *le mien* **la mía** : *la mienne*
los míos : *les miens* **las mías** : *les miennes*

... et ainsi de suite pour **el tuyo, el suyo, el nuestro, etc.**

19. LES PRONOMS PERSONNELS

Pronom sujet français	*Sujet*	*Pronom réfléchi*	*COD et COI formes accentuées (*)*	*COD* formes non accentuées	*COI* formes non accentuées
Je, moi	**yo**	**me**	**mi**	**me**	**me**
Tu, toi	**tú**	**te**	**ti**	**te**	**te**
Il, lui	**él**	**se**	**él**	**lo, le**	**le**
Elle	**ella**	**se**	**ella**	**la**	**le**
Vous (1)	**usted**	**se**	**usted**	**lo / la**	**le**
Nous *(masc.)*	**nosotros**	**nos**	**nosotros**	**nos**	**nos**
Nous *(fém.)*	**nosotras**	**nos**	**nosotras**	**nos**	**nos**
Vous (2)	**vosotros**	**os**	**vosotros**	**os**	**os**
Vous (3)	**vosotras**	**os**	**vosotras**	**os**	**os**
Ils, eux	**ellos**	**se**	**ellos**	**los**	**les**
Elles	**ellas**	**se**	**ellas**	**las**	**les**
Vous (4)	**ustedes**	**se**	**ustedes**	**los / las**	**les**

COD = Complément d'objet direct
COI = Complément d'objet indirect
(1) = vouvoiement singulier (2) = masculin pluriel
(3) = féminin pluriel (4) = vouvoiement pluriel
(*) Les formes accentuées sont utilisées après les prépositions.

En espagnol, tous les verbes transitifs et intransitifs peuvent s'employer de manière impersonnelle avec le pronom réfléchi **se**.

Cette tournure correspond aux expressions françaises commençant par le pronom personnel *on* :

Se habla francés : *On parle français.*
Se dice que... : *On dit que...*

20. LES FORMES « ACCENTUÉES » DU PRONOM

a) Les **formes accentuées** des pronoms personnels (colonne 4 du tableau de la page précédente) s'emploient après les prépositions. Leurs formes de COD (complément d'objet direct) et de COI (complément d'objet indirect) sont identiques :

¿Por qué no vienes con nosotros?
Pourquoi ne viens-tu pas avec nous ?

b) Les **formes accentuées** (colonne 4) sont parfois employées pour renforcer les formes non accentuées (colonnes 5 et 6). Dans ce cas, les deux pronoms figurent dans la phrase :

Me gusta la comida francesa : *La cuisine française me plaît.*
(**me** est une forme non accentuée).
A mí me gusta la comida francesa : *A moi, la cuisine française me plaît.*
(**mí** est une forme accentuée).
A mí también : *A moi aussi.*
A mí no : *Pas à moi* (**mí** est une forme accentuée).

21. LES FORMES « NON ACCENTUÉES » DU PRONOM

a) Les **formes non accentuées** des pronoms personnels (colonnes 5 et 6 du tableau de la page précédente) s'emploient directement (= sans préposition) avec les verbes.

b) Les **formes non accentuées** (colonnes 5 et 6) se placent généralement juste devant la forme conjuguée du verbe.

¡Lo siento! *Je le regrette !*
Le presento a mi marido: *Je vous présente mon mari.*

c) Les **formes non accentuées** (colonnes 5 et 6) se soudent directement à la forme verbale après les gérondifs et les infinitifs :

Estoy haciéndolo: *Je suis en train de le faire.*
sentarse : *s'asseoir* **levantarse :** *se lever*

d) Dans les formes affirmatives de l'impératif, les **formes non accentuées** se soudent directement à la forme de l'impératif. Mais cela est rigoureusement impossible pour les formes négatives :

¡Discúlpeme por molestarle! *Excusez-moi de vous déranger !*
¡Póngase cómodo! *Mettez-vous à l'aise !*

22. LES PRONOMS RELATIFS

a) Le pronom relatif le plus répandu est **que** qui s'emploie aussi bien lorsque l'antécédent est une chose ou un être vivant. **Que** est invariable et peut être aussi bien sujet ou complément d'objet direct d'une proposition relative :

el chico que viene : *le garçon qui vient.*
un chico que no conozco : *un garçon que je ne connais pas*

b) Lorsque l'antécédent est une personne, on emploie souvent **quien** (pluriel : **quienes**), notamment après les prépositions :

el chico a quien hablo. *Le garçon auquel je parle.*

c) Le pronom relatif *dont* qui exprime la possession se traduit par **cuyo(s)** au masculin et **cuya(s)** au féminin. Il est directement suivi du substantif qu'il détermine et s'accorde avec celui-ci. Dans la langue moderne, **cuyo(s)** et **cuya(s)** sont très fréquemment remplacés par **que su(s)** :

un niño cuyo padre... : *un enfant dont le père...*
un niño que su madre... : *un enfant dont la mère...*

1.

EXPRESSIONS DE BASE (1)

EXPRESIONES BÁSICAS

1.	Bonjour ! *(le matin)*	**¡Buenos días!**
2.	Bonjour ! *(de 14 à 21 heures)*	**¡Buenas tardes!**
3.	Salut ! *(= bonjour familier)*	**¡Hola!**
4.	Salut à tous !	**¡Hola a todos!**
5.	Bonsoir !	**¡Buenas noches!**
6.	Mesdames et Messieurs, bonjour !	**¡Buenos días, señoras y señores!**
7.	Chers amis, bonsoir !	**¡Buenas tardes, queridos amigos!**
8.	Bienvenue !	**¡Bienvenido!**
9.	Soyez les bienvenus !	**¡Bienvenidos!**
10.	Bon appétit !	**¡Qué aproveche! = ¡Buen provecho!**
11.	A votre santé !	**¡Salud!**
12.	A vos souhaits !	**¡Jesús!**
13.	Bonne nuit !	**¡Buenas noches!**
14.	A demain !	**¡Hasta mañana!**
15.	Dors bien !	**¡Qué descanses!**
16.	Dormez bien !	**¡Qué descanse!**
17.	A bientôt !	**¡Hasta pronto!**
18.	A tout de suite !	**¡Hasta ahora!**
19.	Au revoir !	**¡Adiós!**
20.	Salut ! *(= au revoir)*	**¡Hasta luego!**
21.	Bon voyage !	**¡Buen viaje!**
22.	A l'an prochain !	**¡Hasta el año que viene!**
23.	A la semaine prochaine !	**¡Hasta la semana que viene!**
24.	D'accord !	**¡De acuerdo! = ¡Vale!** *(familier)*
25.	Pas de problème !	**¡Sin ningún problema!**
26.	- Parlez-vous français ?	**¿Habla (usted) francés?**
27.	- Non, je ne parle que l'espagnol.	**- No, sólo hablo español.**
28.	Je parle français.	**Hablo francés.**
29.	Je ne parle pas français.	**No hablo francés.**
30.	Y a-t-il ici quelqu'un qui parle français ?	**¿Hay alguien aquí que hable francés?**
31.	Pouvez-vous traduire ce mot en français ?	**¿Podría traducir esta palabra en francés?**
32.	Que signifie cette phrase, s'il vous plaît ?	**¿Qué significa esta frase, por favor?**

2.

EXPRESSIONS DE BASE (2)

EXPRESIONES BÁSICAS

33.	Merci !	**¡Gracias!**
34.	Merci beaucoup !	**¡Muchas gracias!**
35.	Je vous en prie !	**¡Se lo ruego!**
36.	Il n'y a pas de quoi !	**¡No hay de qué!**
37.	Oui.	**Sí.**
38.	Non.	**No.**
39.	Si.	**Sí.**
40.	Peut-être.	**Quizás.**
41.	Parfois.	**A veces.**
42.	Jamais.	**Nunca.**
43.	Souvent.	**A menudo.**
44.	Toujours.	**Siempre.**
45.	Je ne sais pas.	**No sé.**
46.	Je ne comprends pas.	**No entiendo.**
47.	Je n'ai pas compris.	**No he entendido.**
48.	- Vous ne comprenez pas ?	**- ¿No entiende?**
49.	- Si, j'ai presque tout compris.	**- Sí, he entendido casi todo.**
50.	Que dites-vous ?	**¿Qué dice usted?**
51.	Que dit-il ?	**¿Qué dice?**
52.	Il dit qu'il ne comprend rien !	**Dice que no entiende nada.**
53.	Je ne comprends pas ce que vous dites.	**No entiendo lo que dice.**
54.	Je ne parle pas votre langue.	**No hablo su idioma.**
55.	Que signifie ce mot ?	**¿Qué significa esta palabra?**
56.	Comment dit-on cela en anglais ?	**¿Cómo se dice eso en inglés?**
57.	Dites-le plutôt en français !	**¡Dígalo mejor en francés!** (Dígalo : cf page 81 § 21d)
58.	Pouvez-vous répéter, s'il vous plaît ?	**¿Puede repetir, por favor?**
59.	Parlez plus lentement, s'il vous plaît.	**Hable más despacio, por favor.**
60.	Pardon !	**¡Perdón!**
61.	Excusez-moi !	**¡Disculpe!**
62.	Désolé(e) !	**¡Lo siento!**
63.	Dommage !	**¡Qué pena!**
64.	C'est vraiment dommage !	**¡Es una lástima! = ¡Es una pena!**

3.

SE PRÉSENTER

PRESENTARSE

1.	Comment vous appelez-vous ?	**¿Cómo se llama (usted)?**
2.	Mon nom (de famille) est Dubois.	**Mi apellido es Dubois.**
3.	Je m'appelle Pierre Dubois.	**Me llamo Pierre Dubois.**
4.	Enchanté(e) de faire votre connaissance !	**Encantado (encantada) de conocerle.**
5.	Madame Dubois.	**La señora Dubois.**
6.	Monsieur Dubois.	**El señor Dubois.**
7.	Mademoiselle Dubois.	**La señorita Dubois.**
8.	Je vous présente mon mari.	**Le presento a mi marido.**
9.	Je vous présente ma femme.	**Le presento a mi mujer.**
10.	- Quel âge avez-vous ?	**- ¿Cuántos años tiene ?**
11.	- Quel âge as-tu?	**- ¿Cuántos años tienes?**
12.	- J'ai 32 ans.	**- Tengo 32** (= treinta y dos) **años.**
13.	Aujourd'hui, c'est mon anniversaire.	**Hoy es mi cumpleaños.**
14.	J'ai 25 ans aujourd'hui.	**Hoy cumplo 25** (= veinticinco) **años.**
15.	Bon anniversaire !	**¡Feliz cumpleaños!**
16.	Félicitations !	**¡Felicidades!**
17.	- Avez-vous des enfants ?	**¿Tiene (usted) hijos?**
18.	- J'ai un garçon et une fille.	**Tengo un hijo y una hija.**
19.	la famille	**la familia**
20.	l'homme / la femme	**el hombre / la mujer**
21.	le père / la mère	**el padre / la madre**
22.	papa / maman	**papá / mamá**
23.	les parents	**los padres**
24.	les grands-parents	**los abuelos**
25.	le grand-père	**el abuelo**
26.	la grand-mère	**la abuela**
27.	l'enfant	**el niño**
28.	le garçon / la fille	**el chico / la chica**
29.	le fils / la fille	**el hijo / la hija**
30.	le frère / la sœur	**el hermano / la hermana**
31.	l'amitié / l'ami	**la amistad / el amigo**
32.	l'amour	**el amor**
33.	aimer	**amar, querer**
34.	Je t'aime.	**Te quiero.**
35.	Est-ce que tu m'aimes ?	**¿Me quieres?**

4.

QUELQUES QUESTIONS

ALGUNAS PREGUNTAS

1.	la question	**la pregunta**
2.	la réponse	**la respuesta**
3.	Puis-je vous poser une question ?	**¿Puedo hacerle una pregunta?**
4.	- Quel jour sommes-nous ?	**¿A cuántos estamos? = ¿Qué día es hoy?**
5.	- Quelle heure est-il ?	**- ¿Qué hora es?**
6.	- Quel temps fait-il aujourd'hui ?	**- ¿Qué tiempo hace hoy?**
7.	- Allô ?	**¿Diga?**
8.	- Qui est à l'appareil ?	**¿Quién es?**
9.	- Pourrais-je parler à Monsieur Dubois ?	**- ¿Podría hablar con el Señor Dubois?**
10.	Qui ? / Quoi ?	**¿Quién? / ¿Qué?**
11.	Comment ?	**¿Cómo?**
12.	Pourquoi ?	**¿Por qué?**
13.	Quand ?	**¿Cuándo?**
14.	Depuis quand ?	**¿Desde cuándo?**
15.	Qui est là ?	**¿Quién está ahí?**
16.	Qui êtes-vous ?	**¿Quién es usted?**
17.	- Qui est-ce ?	**- ¿Quién es?**
18.	- C'est moi !	**- ¡Soy yo!**
19.	Qu'est-ce que c'est ?	**¿Qué es esto?**
20.	Que se passe-t-il ?	**¿Qué pasa?**
21.	Où es-tu ?	**¿Dónde estás?**
22.	Où vas-tu ?	**¿Dónde vas?**
23.	D'où viens-tu ?	**¿De dónde vienes?**
24.	- A quelle heure peux-tu venir ?	**- ¿A qué hora puedes venir?**
25.	Où puis-je trouver un restaurant ?	**¿Dónde puedo encontrar un restaurante?**
26.	Où se trouve l'hôtel ?	**¿Dónde está el hotel?**
27.	Avez-vous un plan de la ville ?	**¿Tiene un plano de la ciudad?**
28.	Pouvez-vous me donner votre adresse ?	**¿Puede darme su dirección?**
29.	Quelle est votre profession ?	**¿Cuál es su profesión?**
30.	Est-ce que cela vous gêne si je fume ?	**¿Le molesta si fumo?**
31.	Avez-vous du feu ?	**¿Tiene fuego?**

5.

EN VOYAGE

DE VIAJE

1.	le voyage	**el viaje**
2.	voyager	**viajar**
3.	le départ	**la salida**
4.	l'arrivée	**la llegada**
5.	la valise	**la maleta**
6.	les bagages	**el equipaje**
7.	Allons-y !	**¡Vamos!**
8.	En route !	**¡En marcha!**
9.	la douane	**la aduana**
10.	le passeport	**el pasaporte**
11.	la carte d'identité	**el carnet de identidad**
12.	Puis-je voir votre passeport ?	**¿Puedo ver su pasaporte?**
13.	l'avion	**el avión**
14.	l'aéroport	**el aeropuerto**
15.	le pilote	**el piloto**
16.	l'hôtesse de l'air	**la azafata**
17.	décoller	**despegar**
18.	atterrir	**aterrizar**
19.	annuler	**cancelar**
20.	retarder	**retrasar**
21.	Le vol est annulé.	**El vuelo está cancelado.**
22.	Le vol est retardé.	**El vuelo ha sufrido un retraso.**
23.	Notre avion décolle à 15 heures.	**Nuestro avión despega a las tres.**
24.	Attachez vos ceintures, s'il vous plaît !	**¡Abróchense los cinturones, por favor!**
25.	Il est interdit de fumer dans les toilettes.	**Está prohibido fumar en los baños.**
26.	le chemin de fer	**el ferrocarril**
27.	le train	**el tren**
28.	la gare	**la estación**
29.	le quai	**el andén**
30.	le compartiment	**el compartimento**
31.	le wagon	**el vagón**
32.	le wagon-restaurant	**el coche-restaurante**
33.	- Je voudrais un billet pour Paris.	**- Querría un billete para París.**
34.	- Aller simple ou aller et retour ?	**- ¿Ida o ida y vuelta?**

6.

AU RESTAURANT

EN EL RESTAURANTE

1.	Le restaurant est ouvert.	**El restaurante está abierto.**
2.	Cette table est-elle libre ?	**¿Está libre esta mesa?**
3.	Nous avons réservé une table pour deux.	**Hemos reservado una mesa para dos.**
4.	J'ai faim.	**Tengo hambre.**
5.	J'ai soif.	**Tengo sed.**
6.	Garçon, puis-je avoir la carte ?	**Camarero, ¿podría ver la carta?**
7.	Donnez-moi aussi la carte des vins ! (*donner* = dar)	**¡Déme también la carta de vinos!**
8.	Que nous recommandez-vous ?	**¿Qué nos recomienda?**
9.	Quel est le plat du jour ?	**¿Cuál es el menú del día?**
10.	Ceci est notre plat national.	**Este es nuestro plato nacional.**
11.	- J'adore la cuisine française.	**- Me encanta la comida francesa.**
12.	- Moi, je préfère la cuisine chinoise !	**- Yo prefiero la comida china.**
13.	Quelle cuisson désirez-vous ?	**¿Cómo quiere la carne?**
14.	A point ?	**¿En su punto?**
15.	Bien cuit ?	**¿Bien hecho?**
16.	Saignant ?	**¿Poco hecho?**
17.	Je voudrais un peu de moutarde, s'il vous plaît.	**Querría un poco de mostaza, por favor.**
18.	J'aimerais avoir du pain, s'il vous plaît !	**Querría pan, por favor.**
19.	Ce que tu manges a l'air très bon.	**Eso que comes tiene muy buena pinta.**
20.	Est-ce que je peux goûter ?	**¿Puedo probar?**
21.	- Est-ce que c'était bon ?	**- ¿Les ha gustado?**
22.	- Le repas était excellent.	**- La comida estaba deliciosa.**
23.	- Désirez-vous encore autre chose ?	**- ¿Desean algo más? = ¿Van a tomar algo más?**
24.	- Non, merci. Ce sera tout.	**- No gracias. Nada más.**
25.	L'addition, s'il vous plaît !	**¡La cuenta, por favor!**
26.	Le service est compris.	**El servicio está incluido.**
27.	Mais on peut laisser un pourboire.	**¡Pero se puede dejar propina.**
28.	Où sont les toilettes, s'il vous plaît ?	**¿Dónde están los baños, por favor?**

7.

LES REPAS (1)

LAS COMIDAS

1.	le repas	**la comida**
2.	le petit-déjeuner	**el desayuno**
3.	le pain	**el pan**
4.	le beurre	**la mantequilla**
5.	la confiture	**la mermelada**
6.	le miel	**la miel**
7.	le déjeuner	**la comida**
8.	le dîner	**la cena**
9.	l'entrée	**la entrada**
10.	la boisson	**la bebida**
11.	l'eau (gazeuse)	**el agua (con gas)**
12.	l'eau plate	**el agua sin gas = el agua natural**
13.	le jus (de fruit)	**el zumo (de frutas)**
14.	le vin (rouge)	**el vino (tinto)**
15.	le vin blanc	**el vino blanco**
16.	la bière (blonde)	**la cerveza (dorada)**
17.	la bière brune	**la cerveza negra**
18.	la bière pression	**la caña**
19.	le café	**el café**
20.	le thé	**el té**
21.	le lait	**la leche**
22.	avec ou sans lait ?	**¿con o sin leche?**
23.	le chocolat (chaud)	**el chocolate (caliente)**
24.	As-tu déjà goûté cette boisson ?	**¿Has probado ya esta bebida?**
25.	- Que voulez-vous boire ?	**- ¿Qué van a tomar para beber?**
26.	- Une bière et un verre de vin rouge.	**- Una cerveza y un vaso de vino tinto.**
27.	- Bière à la pression ou en bouteille ?	**- ¿Una caña o un botellín?**
28.	A votre santé !	**¡Salud!**
29.	A la vôtre !	**¡A la suya!**
30.	Cul sec !	**¡De un trago!**
31.	C'est ma tournée !	**¡Esta ronda la pago yo!**
32.	le verre	**el vaso**
33.	la tasse	**la taza**
34.	l'assiette	**el plato**
35.	la cuillère	**la cuchara**
36.	le couteau	**el cuchillo**
37.	la fourchette	**el tenedor**

8.

LES REPAS (2)

LAS COMIDAS

38.	la salade	**la ensalada**
39.	l'œuf	**el huevo**
40.	la pomme de terre	**la patata**
41.	les frites	**las patatas fritas**
42.	le steak-frites	**el filete con patatas fritas**
43.	la viande	**la carne**
44.	le poisson	**el pescado**
45.	le bœuf	**la ternera**
46.	le veau	**la ternera**
47.	le porc	**el cerdo**
48.	le jambon	**el jamón**
49.	la saucisse	**la salchicha**
50.	le hot dog	**el perrito caliente**
51.	le poulet	**el pollo**
52.	l'agneau	**el cordero**
53.	le saumon	**el salmón**
54.	la truite	**la trucha**
55.	la sole	**el lenguado**
56.	les pâtes	**la pasta**
57.	le riz	**el arroz**
58.	l'huile	**el aceite**
59.	le vinaigre	**el vinagre**
60.	la moutarde	**la mostaza**
61.	le poivre	**la pimienta**
62.	le sel	**la sal**
63.	le sucre	**el azúcar**
64.	les légumes	**las verduras y hortalizas**
65.	le fromage	**el queso**
66.	le dessert	**el postre**
67.	la glace	**el helado**
68.	le gâteau	**el pastel**
69.	le fruit	**la fruta**
70.	la pomme	**la manzana**
71.	la poire	**la pera**
72.	l'orange	**la naranja**
73.	la fraise	**la fresa**
74.	l'ananas	**la piña**
75.	le jus de pomme	**el zumo de manzana**
76.	la pelure	**la piel**
77.	Quel est le nom de ce fruit ?	**¿Cómo se llama esta fruta?**

9.

LES JOURS ET LES MOIS

LOS DÍAS Y LOS MESES

1.	la semaine	**la semana**
2.	le lundi	**el lunes**
3.	le mardi	**el martes**
4.	le mercredi	**el miércoles**
5.	le jeudi	**el jueves**
6.	le vendredi	**el viernes**
7.	le samedi	**el sábado**
8.	le dimanche	**el domingo**
9.	Janvier	**Enero**
10.	Février	**Febrero**
11.	Mars	**Marzo**
12.	Avril	**Abril**
13.	Mai	**Mayo**
14.	Juin	**Junio**
15.	Juillet	**Julio**
16.	Août	**Agosto**
17.	Septembre	**Septiembre**
18.	Octobre	**Octubre**
19.	Novembre	**Noviembre**
20.	Décembre	**Diciembre**

10.

LES CHIFFRES ET LES NOMBRES

LAS CIFRAS Y LOS NÚMEROS

1	**un(o)**	18	**dieciocho**
2	**dos**	19	**diecinueve**
3	**tres**	20	**veinte**
4	**cuatro**	21	**veintiuno**
5	**cinco**	22	**veintidós**
6	**seis**	23	**veintitres**
7	**siete**	24	**veinticuatro**
8	**ocho**	30	**treinta**
9	**nueve**	40	**cuarenta**
10	**diez**	50	**cincuenta**
11	**once**	60	**sesenta**
12	**doce**	70	**setenta**
13	**trece**	80	**ochenta**
14	**catorce**	90	**noventa**
15	**quince**	100	**cien**
16	**dieciséis**	1000	**mil**
17	**diecisiete**	0	**cero**

11.

L'ARGENT - LE PRIX

EL DINERO - EL PRECIO

1.	- Combien est-ce que ça coûte ?	**- ¿Cuánto cuesta?**
2.	- 17 euros et cinquante centimes.	**- Diecisiete euros con cincuenta.**
3.	C'est bon marché.	**Es barato.**
4.	C'est cher.	**Es caro.**
5.	C'est très cher.	**Es muy caro.**
6.	C'est trop cher pour moi.	**Es demasiado caro para mí.**
7.	Est-ce que vous avez autre chose ?	**¿Tiene (usted) otra cosa?**
8.	Avez-vous quelque chose de moins cher ?	**¿Tiene alguna cosa más barata?**
9.	Je n'ai pas assez d'argent.	**No tengo bastante dinero.**
10.	Combien d'argent as-tu ?	**¿Cuánto dinero tienes?**
11.	Peux-tu me donner quelques euros ?	**¿Puedes darme algunos euros?**
12.	J'ai dépensé tout mon argent.	**He gastado todo mi dinero.**
13.	Est-ce que je peux payer en dollars ?	**¿Puedo pagar en dólares?**
14.	Rendez-moi la monnaie, s'il vous plaît !	**¡Déme la vuelta, por favor!**
15.	Vous pouvez garder la monnaie.	**Quédese con la vuelta.**
16.	Où est le magasin le plus proche ?	**¿Dónde está la tienda más cercana?**
17.	- Au bout de la rue, à gauche !	**- ¡Al fondo de la calle a la izquierda!**
18.	- Que cherchez-vous exactement ?	**- ¿Qué busca exactamente?**
19.	- Je voudrais juste jeter un coup d'œil !	**- Querría echar sólo un vistazo.**
20.	Entrez donc ! Venez jeter un coup d'œil !	**¡Pues entre! ¡Venga a echar un vistazo!**
21.	Je voudrais acheter ceci.	**Querría comprar eso.**
22.	Profitez-en, c'est une bonne affaire !	**¡Aproveche, es una ganga!**
23.	- Est-ce que vous désirez autre chose ?	**- ¿Desea alguna cosa más?**
24.	- J'aimerais ramener un souvenir.	**- Me gustaría llevar un recuerdo.**

12.

A L'HÔTEL

EN EL HOTEL

1.	la chambre	**la habitación**
2.	le lit	**la cama**
3.	la douche	**la ducha**
4.	la chambre individuelle	**la habitación individual**
5.	la chambre double	**la habitación doble**
6.	la salle de bains	**los baños**
7.	l'air conditionné	**el aire acondicionado**
8.	la demi-pension	**la media pensión**
9.	la pension complète	**la pensión completa**
10.	- Avez-vous encore des chambres libres ?	**- ¿Le quedan habitaciones libres?**
11.	- Désolé, l'hôtel est complet.	**- Lo siento, el hotel está completo.**
12.	Deux chambres sont encore disponibles.	**Hay dos habitaciones aún disponibles.**
13.	Nous aimerions une chambre double.	**Querríamos una habitación doble.**
14.	La chambre coûte 150 euros.	**La habitación cuesta 150 euros.**
15.	Avez-vous quelque chose de moins cher ?	**¿Tiene algo más barato?**
16.	- Pouvons-nous voir la chambre ?	**- ¿Podemos ver la habitación?**
17.	- Voici la clé de la chambre.	**- Tenga la llave de la habitación.**
18.	La chambre est au deuxième étage.	**La habitación está en el segundo piso.**
19.	C'est une chambre avec vue sur la mer.	**Es una habitación con vistas al mar.**
20.	La chambre me plaît. Nous la prenons.	**La habitación me gusta. Nos quedamos.**
21.	- Combien de temps pensez-vous rester?	**- ¿Cuánto tiempo piensan quedarse?**
22.	- Nous resterons deux ou trois jours.	**- Nos quedaremos dos o tres días.**
23.	- Je vous souhaite un agréable séjour.	**- Les deseo una feliz estancia.**
24.	Le petit-déjeuner est inclus.	**El desayuno está incluido.**
25.	Jusqu'à quelle heure peut-on déjeuner ?	**¿Hasta qué hora se puede desayunar?**
26.	Pouvez-vous me réveiller à six heures ?	**¿Puede despertarme a las seis?**

13.

LA VOITURE

EL COCHE

1.	l'essence	**la gasolina**
2.	faire le plein	**llenar el depósito**
3.	la station-service	**la gasolinera**
4.	la rue	**la calle**
5.	la route	**la carretera**
6.	l'autoroute	**la autopista**
7.	le camion	**el camión**
8.	l'autocar	**el autocar**
9.	- Je voudrais louer une voiture.	**- Querría alquilar un coche.**
10.	- Montrez-moi votre permis de conduire !	**- ¡Enséñeme su carnet de conducir!**
11.	Je dois faire le plein.	**Tengo que llenar el depósito.**
12.	Où est la prochaine station-service ?	**¿Dónde está la próxima gasolinera?**
13.	J'aimerais prendre vingt litres d'essence.	**Querría veinte litros de gasolina.**
14.	Où est le prochain arrêt de bus ?	**¿Dónde está la siguiente parada de autobús?**
15.	Où y a-t-il un parking ?	**¿Dónde hay un parking?**
16.	Stationnement interdit.	**Prohibido aparcar = Prohibido estacionar.**
17.	- Sommes-nous sur la bonne route ?	**- ¿Vamos bien?**
18.	- Non, vous vous êtes trompés.	**- No, os habéis equivocado.**
19.	Vous êtes sur la mauvaise route.	**No vais bien.**
20.	Vous devez faire demi-tour.	**Tenéis que dar la vuelta.**
21.	A quelle distance se trouve cette ville ?	**¿A qué distancia se encuentra esta ciudad?**
22.	Où est la gare, s'il vous plaît ?	**¿Dónde está la estación, por favor?**
23.	Allez jusqu'au prochain feu rouge !	**Vaya hasta el próximo semáforo.**
24.	Là, vous tournez à droite.	**Allí, tuerce a la derecha.**
25.	Prenez ensuite la deuxième rue à gauche.	**Coja luego la segunda calle a la izquierda.**
26.	Après, c'est toujours tout droit !	**¡Después, es todo recto!**

14.

QUELQUES CONTRAIRES

ALGUNOS CONTRARIOS

1.	C'est beau.	**Es bonito.**
2.	Ce n'est pas beau.	**No es bonito.**
3.	C'est ouvert.	**Está abierto.**
4.	C'est fermé.	**Está cerrado.**
5.	C'est grand.	**Es grande.**
6.	C'est petit.	**Es pequeño.**
7.	long - court	**largo - corto**
8.	large - étroit	**ancho - estrecho**
9.	bon - mauvais	**bueno - malo**
10.	jeune - vieux	**joven - viejo**
11.	nouveau - ancien	**nuevo - antiguo**
12.	chaud - froid	**caliente - frío**
13.	rapide - lent	**rápido - lento**
14.	propre - sale	**limpio - sucio**
15.	vrai - faux	**verdadero - falso**
16.	interdit - autorisé	**prohibido - autorizado**
17.	quelqu'un	**alguien**
18.	personne	**nadie**
19.	tout le monde	**todo el mundo**
20.	quelque chose	**algo**
21.	rien - tout	**nada - todo**
22.	beaucoup - peu	**mucho - poco**
23.	maintenant	**ahora**
24.	plus tard	**más tarde**
25.	aujourd'hui	**hoy**
26.	hier - demain	**ayer - mañana**
27.	avant-hier	**ante[s de]ayer**
28.	après-demain	**pasado mañana**
29.	en haut - en bas	**arriba - abajo**
30.	à droite	**a la derecha**
31.	à gauche	**a la izquierda**
32.	loin - proche	**lejos - cerca**
33.	ici - là-bas	**aquí - allí**

15.

LES COULEURS

LOS COLORES

1.	blanc - noir	**blanco - negro**
2.	bleu - rouge	**azul - rojo**
3.	vert - jaune	**verde - amarillo**
4.	gris - marron	**gris - marrón**
5.	rose - orange	**rosa - naranja**

16.

COMMENT ALLEZ-VOUS ?

¿QUÉ TAL ESTÁ?

1.	- Comment ça va ?	**¿Qué tal?**
2.	- Très bien, merci. Et vous ?	**- Muy bien, gracias. ¿Y usted?**
3.	Entrez, je vous en prie !	**¡Entre, se lo ruego!** *(vouvoiement singulier)*
4.	Après vous, je vous en prie !	**¡Usted primero, por favor!**
5.	C'est très aimable à vous !	**¡Es muy amable de su parte!**
6.	Faites comme chez vous !	**¡Está usted en su casa!**
7.	Mettez-vous à l'aise !	**¡Póngase cómodo!**
8.	- Puis-je m'asseoir à côté de vous ?	**- ¿Puedo sentarme a su lado?**
9.	- Mais bien sûr !	**- ¡Claro que sí!**
10.	- Cela ne vous dérange pas ?	**- ¿No le molesta?**
11.	- Mais pas du tout, au contraire !	**- ¡Claro que no, al contrario!**
12.	- Comment vous sentez-vous ?	**- ¿Cómo se encuentra?**
13.	- Je ne me sens pas très bien.	**- No me encuentro muy bien.**
14.	Je me sens mal.	**Me encuentro mal.**
15.	Je me sens bien.	**Me encuentro bien.**
16.	Je me sens mieux.	**Me encuentro mejor.**
17.	la santé	**la salud**
18.	la maladie	**la enfermedad**
19.	le malade	**el enfermo**
20.	le médecin	**el médico**
21.	le médicament	**el medicamento**
22.	la pharmacie	**la farmacia**
23.	J'ai attrapé un rhume.	**He cogido un catarro.**
24.	J'ai mal à la tête.	**Me duele la cabeza.**
25.	Il faut que je voie un médecin.	**Tengo que ir al médico.**
26.	Où y a-t-il une pharmacie ?	**¿Dónde hay una farmacia?**
27.	Bon rétablissement !	**¡Qué te mejores!**

Pour bien mémoriser toutes ces phrases espagnoles et assimiler parfaitement leur prononciation, n'oubliez pas de vous rendre sur notre site internet : **www.parlissimo. com**

Toutes les phrases de « Douze langues pour sillonner le monde » peuvent y être écoutées en libre service (gratuitement) ou téléchargées en toute légalité (contre la modique somme de 2 euros par langue).

LA LANGUE PORTUGAISE

Langue officielle du Portugal et du Brésil, le portugais est une langue romane dont la grammaire et le vocabulaire sont assez proches de ceux de la langue espagnole. En revanche, sa prononciation est assez déconcertante si on la compare à celle des autres langues latines. Les principales spécificités phonétiques par rapport à la langue française concernent les sons suivants :

ã	= son intermédiaire entre le *an* et le *un* français.		
ãe	= *ã-in*	**ão**	= *ã-ou*
ai	= *a-i*	**an**	= *in*
e	= se prononce *é* ou *è* lorsqu'il est accentué.		
ei	= *é-i*	**em**	= *ã-inn*
ens	= *ã-innch*	**eu**	= *éou*
h	= *toujours muet en début de mot, jamais aspiré.*		
l	= en fin de mot, la lettre ***l*** se prononce presque comme un *ou* français (surtout au Brésil).		
lh	= *li*	**nh**	= *gn = ñ espagnol*
õ	= *on*	**õi**	= *on-i*
oi	= *o-i*	**ou**	= *o-ou*
qu	= *k* devant **e** et **i** / *kw* (devant un **a** et **o**)		
r	= *r* très roulé		
s	= *ss* (en début de mot ou après une consonne) = *z* (entre deux voyelles) = *ch* (en fin de mot)		
te, ti	= *tch, tchi* (en fin de mot). Surtout au Brésil.		
u	= *ou*	**ui**	= *oui*
x	= *ch , ks, z* ou *ss* selon les mots.		
z	= se prononce *ch* en fin de mot.		

Dans nos différentes listes de vocabulaire, les mots et les phrases figurant en italique indiquent le vocabulaire essentiellement utilisé au Brésil.

Quelques précisions :

• Certaines voyelles se prononcent de manière très différente selon qu'elles sont accentuées ou non. C'est ainsi que le **a** non accentué se prononce souvent comme un **e** très léger. Par ailleurs, le **o** non accentué se prononce **ou**.

• L'une de ses grandes caractéristiques de la phonétique portugaise est la « nasalisation », ce qui signifie que de nombreux sons sont assez proches des sons français « an », « on » et « in ». Les cinq voyelles **a, e, i, o, u** peuvent être nasalisées. Cette nasalisation est indiquée dans la langue écrite de deux manières :
- par l'emploi d'un « tilde » (~) sur les lettres **a** et **o** : **ã** et **õ**.
- par l'emploi d'un ***m*** ou d'un ***n*** après la voyelle nasalisée.

• L'accent tonique portugais est très marqué. Il se place le plus souvent sur l'avant-dernière syllabe. Dans ce cas, les autres syllabes - notamment la dernière - sont très peu accentuées. Certains mots (par exemple ceux qui se terminent par **i** et **u**) sont accentués sur la dernière syllabe.

• Lorque l'accent tonique est irrégulier, il est signalé par un accent aigu ou circonflexe sur la voyelle accentuée.

• Un autre phénomène mérite d'être signalé : l'absence assez fréquente du **l** et du **n** par rapport aux mots d'origine latine des autres langues romanes. C'est par exemple le cas des articles définis **o** *(= le)*, **a** *(= la)*, **os** *(= les)* ou du substantif **pessoa** *(= la personne)* qui est pourtant dérivé du mot latin *persona.*

1. LES VERBES PORTUGAIS

a) Il y a en portugais trois groupes de conjugaison :

- Les verbes en **-ar** appartiennent au **premier groupe.**
- Les verbes en **-er** appartiennent au **deuxième groupe**.
- Les verbes en **-ir** appartiennent au **troisième groupe.**

Premier groupe (**falar :** *parler)*

falo	*je parle*
falas	*tu parles*
fala	*il (elle) parle*
falamos	*nous parlons*
falais	*vous parlez*
falam	*ils (elles) parlent*

Deuxième groupe (**comer :** *manger)*

como	*je mange*
comes	*tu manges*
come	*il (elle) mange*
comemos	*nous mangeons*
comeis	*vous mangez*
comem	*ils (elles) mangent*

Troisième groupe (**partir :** *partir)*

parto	*je pars*
partes	*tu pars*
parte	*il (elle) part*
partimos	*nous partons*
partis	*vous partez*
partem	*ils (elles) partent*

b) Les verbes portugais s'emploient généralement sans **le pronom personnel sujet** *(je, tu, il, elle,* etc.). La forme verbale seule suffit en effet à indiquer la personne utilisée. On emploie le pronom personnel sujet (dont la liste détaillée se trouve page 99 § 5) lorsque cela apporte une précision utile pour la compréhension, pour exprimer une insistance ou lorsqu'il est employé seul en réponse à une question *(= moi, toi, lui, elle, eux,* etc.).

Sou eu : C'est moi. **E Vocês ?** Et vous ?

c) L'usage du tutoiement et du vouvoiement n'est pas identique en portugais et en français. Pour ne risquer aucune impolitesse, la forme la plus simple de «vouvoiement» consiste à utiliser la troisième personne de la forme verbale (au singulier si l'on s'adresse à une seule personne, au pluriel si l'on s'adresse à plusieurs) :

Fala francês ? *Parlez-vous français ?*

d) On obtient la forme négative en utilisant **não** devant la forme verbale : **Falo francês :** *Je parle français.*
Não falo francês : *Je ne parle pas français.*

e) Voici le présent de l'indicatif de quatre verbes très utilisés dans la langue portugaise. Il s'agit des deux verbes qui signifient *être* (**ser** et **estar**) et des deux verbes signifiant *avoir* (**haver** et **ter**) :

SER	ESTAR	HAVER	TER
(être)	*(être)*	*(avoir)*	*(avoir)*
Sou	Estou	Hei	Tenho
És	Estás	Hás	Tens
É	Está	Há	Tem
Somos	Estamos	Havemos / Hemos	Temos
Sois	Estais	Haveis / Heis	Tendes
São	Estão	Hão	Têm

2. SER et ESTAR

Les verbes **ser** et **estar** signifient tous les deux *«être»,* mais s'utilisent de manière bien distincte :

a) On utilise **ser** pour désigner ce que les choses ou et les êtres vivants peuvent avoir de permanent ou de durable *(forme, couleur, nationalité, religion,* etc.). **Ser** est également utilisé pour indiquer l'heure et comme auxiliaire du passif :

Ele é francês : *Il est Français*
Sou eu : *C'est moi*
O meu apelido é Dubois : *Mon nom est Dubois*
São dez (horas) : *Il est dix heures*

b) On utilise **estar** notamment dans les cas suivants :

- pour désigner ce qui a un caractère provisoire ou non définitif :
Estou cansado : *Je suis fatigué*
Hoje o museu está fechado.
Aujourd'hui, le musée est fermé

- pour désigner l'endroit où se trouve quelque chose ou quelqu'un et pour exprimer un point de vue :
Onde estás ? *Où es-tu ?*
Quem está ai ? *Qui est là ?*
Estou pronto : *Je suis prêt.*
A refeição estava óptima : *Le repas était excellent*

3. TER et HAVER

Les verbes **ter** et **haver** signifient tous les deux *«avoir»*, mais ils ne sont pas interchangeables :

a) **Ter** est utilisé comme auxiliaire dans la formation des temps composés de tous les verbes. A noter que dans les formes verbales composées, le participe passé est invariable. Au Brésil, **haver** peut également être employé comme auxiliaire.

b) En plus de son emploi d'auxiliaire, **ter** est utilisé dans la plupart des emplois du verbe français «avoir» :
Tenho 25 anos hoje : *J'ai 25 ans aujourd'hui*
Tenho fome : *J'ai faim*

c) La forme la plus répandue du verbe **haver** est sa troisième personne du singulier **(há)** qui correspond assez précisément aux emplois de l'expression française « il y a » :
Aqui, há um bom restaurante : *Ici, il y a un bon restaurant.*
Há duas horas, eu não estava aqui.
Il y a deux heures, je n'étais pas ici.

4. LES ARTICLES ET LES SUBSTANTIFS

a) En portugais, les substantifs comportent **deux genres : le masculin et le féminin.** A l'exception de quelques cas particuliers, le **pluriel des substantifs** se forme en ajoutant **-s** ou **-es** à la forme de singulier.

Masculin :	**o irmão :** *le frère*	**os irmãos :** *les frères*
Féminin :	**a irmã :** *la sœur*	**as irmãs :** *les sœurs*
Masculin :	**um irmão :** *un frère*	**irmãos :** *des frères*
Féminin :	**uma irmã :** *une sœur*	**irmãs :** *des sœurs*

b) Le pluriel de l'article indéfini français «des» s'exprime en portugais par l'absence d'article. De même l'article partitif (du, de la, de, des) n'existe pas en portugais :

a água : *l'eau*	**água** : *de l'eau*
o vinho : *le vin*	**vinho** : *du vin*
o pão : *le pain*	**pão** : *du pain*
os legumes : *les légumes*	**legumes** : *des légumes*

c) Lorsque l'article défini (**o, a** au singulier, **os, as** au pluriel) est employé après les prépositions **a, de, em** ou **por**, il se contracte avec celles-ci de la manière suivante :

a + o = ao	**a + a = à**	**a + os = aos**	**a + as = às**
de + o = do	**de + a = da**	**de + os = dos**	**de + as = das**
em + o = no	**em + a = na**	**em + os = nos**	**em + as = nas**
por + o = pelo	**por + a = pela**	**por + os = pelos**	**por + as = pelas**

5. LES PRONOMS PERSONNELS

a) Les pronoms personnels portugais comportent une grande variété de formes et l'apprentissage de leur utilisation correcte constitue l'une des grandes difficultés de cette langue. Le tableau ci-dessous devrait vous permettre d'y voir un peu plus clair :

Pronom sujet français	*Sujet*	*Pronom réfléchi*	*COD (*)*	*COI (**) après préposition (forme accentuée)*	*COI (**) (forme atone)*
Je, moi	**eu**	**me**	**me**	**mim** *(moi)*	**me**
Tu, toi	**tu**	**te**	**te**	**ti** *(toi)*	**te**
Il, lui	**ele**	**se**	**o**	**ele** *(lui)*	**lhe**
Elle	**ela**	**se**	**a**	**ela** *(elle)*	**lhe**
Vous (1)	**você**	**se**	**o, a**	**você** *(vous)*	**lhe**
Nous	**nós**	**nos**	**nos**	**nós** *(nous)*	**nos**
Vous *(2)*	**vós**	**vos**	**vos**	**vós** *(vous)*	**vos**
Vous (3)	**vocês**	**vos**	**os, as**	**vocês** *(vous)*	**lhes**
Ils, eux	**eles**	**se**	**os**	**eles** *(eux)*	**lhes**
Elles	**elas**	**se**	**as**	**elas** *(elles)*	**lhes**

(*) COD = Complément d'objet direct
(**) COI = Complément d'objet indirect
(1) = vouvoiement singulier 2) = pluriel (3) = vouvoiement pluriel

b) On emploie les formes atones de COI (dernière colonne du tableau ci-dessus) lorsque celles-ci sont employées sans préposition.

6. LES ADJECTIFS ET LES PRONOMS POSSESSIFS

a) Les adjectifs possessifs *(mon, ma, mes,* etc.*)* et les pronoms possessifs *(le mien, la mienne, etc.)* ont les mêmes formes :

	1ère pers. sg.	*2ème pers. sg.*	*3ème pers. sg.*
Masculin singulier	**meu**	**teu**	**seu**
Masculin pluriel	**meus**	**teus**	**seus**
Féminin singulier	**minha**	**tua**	**sua**
Féminin pluriel	**minhas**	**tuas**	**suas**

	1ère pers. pl.	*2ème pers. pl.*	*3ème pers. pl.*
Masculin singulier	**nosso**	**vosso**	**seu**
Masculin pluriel	**nossos**	**vossos**	**seus**
Féminin singulier	**nossa**	**vossa**	**sua**
Féminin pluriel	**nossas**	**vossas**	**suas**

b) L'adjectif possessif portugais est presque toujours précédé de l'article défini :

a minha irmã : *ma sœur* **o meu irmão :** *mon frère*

7. LE COMPARATIF ET LE SUPERLATIF

a) On forme le **comparatif de supériorité et d'infériorité** en faisant précéder l'adjectif de **mais** *(plus)* ou de **menos** *(moins)*. Le deuxième élément de la comparaison est précédé de **do que** :

A minha irmã é mais bonita do que o meu irmão.
Ma sœur est plus belle que mon frère.

b) On forme le **comparatif d'égalité** avec les formules **tão... como...** ou **tanto... como...** *(aussi... que...).*

O meu irmão é tanto bonito como a minha irmã.
Mon frère est aussi beau que ma sœur.

c) A noter quelques formes particulières de comparatif de supériorité :

bom : *bon* → **melhor :** *meilleur* **mau :** *mauvais* → **pior :** *pire*

d) On forme le **superlatif comme en français** en mettant l'article défini devant la forme de comparatif de supériorité :

A minha irmã é a mais bonita : *Ma sœur est la plus belle.*

1.

EXPRESSIONS DE BASE (1)

EXPRESSÕES DE BASE

1.	Bonjour !	**Bom dia !**
2.	Bonjour à tous !	**Bom dia a todos !**
3.	Salut ! *(= bonjour familier)*	**Olá !** ***Oi !***
4.	Salut à tous !	**Olá pessoal !**
5.	Bonsoir !	**Boa noite !**
6.	Mesdames et Messieurs, bonjour !	**Senhoras e Senhores, bom dia !**
7.	Chers amis, bonsoir !	**Caros amigos, boa noite !**
8.	Bienvenue !	**Bem-vindo !**
9.	Soyez les bienvenus !	**Sejam bem-vindos !**
10.	Nous vous souhaitons la bienvenue !	**Desejamo-lhes as boas vindas !**
11.	Bon appétit !	**Bom apetite !**
12.	A votre santé !	**À sua saúde !** ***Saúde !***
13.	A vos souhaits !	**Santinho !**
14.	Bonne nuit !	**Boa noite !**
15.	A demain !	**Até amanhã !**
16.	Dors bien !	**Dorme bem !**
17.	Dormez bien !	**Durmam bem !**
18.	A bientôt !	**Até breve !**
19.	A tout à l'heure !	**Até já !**
20.	Au revoir !	**Adeus !**
21.	Bonne chance !	**Boa sorte !**
22.	Bon voyage !	**Boa viagem !**
23.	A l'an prochain !	**Até para o ano !** ***Até ano que vem !***
24.	A la semaine prochaine !	**Até para a semana !** ***Até semana que vem !***
25.	D'accord !	**Está bem !**
26.	Pas de problème !	**Não há problema !**
27.	- Parlez-vous français ?	**Fala francês ?**
28.	- Non, je ne parle que l'anglais.	**- Não, só falo inglês.**
29.	Je parle français.	**Falo francês.**
30.	Je ne parle pas français.	**Não falo francês.**
31.	Y a-t-il ici quelqu'un qui parle français ?	**Há aqui alguém que fale francês ?**
32.	Pouvez-vous traduire ce mot en français ?	**Pode traduzir esta palavra em francês ?**
33.	Que signifie cette phrase, s'il vous plaît ?	**Que significa esta frase, por favor ?**

2.

EXPRESSIONS DE BASE (2)

EXPRESSÕES DE BASE

34.	Merci !	**Obrigado !** *(masculin)* **Obrigada !** *(féminin)*
35.	Merci beaucoup !	**Muito obrigado !**
36.	Je vous en prie !	**Se faz favor !**
37.	Il n'y a pas de quoi !	**Não tem de quê !**
38.	Oui.	**Sim.**
39.	Non.	**Não.**
40.	Si.	**Sim.**
41.	Peut-être.	**Talvez.**
42.	Parfois.	**As vezes.**
43.	Jamais.	**Nunca.**
44.	Souvent.	**Muitas vezes.**
45.	Toujours.	**Sempre.**
46.	Je ne sais pas.	**Não sei.**
47.	Je ne comprends pas.	**Não compreendo.**
48.	Je n'ai pas compris.	**Não compreendi.**
49.	- Vous ne comprenez pas ?	**- Não compreende ?** **= Não entende ?**
50.	- Si, j'ai presque tout compris.	**- Sim, compreendi quase tudo ?**
51.	Que dites-vous ?	**O que está a dizer ?** ***O que está dizendo ?***
52.	Que dit-il ?	**O que está ele a dizer ?**
53.	Il dit qu'il ne comprend rien !	**Ele diz que não compreende nada !**
54.	Je ne comprends pas ce que vous dites.	**Não compreendo o que diz.**
55.	Je ne parle pas votre langue.	**Não falo a sua língua.**
56.	Que signifie ce mot ?	**O que significa esta palavra ?**
57.	Comment dit-on cela en portugais ?	**Como é que diz isto em português ?**
58.	Dites-le plutôt en français !	**Diga-o antes em francês !**
59.	Pouvez-vous répéter, s'il vous plaît ?	**Pode repetir, se faz favor ?**
60.	Parlez plus lentement, s'il vous plaît !	**Fale mais devagar, por favor !**
61.	Pardon !	**Desculpe !**
62.	Désolé(e) !	**Lamento !**
63.	Dommage !	**É pena !**
64.	Quel dommage !	**Que pena !**

3.

SE PRÉSENTER

APRESENTAR-SE

1.	Comment vous appelez-vous ?	**Como [é que] se chama ?**
2.	Mon nom de famille est Dubois.	**O meu apelido *(sobrenome)* é Dubois.**
3.	Je m'appelle Pierre Dubois.	**Chamo-me Pierre Dubois.**
4.	Enchanté(e) de faire votre connaissance !	**Muito prazer em conhecê-lo !**
5.	Madame Dubois.	**Senhora Dubois.**
6.	Monsieur Dubois.	**Senhor Dubois.**
7.	Mlle Dubois.	**Menina Dubois.**
8.	Je vous présente mon mari.	**Apresento-lhe o meu marido.**
9.	Je vous présente ma femme.	**Apresento-lhe a minha mulher** (*ou* **esposa**).
10.	- Quel âge avez-vous ?	**- Quantos anos tem ?**
11.	- Quel âge as-tu?	**- Quantos anos tens ?**
12.	- J'ai 32 ans.	**- Tenho 32** (trinta e dois) **anos.**
13.	Aujourd'hui, c'est mon anniversaire.	**Hoje é o meu aniversário.**
14.	J'ai 25 ans aujourd'hui.	**Tenho 25** (vinte e cinco) **anos hoje.**
15.	Bon anniversaire !	**Feliz aniversário !**
16.	Félicitations !	**Parabéns !**
17.	- Avez-vous des enfants ?	**Tem filhos ?**
18.	- J'ai un garçon et une fille.	**Tenho um rapaz e uma rapariga *(uma menina).***
19.	la famille	**a família**
20.	l'homme / la femme	**o homem / a mulher**
21.	le père / la mère	**o pai / a mãe**
22.	papa / maman	**papá / mamã**
23.	les parents	**os pais**
24.	les grands-parents	**os avós**
25.	l'enfant	**a criança**
26.	le garçon	**o rapaz**
27.	la fille	**a rapariga, *a menina***
28.	le fils / la fille	**o filho - a filha**
29.	le frère / la soeur	**o irmão - a irmã**
30.	l'amitié / l'ami	**a amizade / o amigo**
31.	l'amour / aimer	**o amor / amar**
32.	Je t'aime.	**Amo-te.**
33.	Est-ce que tu m'aimes ?	**Amas-me ?**

4.

QUELQUES QUESTIONS

ALGUMAS PERGUNTAS

1.	la question	**a pergunta**
2.	la réponse	**a resposta**
3.	Puis-je vous poser une question ?	**Posso fazer-lhe uma pergunta ?**
4.	- Quel jour sommes-nous ?	**- Que dia é hoje ?**
5.	- Quelle heure est-il ?	**- Que horas são ?**
6.	- Quel temps fait-il aujourd'hui ?	**- Que tempo está hoje ?**
7.	Allô ?	**Está ?**
8.	Qui est à l'appareil ?	**Quem fala ?**
9.	Pourrais-je parler à Monsieur Dubois ?	**- Posso falar com o Senhor Dubois, por favor ?**
10.	Qui ? / Quoi ?	**Quem ? / O quê ?**
11.	Comment ?	**Como ?**
12.	Pourquoi ?	**Porquê ?**
13.	Quand ?	**Quando ?**
14.	Depuis quand ?	**Desde quando ?**
15.	Qui est là ?	**Quem está ai ?**
16.	Qui êtes-vous ?	**Quem é você ?**
17.	- Qui est-ce ?	**- Quem é ?**
18.	- C'est moi !	**- Sou eu !**
19.	Qu'est-ce que c'est ?	**O que é isto ?**
20.	Que se passe-t-il ?	**O que é que se passa ?**
21.	Où es-tu ?	**Onde estás ?**
22.	Où vas-tu ?	**Onde vais ?**
23.	D'où viens-tu ?	**De onde vens ?**
24.	- A quelle heure peux-tu venir ?	**- A que horas podes vir ?**
25.	Combien de temps peux-tu rester ?	**Quanto tempo podes ficar ?**
26.	Où puis-je trouver un restaurant ?	**Onde posso encontrar um restaurante ?**
27.	Où se trouve l'hôtel ?	**Onde é o hotel ?**
28.	Avez-vous un plan de la ville ?	**Tem um mapa da cidade ?**
29.	Pouvez-vous me donner votre adresse ?	**Pode dar-me a sua morada ?** ***(seu endereço ?)***
30.	Quelle est votre profession ?	**Qual é a sua profissão ?**
31.	Est-ce que cela vous gêne si je fume ?	**Incomoda-se se fumo ?**
32.	Avez-vous du feu ?	**Tem lume ?** ***Tem fogo ?***

5.

EN VOYAGE

EM VIAGEM

1.	le voyage	**a viagem**
2.	voyager	**viajar**
3.	le départ	**a partida**
4.	l'arrivée	**a chegada**
5.	la valise	**a mala**
6.	les bagages	**as bagagens**
7.	Allons-y !	**Vamos !**
8.	En route !	**A caminho !**
9.	la douane	**a alfândega**
10.	le passeport	**o passaporte**
11.	la carte d'identité	**o bilhete de identidade** ***a carteira de identidade***
12.	Puis-je voir votre passeport ?	**Pode mostrar-me o seu passaporte ?**
13.	l'avion	**o avião**
14.	l'aéroport	**o aeroporto**
15.	le pilote	**o piloto**
16.	l'hôtesse de l'air	**a hospedeira** ***a aeromoça***
17.	décoller	**levantar voo**
18.	atterrir	**aterrar, *aterrissar***
19.	annuler	**anular**
20.	retarder	**atrasar**
21.	Le vol est annulé.	**O voo está anulado.**
22.	Le vol est retardé.	**O voo está atrasado.**
23.	Notre avion décolle à 15 heures.	**O nosso avião parte às quinze horas.**
24.	Attachez vos ceintures, s'il vous plaît !	**Apertem os cintos, por favor !**
25.	Il est interdit de fumer dans les toilettes.	**É proibido fumar na casa de banho.**
26.	le train	**o comboio, *o trem***
27.	la gare	**a estação**
28.	le quai	**o cais**
29.	le compartiment	**o compartimento**
30.	le wagon	**o vagão**
31.	le wagon-restaurant	**o vagão-restaurante**
32.	- Je voudrais un billet pour Paris.	**- Quero um bilhete para Paris.**
33.	- Aller simple ou aller et retour ?	**- Uma ida simples ou ida e volta ?**

6.

AU RESTAURANT

NO RESTAURANTE

1.	Le restaurant est ouvert.	**O restaurante está aberto.**
2.	Cette table est-elle libre ?	**Esta mesa está livre ?**
3.	Nous avons réservé une table pour deux.	**Reservámos uma mesa para duas pessoas.**
4.	J'ai faim.	**Tenho fome.**
5.	J'ai soif.	**Tenho sede.**
6.	Garçon, puis-je avoir la carte ?	**Por favor, traga-me a ementa *(o cardápio)* !**
7.	Donnez-moi aussi la carte des vins !	**Dê-me também a lista dos vinhos !**
8.	Que nous recommandez-vous ?	**O que nos recomenda ?**
9.	Quel est le plat du jour ?	**O que é o prato do dia ?**
10.	Ceci est notre plat national.	**Este é o nosso prato nacional.**
11.	- J'adore la cuisine française.	**- Adoro a cozinha francesa !**
12.	- Moi, je préfère la cuisine chinoise !	**- Eu prefiro a cozinha chinesa !**
13.	Quelle cuisson désirez-vous ?	**Bem passado ou mal passado ?**
14.	A point.	**Médio.**
15.	Bien cuit.	**Bem passado.**
16.	Saignant.	**Mal passado.**
17.	Apportez-moi un peu de moutarde, s'il vous plaît.	**Traga-me um pouco de mostarda, por favor.**
18.	Pouvez-vous m'apporter du pain, s'il vous plaît !	**Pode trazer-me pão, por favor ?**
19.	Ce que tu manges a l'air très bon.	**O que estás a comer parece ser muito bom.**
20.	Est-ce que je peux goûter ?	**Posso provar ?**
21.	- Est-ce que c'était bon ?	**- Estava bom ?**
22.	- Le repas était excellent.	**- A refeição estava óptima.**
23.	- Désirez-vous encore autre chose ?	**- Deseja mais alguma coisa ?**
24.	- Non, merci. Ce sera tout.	**- Não obrigado, é tudo.**
25.	L'addition, s'il vous plaît !	**A conta, por favor !**
26.	Le service est compris.	**O serviço está compreen-dido.**
27.	Mais on peut laisser un pourboire.	**Mas podemos deixar uma gorjeta.**
28.	Où sont les toilettes, s'il vous plaît ?	**Onde é a casa de banho, por favor ?** ***Onde é o banheiro, por favor ?***

7.

LES REPAS (1)

AS REFEIÇÕES

1.	le repas	**a refeição**
2.	le petit-déjeuner	**o pequeno-almoço** ***o café da manhã***
3.	le pain	**o pão**
4.	le beurre	**a manteiga**
5.	la confiture	**o doce**
6.	le miel	**o mel**
7.	le déjeuner	**o almoço**
8.	le dîner	**o jantar**
9.	l'entrée	**a entrada**
10.	le plat principal	**o prato principal**
11.	la boisson	**a bebida**
12.	l'eau (gazeuse)	**a água (com gás)**
13.	l'eau plate	**a água sem gás**
14.	Est-ce que l'eau est potable ?	**A água é potável ?**
15.	le jus (de fruit)	**o sumo (de frutas)**
16.	le vin (rouge)	**o vinho (tinto)**
17.	le vin blanc	**o vinho branco**
18.	la bière blonde	**a imperial**
19.	la bière (brune)	**a cerveja (preta)**
20.	la bière pression	**o fino, *o chope***
21.	le café	**o café**
22.	le thé	**o chá**
23.	le lait	**o leite**
24.	avec ou sans lait ?	**com ou sem leite ?**
25.	le chocolat (chaud)	**o chocolate (quente)**
26.	- Que désirez-vous comme boisson ?	**- O que deseja como bebida ?**
27.	- Une bière et un verre de vin rouge.	**- Uma cerveja e um copo de vinho tinto.**
28.	- Bière à la pression ou en bouteille ?	**- Cerveja a copo ou em garrafa ?**
29.	A votre santé !	**Á sua saúde ! *Saúde !***
30.	Cul sec !	**Golpe seco !**
31.	C'est ma tournée !	**É por minha conta !**
32.	le verre	**o copo**
33.	la tasse	**a chávena, a xícara**
34.	l'assiette	**o prato**
35.	la cuillère	**a colher**
36.	le couteau	**a faca**
37.	la fourchette	**o garfo**

8.

LES REPAS (2)

AS REFEIÇÕES

37.	la salade	**a salada**
38.	l'œuf	**o ovo**
39.	la pomme de terre	**a batata**
40.	les frites	**as batatas fritas**
41.	un steak-frites	**um bife com batatas fritas**
42.	la viande	**a carne**
43.	le poisson	**o peixe**
44.	le bœuf	**a carne de vaca**
45.	le veau	**o vitelo**
46.	le porc	**o porco**
47.	le jambon	**o fiambre**
48.	la saucisse	**a salsicha**
49.	le hot dog	**o cachorro**
50.	le poulet	**o frango**
51.	l'agneau	**o cordeiro**
52.	le saumon	**o salmão**
53.	la truite	**a truta**
54.	la sole	**a solha**
55.	les pâtes	**a massa**
56.	le riz	**o arroz**
57.	l'huile	**o óleo**
58.	le vinaigre	**o vinagre**
59.	la moutarde	**a mostarda**
60.	le poivre	**a pimenta**
61.	le sel	**o sal**
62.	le sucre	**o açúcar**
63.	les légumes	**os legumes**
64.	le fromage	**o queijo**
65.	le dessert	**a sobremesa**
66.	la glace	**o gelado**
67.	le gâteau	**o bolo**
68.	sucré	**açucarado**
69.	le fruit	**o fruto**
70.	la pomme	**a maçã**
71.	la poire	**a pêra**
72.	l'orange	**a laranja**
73.	la fraise	**o morango**
74.	l'ananas	**o ananás**
75.	le jus de pomme	**o sumo de maçã**
76.	la pelure	**a casca**
77.	Quel est le nom de ce fruit ?	**Qual é o nome deste fruto ?**

9.

LES JOURS ET LES MOIS

OS DIAS E OS MESES

1.	la semaine	**a semana**
2.	lundi	**segunda-feira**
3.	mardi	**terça-feira**
4.	mercredi	**quarta-feira**
5.	jeudi	**quinta-feira**
6.	vendredi	**sexta-feira**
7.	samedi	**sábado**
8.	dimanche	**domingo**
9.	(le mois de) Janvier	**(o mês de) Janeiro**
10.	Février	**Fevereiro**
11.	Mars	**Março**
12.	Avril	**Abril**
13.	Mai	**Maio**
14.	Juin	**Junho**
15.	Juillet	**Julho**
16.	Août	**Agosto**
17.	Septembre	**Setembro**
18.	Octobre	**Outubro**
19.	Novembre	**Novembro**
20.	Décembre	**Dezembro**

10.

LES CHIFFRES ET LES NOMBRES

AS QUANTIDADES E OS NÚMEROS

1	**um**	18	**dezoito**
2	**dois**	19	**dezanove**
3	**três**	20	**vinte**
4	**quatro**	21	**vinte e um**
5	**cinco**	22	**vinte e dois**
6	**seis**	23	**vinte e três**
7	**sete**	24	**vinte e quatro**
8	**oito**	30	**trinta**
9	**nove**	40	**quarenta**
10	**dez**	50	**cinquenta**
11	**onze**	60	**sessenta**
12	**doze**	70	**setenta**
13	**treze**	80	**oitenta**
14	**catorze**	90	**noventa**
15	**quinze**	100	**cem**
16	**dezasseis**	1000	**mil**
17	**dezassete**	0	**zero**

11.

L'ARGENT - LE PRIX

O DINHEIRO - O PREÇO

1.	- Combien est-ce que ça coûte ?	**- Quanto custa ?**
2.	- 17 euros et cinquante centimes.	**- Dezassete euros e cinquenta cêntimos.**
3.	C'est bon marché.	**É barato.**
4.	C'est cher.	**É caro.**
5.	Ce n'est vraiment pas cher.	**Não é nada caro.**
6.	C'est très cher.	**É muito caro.**
7.	C'est trop cher pour moi.	**É muito caro para mim.**
8.	Est-ce que vous avez autre chose ?	**Tem outra coisa ?**
9.	Avez-vous quelque chose de moins cher ?	**Tem alguma coisa mais barata ?**
10.	Je n'ai pas assez d'argent.	**Não tenho dinheiro que chegue.**
11.	Combien d'argent as-tu ?	**Quanto dinheiro tens ?**
12.	Peux-tu me donner quelques euros ?	**Podes dar-me alguns euros ?**
13.	Est-ce que je peux payer en dollars ?	**Posso pagar em dolars ?**
14.	Rendez-moi la monnaie, s'il vous plaît !	**Dê-me o troco, por favor !**
15.	Vous pouvez garder la monnaie.	**Pode ficar com o troco.**
16.	- Où est le magasin le plus proche ?	**Onde é a loja mais próxima ?**
17.	- Au bout de la rue, à gauche !	**- No fim da rua, à esquerda !**
18.	Entrez donc ! Venez jeter un coup d'œil !	**Entre ! E dê uma vista de olhos !**
19.	- Que cherchez-vous exactement ?	**- O que procura exactamente ?**
20.	- Je voudrais juste jeter un coup d'œil !	**- Só quero dar uma vista de olhos !**
21.	Je voudrais acheter ceci.	**Queria comprar isto.**
22.	Profitez-en, c'est une bonne affaire !	**Aproveite, é uma boa oportunidade.**
23.	- Est-ce que vous désirez autre chose ?	**- Deseja mais alguma coisa ?**
24.	- J'aimerais ramener un souvenir.	**- Gostaria de trazer uma lembrança.**

12.

A L'HÔTEL

NO HOTEL

1.	la chambre	**o quarto**
2.	le lit	**a cama**
3.	la douche	**o duche, *a ducha***
4.	la chambre individuelle	**o quarto individual**
5.	la chambre double	**o quarto duplo**
6.	la salle de bains	**a casa de banho**
7.	l'air conditionné	**o ar condicionado**
8.	la demi-pension	**a meia pensão**
9.	la pension complète	**a pensão completa**
10.	- Avez-vous encore des chambres libres ?	**- Ainda tem quartos vagos ?**
11.	- Désolé, l'hôtel est complet.	**- Lamento, o hotel está cheio.**
12.	Deux chambres sont encore disponibles.	**Dois quartos ainda estão disponíveis.**
13.	Nous aimerions une chambre double.	**Queremos um quarto duplo.**
14.	La chambre coûte 150 euros.	**O quarto custa 150 euros.**
15.	Avez-vous quelque chose de moins cher ?	**Tem alguma coisa mais barata ?**
16.	- Pouvons-nous voir la chambre ?	**- Podemos ver o quarto ?**
17.	- Voici la clé de la chambre.	**- Estão aqui as chaves do quarto.**
18.	La chambre est au deuxième étage.	**O quarto é no segundo andar.**
19.	C'est une chambre avec vue sur la mer.	**É um quarto com vista sobre o mar.**
20.	La chambre me plaît. Nous la prenons.	**Gosto do quarto. Ficamos com ele.**
21.	- Combien de temps pensez-vous rester?	**- Quanto tempo pensam ficar ?**
22.	- Nous resterons deux ou trois jours.	**- Ficaremos dois ou três dias.**
23.	- Je vous souhaite un agréable séjour.	**- Desejo-lhe uma boa estadia.**
24.	Le petit-déjeuner est inclus.	**O pequeno-almoço está incluído.**
25.	Jusqu'à quelle heure peut- on déjeuner ?	**Até que horas podemos tomar o pequeno-almoço ?**
26.	Pouvez-vous me réveiller à six heures ?	**Pode acordar-me às seis horas ?**

13.

LA VOITURE

O CARRO

1.	l'essence	**a gasolina**
2.	faire le plein	**encher o depósito** ***encher o tanque***
3.	la station-service	**a bomba de gasolina**
4.	la rue	**a rua**
5.	la route	**a estrada**
6.	l'autoroute	**a auto-estrada**
7.	le camion	**o camião**
8.	l'autocar	**o autocarro, *o ônibus***
9.	- Je voudrais louer une voiture.	**- Quero alugar um carro.**
10.	- Montrez-moi votre permis de conduire !	**- Mostre-me a sua carta de condução !**
11.	Je dois faire le plein.	**Tenho que encher o depósito *(o tanque)*.**
12.	Où est la prochaine station-service ?	**Onde é a próxima bomba de gasolina ?**
13.	J'aimerais prendre vingt litres d'essence.	**Quero vinte litros de gasolina.**
14.	Où est le prochain arrêt de bus ?	**Onde é a próxima paragem do autocarro ?**
15.	Stationnement interdit.	**Estacionamento proibido.**
16.	- Sommes-nous sur la bonne route ?	**- Vamos na boa direcção ?**
17.	- Non, vous vous êtes trompés.	**- Não, enganaram-se.**
18.	Vous êtes sur la mauvaise route.	**Estão no caminho errado.**
19.	Vous devez faire demi-tour.	**Têm que fazer marcha atrás.**
20.	A quelle distance se trouve cette ville ?	**A que distância é esta cidade ?**
21.	Où est la gare, s'il vous plaît ?	**Onde é a estação, por favor ?**
22.	Allez jusqu'au prochain feu rouge !	**Vá até ao próximo semáforo vermelho !**
23.	Là, vous tournez à droite.	**Ai, vira à direita.**
24.	Prenez ensuite la deuxième rue à gauche.	**A seguir, vá pela segunda à esquerda.**
25.	Après, c'est toujours tout droit !	**A seguir, é sempre em frente !**

14.

QUELQUES CONTRAIRES

ALGUNS CONTRÁRIOS

1.	C'est beau.	**É bonito.**
2.	Ce n'est pas beau.	**Não é bonito.**
3.	C'est ouvert.	**Está aberto.**
4.	C'est fermé.	**Está fechado.**
5.	C'est grand.	**É grande.**
6.	C'est petit.	**É pequeno.**
7.	long - court	**comprido - curto**
8.	large - étroit	**largo - estreito**
9.	bon - mauvais	**bom - mau**
10.	jeune - vieux	**jovem - velho**
11.	nouveau - ancien	**novo - antigo**
12.	chaud - froid	**quente - frio**
13.	rapide - lent	**rápido - lento**
14.	propre - sale	**limpo - sujo**
15.	vrai - faux	**verdadeiro - falso**
16.	interdit - autorisé	**proibido - autorizado**
17.	quelqu'un	**alguém**
18.	personne	**ninguém**
19.	tout le monde	**toda a gente, *todo mundo***
20.	quelque chose	**alguma coisa**
21.	rien - tout	**nada - tudo**
22.	beaucoup - peu	**muito - pouco**
23.	maintenant	**agora**
24.	plus tard	**mais tarde**
25.	aujourd'hui	**hoje**
26.	hier - demain	**ontem - amanhã**
27.	avant-hier	**anteontem**
28.	après-demain	**depois de amanhã**
29.	en haut - en bas	**em cima - em baixo**
30.	à droite - à gauche	**à direita - à esquerda**
31.	loin - proche	**perto - longe**
32.	ici - là-bas	**aqui - ali**

15.

LES COULEURS

AS CORES

1.	blanc - noir	**branco - preto**
2.	bleu - rouge	**azul - encarnado**
3.	vert - jaune	**verde - amarelo**
4.	gris - marron	**cinzento - castanho**
5.	rose - orange	**cor de rosa - cor de laranja**

16.

COMMENT ALLEZ-VOUS ?

COMO É QUE ISSO VAI ?

1.	- Très bien, merci. Et vous ?	**- Muito bem, obrigado. E Você ?**
2.	- Comment ça va ?	**- Como está ?**
3.	Entrez, je vous en prie !	**Entre, por favor !**
4.	Après vous, je vous en prie !	**Depois de si, por favor !**
5.	C'est très aimable à vous !	**É muito amável da sua parte !**
6.	Faites comme chez vous !	**Esteja como em sua casa !**
7.	Mettez-vous à l'aise !	**Ponha-se à vontade !**
8.	- Puis-je m'asseoir à côté de vous ?	**- Posso sentar-me ao seu lado ?**
9.	- Mais bien sûr !	**- Com certeza !**
10.	- Cela ne vous dérange pas ?	**- Não o incomoda ?**
11.	- Mais pas du tout, au contraire !	**- Claro que não, pelo contrário !**
12.	- Comment vous sentez-vous ?	**- Como é que se sente ?**
13.	- Je ne me sens pas très bien.	**- Não me sinto muito bem.**
14.	Je me sens mal.	**Sinto-me mal.**
15.	Je me sens bien.	**Sinto-me bem.**
16.	Je me sens mieux.	**Sinto-me melhor.**
17.	la santé	**a saúde**
18.	la maladie	**a doença**
19.	le malade	**o doente**
20.	le médecin	**o médico**
21.	le médicament	**o medicamento**
22.	la pharmacie	**a farmácia**
23.	J'ai attrapé un rhume.	**Apanhei uma constipação.**
24.	J'ai mal à la tête.	**Dói-me a cabeça.**
25.	J'ai de la fièvre.	**Tenho febre.**
26.	Il faut que je voie un médecin.	**Preciso de ver um médico.**
27.	Où y a-t-il une pharmacie ?	**Onde há uma farmácia ?**
28.	Bon rétablissement !	**As suas melhoras !** ***Boas melhoras !***

Pour bien mémoriser toutes ces phrases portugaises et assimiler parfaitement leur prononciation, n'oubliez pas de vous rendre sur notre site internet : **www.parlissimo. com**

Toutes les phrases de « Douze langues pour sillonner le monde » peuvent y être écoutées en libre service (gratuitement) ou téléchargées en toute légalité (2 euros seulement par langue).

LA LANGUE ITALIENNE

Héritière du latin, la langue italienne moderne s'est constituée autour du dialecte toscan à une époque où le prestige culturel de la ville de Florence, capitale de la Toscane, était à son apogée. Dante Alighieri (1265-1321), l'une des plus grandes figures florentines, est considéré comme le « père de la langue italienne » et son œuvre la plus célèbre, la « Divine Comédie », rédigée en dialecte toscan, est unanimement reconnue comme le premier chef d'œuvre de la littérature italienne. Au cours des siècles suivants, les travaux des grammairiens contribuèrent à donner au dialecte toscan le statut d'une véritable langue nationale italienne, avant même l'unification politique du pays en 1870.

La prononciation de la langue italienne présente par rapport à celle de la langue française quelques particularités que l'on peut schématiser de la manière suivante :

ai	= *aïe*	**an**	= *ann*
c	= *tch* (devant un **e** ou un **i**)		
ch	= *k*		
ci	= *tch* (devant un **a**, un **o** ou un **u**)		
e	= *é*	**em**	= *ém*
en	= *enn*	**eu**	= *éou*
g	= *dj* (devant un **e** ou un **i**)		
gi	= *dj* (devant un **a**, un **o** ou un **u**)		
gl	= *li*		
imm	= *imm*	**in**	= *inn*
oi	= *o-ye*	**om**	= *omm*
on	= *onn*	**r**	= *r* très roulé
sc	= *ch* (devant un **e** ou un **i**)		
sch	= *sk*	**u**	= *ou*
un	= *oun*	**z**	= *dz* ou *tz*

Quelques précisions :

• L'accent tonique est très important. Il se place en général sur l'avant-dernière syllabe qui est donc plus accentuée que les autres tandis que la dernière syllabe est très peu accentuée : c'est ainsi qu'on entend à peine les **o** ou les **a** qui se trouvent à la fin des mots.

• Lorque l'accent tonique est sur la dernière syllabe, il est toujours indiqué par un accent grave ou aigu sur la voyelle. Le mot **papa** *(= le pape)* ne porte pas cet accent car il est accentué sur la première syllabe. Par contre, le mot **papà** *(= papa)* porte cet accent puisqu'il est accentué sur la dernière syllabe.

1. LES VERBES ITALIENS

a) Il y a en italien trois groupes de conjugaison :

- Les verbes en **-are** appartiennent au **premier groupe** de conjugaison.
- Les verbes en **-ere** appartiennent au **deuxième groupe** de conjugaison.
- Les verbes en **-ire** appartiennent au **troisième groupe** de conjugaison, mais ce groupe comporte deux types de verbes.

Premier groupe (**parlare**)		Deuxième groupe (**credere**)	
parlo	*je parle*	**credo**	*je crois*
parli	*tu parles*	**credi**	*tu crois*
parla	*il (elle) parle*	**crede**	*il (elle) croit*
parliamo	*nous parlons*	**crediamo**	*nous croyons*
parlate	*vous parlez*	**credete**	*vous croyez*
parlano	*ils (elles) parlent*	**credono**	*ils (elles) croient*

Troisième groupe (**dormire**)		Troisième groupe (**capire**)	
dormo	*je dors*	**capisco**	*je comprends*
dormi	*tu dors*	**capisci**	*tu comprends*
dorme	*il (elle) dort*	**capisce**	*il (elle) comprend*
dormiamo	*nous dormons*	**capiamo**	*nous comprenons*
dormite	*vous dormez*	**capite**	*vous comprenez*
dormono	*ils (elles) dorment*	**capiscono**	*ils (elles) comprennent*

b) Les verbes du troisième groupe qui se conjuguent comme **capire** (et qui intercalent **isc** aux trois personnes du singulier et à la troisième personne du pluriel) sont beaucoup plus nombreux que ceux qui se conjuguent comme **dormire**.

c) Les verbes italiens s'emploient généralement sans **le pronom personnel sujet** *(je, tu, il,* etc.). La forme verbale suffit à indiquer la personne utilisée. On emploie le pronom personnel sujet lorsque cela apporte une précision utile pour la compréhension, pour exprimer une insistance ou lorsqu'il est employé seul en réponse à une question *(= moi, toi, lui, elle, eux,* etc.).

Sono io : *C'est moi.* **E Lei ? E voi ?** *Et vous ?*

d) En Italie, le tutoiement est beaucoup plus courant qu'en France. En Italie du sud, on utilise - comme en français - la deuxième personne du pluriel comme formule de politesse :

Parlate francese ? *Parlez-vous français ?*
Potete parlare più lentamente ?
Pouvez-vous parler plus lentement ?

e) De manière plus générale, le «vouvoiement» italien utilise en fait la **troisième personne** du singulier ou du pluriel : On emploie la troisième personne du singulier quand on s'adresse à une seule personne et la troisième personne du pluriel quand on s'adresse à plusieurs personnes. Les pronoms personnels correspondants sont **Lei** *(singulier)* et **Loro** *(pluriel)*, mais ils sont souvent sous-entendus:

Parla francese ? *Parlez-vous français ?*
Può parlare più lentamente ?
Pouvez-vous parler plus lentement ?

f) Le pronom personnel **Lei** qui est utilisé dans le vouvoiement singulier est aussi le pronom personnel de la troisième personne du singulier féminin *(= elle)*. Lorsque l'on vouvoie un homme, tout adjectif ou participe passé s'accorde néanmoins au masculin :

Lei è molto simpatico : Vous êtes très sympathique
(= on s'adresse à un homme en le vouvoyant)
Lei è molto simpatica : Vous êtes très sympathique
(= on s'adresse à une femme en la vouvoyant)

g) Lorsqu'ils sont utilisés dans le vouvoiement, les pronoms personnels **Lei** et **Loro** prennent toujours une majuscule. Cela s'applique également à leurs formes de COD et de COI, même lorsqu'elles sont accolées directement au verbe (cf p. 119 § 10c) :

Posso sedermi accanto a <u>Lei</u> ?
Puis-je m'asseoir à côté de <u>vous</u> ?
Posso sedermi accanto a <u>lei</u> ?
Puis-je m'asseoir à côté d'elle?
Sono molto felice di veder<u>La</u>.
Je suis très heureux de <u>vous</u> voir
Sono molto felice di veder<u>la</u>.
Je suis très heureux de la voir **(vedere :** *voir***)**

h) On obtient la forme négative en utilisant **non** devant la forme verbale : **È bello :** *C'est beau.* **Non è bello :** *Ce n'est pas beau.*
Parlo francese : *Je parle français.*
Non parlo francese : *Je ne parle pas français.*

2. QUELQUES VERBES ITALIENS IRRÉGULIERS

Voici le présent de l'indicatif de quelques verbes irréguliers très utilisés dans la langue italienne :

AVERE	**ESSERE**	**STARE**	**ANDARE**	**BERE**
(avoir)	*(être)*	*(être)*	*(aller)*	*(boire)*
Ho	Sono	Sto	Vado	Bevo
Hai	Sei	Stai	Vai	Bevi
Ha	È	Sta	Va	Beve
Abbiamo	Siamo	Stiamo	Andiamo	Beviamo
Avete	Siete	State	Andate	Bevete
Hanno	Sono	Stanno	Vanno	Bevono
DARE	**DIRE**	**DOVERE**	**FARE**	**PORRE**
(donner)	*(dire)*	*(devoir)*	*(faire)*	*(poser)*
Do	Dico	Devo	Faccio	Pongo
Dai	Dici	Devi	Fai	Poni
Dà	Dice	Deve	Fa	Pone
Diamo	Diciamo	Dobbiamo	Facciamo	Poniamo
Date	Dite	Dovete	Fate	Ponete
Danno	Dicono	Devono	Fanno	Pongono
POTERE	**SAPERE**	**TENERE**	**VENIRE**	**VOLERE**
(pouvoir)	*(savoir)*	*(tenir)*	*(venir)*	*(vouloir)*
Posso	So	Tengo	Vengo	Voglio
Puoi	Sai	Tieni	Vieni	Vuoi
Può	Sa	Tiene	Viene	Vuole
Possiamo	Sappiamo	Teniamo	Veniamo	Vogliamo
Potete	Sapete	Tenete	Venite	Volete
Possono	Sanno	Tengono	Vengono	Vogliono

3. ESSERE et STARE

a) Les deux verbes **essere** et **stare** signifient *être* et ont le même participe passé (**stato**). On emploie **essere** (qui est de manière générale beaucoup plus répandu que **stare**) pour exprimer ce que les choses ou les êtres vivants peuvent avoir de permanent ou de durable *(forme, couleur, nationalité, religion,* etc.). **Essere** est également utilisé pour exprimer l'heure et la date et aussi comme auxiliaire du passif :

È piccolo : *C'est petit.*
Che cosa è ? *Qu'est-ce que c'est ?*
Questo vino è molto buono : *Ce vin est très bon*
Il mio cognome è Dubois : *Mon nom est Dubois*
(Egli) è francese : *Il est Français*
(Ella) è francese : *Elle est Française.*
Che ora è ? = Che ore sono ? *Quelle heure est-il ?*
Sono le dieci e mezzo : *Il est 10h30*
Che giorno è oggi ? *Quel jour sommes-nous aujourd'hui ?*

b) **Essere** exprime également l'état ponctuel dans lequel se trouve un être ou une chose :

Oggi, il museo è chiuso : *Aujourd'hui, le musée est fermé.*

c) On emploie **stare** pour exprimer l'état de santé dans lequel on se trouve et plus généralement un état qui peut être durable, mais qui n'est pas définitif ou immuable :

Come stai ? *Comment vas-tu ?*
Come state ? *Comment allez-vous ?*
Come stanno i tuoi ? *Comment vont tes parents ?*
Stanno bene, grazie : *Ils vont bien, merci.*

4. AVERE *(avoir)* et ESSERE *(être)*

a) Les verbes **avere** et **essere** correspondent aux verbes français *avoir* et *être*. Ils remplissent également le rôle d'auxiliaire et les quelques différences avec le français concernent surtout l'emploi du verbe **essere** qui est l'auxiliaire des verbes impersonnels et des verbes exprimant un changement d'état alors que la plupart des verbes français équivalents sont employés avec l'auxiliaire *avoir* :

Sono invecchiato : *J'ai vieilli*
È cresciuto : *Il a grandi* **È cresciuta :** *Elle a grandi*
Mi è sembrato bello : *Cela m'a semblé beau*
Ci è bastato : *Cela nous a suffi*

b) Le verbe **essere** lui-même s'emploie avec l'auxiliaire **essere** alors que le verbe ***être*** s'emploie avec l'auxiliaire ***avoir*** :

É stato malato : *Il a été malade*
É stata malata : *Elle a été malade*
Sono stati malati : *Ils ont été malades*

5. TRADUCTION DE « Il Y A »

a) *Il y a* se traduit par le pronom personnel **ci** (ou **c'** devant une voyelle) suivi du verbe **essere** *(être)* conjugué au singulier (**è**) ou au pluriel (**sono**) :

C'è qualcuno qui che parla francese ?
Y a-t-il quelqu'un ici qui parle français ?
Ci sono molte onde : *Il y a beaucoup de vagues.*

b) Quand il exprime une notion de temps, *il y a* se traduit par **fa** placé juste après le complément de temps :

Due ore fa, non c'ero : *Il y a deux heures, je n'étais pas là*

6. LES SUBSTANTIFS

a) En italien, les substantifs comportent **deux genres : le masculin et le féminin.**

Masculin :	**il ragazzo :** *le garçon*	**i ragazzi :** *les garçons*
Féminin :	**la ragazza :** *la fille*	**le ragazze :** *les filles*

b) La plupart des substantifs en **-o** sont masculins et la plupart des substantifs en **-a** sont féminins, mais il y a bien sûr des exceptions : **la mano, la foto,** etc.

c) La plupart des substantifs masculins qui se terminent par -**o** ont une forme féminine en **-a** :

il ragazzo : *le garçon* **la ragazza :** *la fille*

d) Les substantifs masculins dont la forme de singulier se termine par un **-o** ont un pluriel en **-i :**

il ragazzo : *le garçon* **i ragazzi :** *les garçons*

e) Les substantifs féminins dont la forme de singulier se termine par un **-a** ont un pluriel en **-e :**

la ragazza : *la fille* **le ragazze :** *les filles*

f) Certains substantifs masculins ou féminins se terminent au singulier par un **-e**. Ils ont un pluriel en **-i :**

la madre : *la mère* **le madri :** *les mères*
il padre : *le père* **i padri :** *les pères*

7. LES ARTICLES

a) Comme les substantifs, les articles comportent évidemment **deux genres : le masculin et le féminin.**

Masculin :	**il ragazzo :** *le garçon*	**i ragazzi :** *les garçons*
Féminin :	**la ragazza :** *la fille*	**le ragazze :** *les filles*
Masculin :	**un ragazzo :** *un garçon*	**ragazzi :** *des garçons*
Féminin :	**una ragazza :** *une fille*	**ragazze :** *des filles*

b) L'article défini *(le, la, les)* a plusieurs formes :

• Au **masculin,** l'article défini singulier est **lo** si le substantif commence par un **s** suivi d'une consonne ou par un **z.** La forme de pluriel de l'article **lo** est **gli**.

• Au **masculin,** l'article défini singulier est **il** si le substantif commence par une consonne autre que les deux cas particuliers mentionnés ci-dessus. La forme de pluriel de l'article **il** est **i**.

• Au **masculin,** l'article défini singulier est **l'** si le substantif commence par une voyelle. La forme de pluriel de l'article **l'** est **gli**.

• Au **féminin,** l'article défini singulier est **la** si le substantif commence par une consonne et **l'** si le substantif commence par une voyelle. Dans les deux cas, la forme de pluriel est **le**.

c) L'article défini se contracte lorsqu'il est employé après certaines prépositions :

	il	lo	l'	la	i	gli	le
a *(à)*	**al**	**allo**	**all'**	**alla**	**ai**	**agli**	**alle**
da *(chez / par)*	**dal**	**dallo**	**dall'**	**dalla**	**dai**	**dagli**	**dalle**
di *(de)*	**del**	**dello**	**dell'**	**della**	**dei**	**degli**	**delle**
in *(dans, en)*	**nel**	**nello**	**nell'**	**nella**	**nei**	**negli**	**nelle**
su *(sur)*	**sul**	**sullo**	**sull'**	**sulla**	**sui**	**sugli**	**sulle**

d) L'article indéfini *(un, une)* a plusieurs formes :

• Au **masculin,** l'article indéfini singulier est **uno** si le substantif commence par un **s** suivi d'une consonne ou par un **z.** Dans tous les autres cas, on emploie **un**.

• Au **féminin,** l'article indéfini singulier est **una** si le substantif commence par une consonne et **un'** si le substantif commence par une voyelle.

e) L'article indéfini n'a pas de pluriel :

des garçons **= ragazzi** des filles **= ragazze**

f) L'article partitif *(du, de la)* est formé de la contraction de la préposition **di** avec l'article défini :

Beviamo dell'acqua : *Nous buvons de l'eau*
Beviamo della birra : *Nous buvons de la bière*

g) Attention : on n'emploie pas l'article partitif dans les phrases négatives :

Non beviamo acqua : *Nous ne buvons pas d'eau*
Non beviamo birra : *Nous ne buvons pas de bière*

8. LE COMPARATIF ET LE SUPERLATIF

a) On forme le **comparatif de supériorité et d'infériorité** en faisant précéder l'adjectif de **più** *(plus)* ou de **meno** *(moins)*. Le deuxième élément de la comparaison est précédé de **di** (lorsque l'on compare deux substantifs ou deux pronoms) ou de **che** (dans les autres cas :

Mia sorella è piu bella di mio fratello.
Ma sœur est plus belle que mon frère.
Mio fratello è meno bello di mia sorella.
Mon frère est moins beau que ma sœur.

b) On forme le **comparatif d'égalité** avec la formule **tanto... quanto...** *(aussi... que...)* :

Mio fratello è tanto bello quanto mia sorella.
Mon frère est aussi beau que ma soeur.

c) Il y a cependant quelques formes particulières de comparatif de supériorité :

buono : *bon* → **migliore :** *meilleur*
bene : *bien* → **meglio :** *mieux*

grande : *grand* → **maggiore** : *plus grand*
cattivo : *mauvais* → **peggiore** : *pire*
male : *mal* → **peggio** : *pire*
piccolo : *petit* → **minore** : *plus petit*

d) On forme le **superlatif comme en français** en mettant l'article défini devant la forme de comparatif de supériorité :

Mia sorella è la piu bella : *Ma sœur est la plus belle.*

9. LES ADVERBES

La plupart des adverbes se forment en ajoutant **-mente** à la forme féminine de l'adjectif:

rapido: *rapide* → **rapidamente** : *rapidement*
largo: *large* → **largamente** : *largement*

10. LES PRONOMS PERSONNELS

a) Les pronoms personnels italiens comportent une grande variété de formes et l'apprentissage de leur utilisation correcte constitue l'une des grandes difficultés de cette langue.

Pronom sujet français	*Sujet*	*Pronom réfléchi*	*COD (*)*	*COI (**)*	*Pronom après préposition*
Je, moi	**io**	**mi**	**mi**	**mi**	**me** *(moi)*
Tu, toi	**tu**	**ti**	**ti**	**ti**	**te** *(toi)*
Il, lui	**lui, egli**	**si**	**lo**	**gli**	**lui** *(lui)*
Elle	**lei, ella**	**si**	**la**	**le**	**lei** *(elle)*
Nous	**noi**	**ci**	**ci**	**ci**	**noi** *(nous)*
Vous	**voi**	**vi**	**vi**	**vi**	**voi** *(nous)*
Ils, eux	**loro**	**si**	**li**	**loro**	**loro** *(eux)*
Elles	**loro**	**si**	**le**	**loro**	**loro** *(elles)*
(*) COD = Complément d'objet direct					
(**) COI = Complément d'objet indirect					

b) A l'exception de **loro**, les pronoms employés sans préposition se placent généralement devant le verbe conjugué.

c) Les pronoms réfléchis ainsi que les pronoms COD et COI se soudent directement à la forme verbale après les infinitifs, les impératifs et les gérondifs. Dans ce cas, le **e** final de l'infinitif disparaît :

Sono molto felice di veder<u>la</u>.
Je suis très heureux de <u>la</u> voir **(vedere** : *voir*)
Posso seder<u>mi</u> accanto a <u>lei</u> ?
Puis-je <u>m</u>'asseoir à côté d'elle?

11. LES ADJECTIFS ET LES PRONOMS POSSESSIFS

Les adjectifs possessifs *(mon, ma, mes,* etc.*)* et les pronoms possessifs *(le mien, la mienne, etc.)* ont les mêmes formes :

MASCULIN SINGULIER
il mio : *mon / le mien*
il tuo : *ton / le tien*
il suo : *son / le sien*
il nostro : *notre / le nôtre*
il vostro : *votre / le vôtre*
il loro : *leur / le leur*

FÉMININ SINGULIER
la mia : *ma / la mienne*
la tua : *ta / la tienne*
la sua : *sa / la sienne*
la nostra : *notre / la nôtre*
la vostra : *votre / la vôtre*
la loro : *leur / la leur*

MASCULIN PLURIEL
i miei : *mes / les miens*
i tuoi : *tes / les tiens*
i suoi : *ses / les siens*
i nostri : *nos / les nôtres*
i vostri : *vos / les vôtres*
i loro : *leurs / les leurs*

FÉMININ PLURIEL
le mie : *mes / les miennes*
le tue : *tes / les tiennes*
le sue : *ses / les siennes*
le nostre : *nos / les nôtres*
le vostre : *vos / les vôtres*
le loro : *leurs / les leurs*

1.

EXPRESSIONS DE BASE (1)

ESPRESSIONI DI BASE

1.	Bonjour !	**Buongiorno !**
2.	Buongiorno a tutti !	**Buongiorno a tutti !**
3.	Salut ! *(= bonjour familier)*	**Ciao !**
4.	Salut à tous !	**Ciao a tutti !**
5.	Bonsoir !	**Buonasera !**
6.	Mesdames et Messieurs, bonjour !	**Signore e Signori, buongiorno !**
7.	Chers amis, bonsoir !	**Cari amici, buonasera !**
8.	Bienvenue !	**Benvenuto !**
9.	Soyez la bienvenue !	**Sia[te] la benvenuta !** (cf page 115 § 1 d,e)
10.	Bon appétit !	**Buon appetito !**
11.	A votre santé !	**Salute !**
12.	A vos souhaits !	**Salute !**
13.	Bonne nuit !	**Buonanotte !**
14.	A demain !	**A domani !**
15.	Je vous souhaite une bonne nuit !	**Le** (*ou* **vi**) **auguro una buona notte.** (cf page 119 § 10)
16.	A bientôt !	**A presto !**
17.	A tout de suite !	**A subito !**
18.	A tout à l'heure !	**Ci vediamo !**
19.	Au revoir !	**Arrivederci !**
20.	Salut ! *(= au revoir)*	**Ciao !**
21.	Bon voyage !	**Buon viaggio !**
22.	A l'an prochain !	**All'anno prossimo !**
23.	A la semaine prochaine !	**Alla prossima settimana !**
24.	Bonne chance !	**Buona fortuna !**
25.	D'accord !	**D'accordo !**
26.	Pas de problème !	**Non c'è problema !**
27.	Tout va bien !	**Va tutto bene !**
28.	- Parlez-vous français ?	**Parla[te] francese ?** (cf page 115 § 1 c,d,e)
29.	- Non, je ne parle que l'italien.	**- No, parlo soltanto l'italiano.**
30.	Je parle français.	**Parlo francese.**
31.	Je ne parle pas français.	**Non parlo francese.**
32.	Y a-t-il ici quelqu'un qui parle français ?	**C'è qualcuno qui che parla francese ?**
33.	Que signifie cette phrase, s'il vous plaît ?	**Cosa significa questa frase, per favore ?**
34.	Pouvez-vous traduire ce mot en français ?	**Potete tradurre questa parola in francese ?**

2.

EXPRESSIONS DE BASE (2)

ESPRESSIONI DI BASE

35.	Merci !	**Grazie !**
36.	Merci beaucoup !	**Grazie mille !**
37.	Je vous en prie !	**Prego !**
38.	Il n'y a pas de quoi !	**Non c'è di che !**
39.	Oui.	**Sì.**
40.	Non.	**No.**
41.	Si.	**Sì.**
42.	Peut-être.	**Forse.**
43.	Parfois.	**Talvolta.**
44.	Jamais.	**Mai.**
45.	Souvent.	**Spesso.**
46.	Toujours	**Sempre.**
47.	Je ne sais pas.	**Non so.**
48.	Je ne comprends pas.	**Non capisco.**
49.	Je n'ai pas compris.	**Non ho capito.**
50.	Que dites-vous ?	**Cosadite ?**
51.	Que dit-il ?	**Cosa dice ?**
52.	Il dit qu'il ne comprend rien !	**Dice che non capisce niente.**
53.	- Vous ne comprenez pas ?	- **Non capisce ? Non capite ?**
54.	- Si, j'ai presque tout compris.	**- Si, ho capito quasi tutto.**
55.	Je ne comprends pas ce que vous dites.	**Non capisco quello che dite.**
56.	Je ne parle pas votre langue.	**Non parlo la Sua** (*ou* **la vostra**) **lingua.**
57.	Que signifie ce mot ?	**Che cosa significa questa parola ?**
58.	Comment dit-on cela en anglais ?	**Come si dice questo in inglese ?**
59.	Dites-le plutôt en français !	**Ditelo piuttosto in francese !**
60.	Pouvez-vous répéter, s'il vous plaît ?	**Può** (*ou* **Potete**) **ripetere, per favore ?**
61.	Pouvez-vous parler plus lentement ?	**Può** (*ou* **Potete**) **parlare più lentamente ?**
62.	Parlez plus lentement, s'il vous plaît.	**Parli** (*ou* **Parlate**) **più lentamente, per favore.**
63.	Pardon !	**Scusi !**
64.	Excuse[z]-moi !	**Scusate !**
65.	Désolé(e) !	**Mi dispiace !**
66.	Dommage !	**Peccato !**
67.	C'est vraiment dommage !	**È un vero peccato !**

3.

SE PRÉSENTER

PRESENTARSI

1.	Comment vous appelez-vous ?	**Come si chiama ?**
2.	Mon nom (de famille) est Dubois.	**Il mio cognome è Dubois.**
3.	Je m'appelle Pierre Dubois.	**Mi chiamo Pierre Dubois.**
4.	Enchanté(e) de faire votre connaissance !	**Lieto di conoscerLa** (*ou* **conoscervi**) **!**
5.	Madame Dubois.	**Signora Dubois.**
6.	Monsieur Dubois.	**Signor[e] Dubois.**
7.	Mlle Dubois.	**Signorina Dubois.**
8.	Je vous présente mon mari.	**Le** (*ou* **vi**) **presento mio marito.**
9.	Je vous présente ma femme.	**Le** (*ou* **vi**) **presento mia moglie.**
10.	- Quel âge avez-vous ?	**- Quanti anni ha** (*ou* **avete**) **?**
11.	- Quel âge as-tu ?	**- Quanti anni hai ?**
12.	- J'ai 32 ans.	**- Ho 32** (= trentadue) **anni.**
13.	Aujourd'hui, c'est mon anniversaire.	**Oggi, è il mio compleanno.**
14.	J'ai 25 ans aujourd'hui.	**Compio 25** (= venticinque) **anni oggi.**
15.	Bon anniversaire !	**Buon compleanno !**
16.	Félicitations !	**Tanti auguri !**
17.	- Avez-vous des enfants ?	**Ha** (*ou* **avete**) **figli ?**
18.	- J'ai un garçon et une fille.	**Ho un figlio e una figlia.**
19.	la famille	**la famiglia**
20.	l'homme / la femme	**l'uomo / la donna**
21.	le père / la mère	**il padre / la madre**
22.	papa / maman	**papà / mamma**
23.	les parents	**i genitori**
24.	les grands-parents	**i nonni**
25.	le grand-père	**il nonno**
26.	la grand-mère	**la nonna**
27.	l'enfant	**il bambino**
28.	le garçon / la fille	**il ragazzo / la ragazza**
29.	le fils / la fille	**il figlio / la figlia**
30.	le frère / la soeur	**il fratello / la sorella**
31.	l'amitié / l'ami	**l'amicizia / l'amico**
32.	l'amour / aimer	**l'amore / amare**
33.	Je t'aime.	**Ti amo.**
34.	Est-ce que tu m'aimes ?	**Mi ami ?**

4.

QUELQUES QUESTIONS

QUALCHE DOMANDA

1.	la question	**la domanda**
2.	la réponse	**la risposta**
3.	Puis-je vous poser une question ?	**Posso farLe** (*ou* **farvi) una domanda ?**
4.	- Quel jour sommes-nous ?	**- Che giorno è (oggi) ?**
5.	- Quelle heure est-il ?	**- Che ora è ?** **= Che ore sono ?**
	- Quel temps fait-il aujourd'hui ?	**- Che tempo fa oggi ?**
6.	Allô ?	**Pronto ?**
7.	Qui est à l'appareil ?	**Chi parla ?**
8.	- Pourrais-je parler à Monsieur Dubois ?	**- Potrei parlare con il signore Dubois ?**
9.	Qui ? / Quoi ?	**Chi ? / Che cosa ?**
10.	Comment ?	**Come ?**
11.	Pourquoi ?	**Perchè ?**
12.	Quand ?	**Quando ?**
13.	Depuis quand ?	**Da quando ?**
14.	Qui est là ?	**Chi è là ?**
15.	Qui êtes-vous ?	**Chi siete ?**
16.	- Qui est-ce ?	**- Chi è ?**
17.	- C'est moi !	**- Sono io !**
18.	Qu'est-ce que c'est ?	**Che cosa è ?**
19.	Que se passe-t-il ?	**Che cosa succede ?**
20.	Où es-tu ?	**Dove sei ?**
21.	Où vas-tu ?	**Dove vai ?**
22.	D'où viens-tu ?	**Da dove vieni ?**
23.	A quelle heure peux-tu venir ?	**A che ora puoi venire ?**
24.	Combien de temps peux-tu rester ?	**Quanto tempo puoi rimanere ?**
25.	Où se trouve l'hôtel ?	**Dove si trova l'albergo ?**
26.	Avez-vous un plan de la ville ?	**Avete una piantina della città ?**
27.	Pouvez-vous me donner votre adresse ?	**Mi potete dare il vostro indirizzo ?**
28.	Où puis-je trouver un restaurant ?	**Dove posso trovare un ristorante ?**
29.	Est-ce que cela vous gêne si je fume ?	**Le** (*ou* **vi) dà fastidio se fumo ?**
30.	Avez-vous du feu ?	**Ha** (*ou* **avete) da accendere?**

5.

EN VOYAGE

IN VIAGGIO

1.	le voyage	**il viaggio**
2.	voyager	**viaggiare**
3.	le départ	**la partenza**
4.	l'arrivée	**l'arrivo**
5.	la valise	**la valigia**
6.	les bagages	**i bagagli**
7.	Allons-y !	**Andiamo !**
8.	En route !	**In cammino !**
9.	la douane	**la dogana**
10.	le passeport	**il passaporto**
11.	la carte d'identité	**la carta d'identità**
12.	Puis-je voir votre passe-port ?	**Posso vedere il Suo passa-porto ?**
13.	l'avion	**l'aereo**
14.	l'aéroport	**l'aeroporto**
15.	le pilote	**il pilota**
16.	l'hôtesse de l'air	**la hostess**
17.	décoller	**decollare**
18.	atterrir	**atterrare**
19.	annuler	**annullare**
20.	retarder	**ritardare**
21.	Le vol est annulé.	**Il volo è annullato.**
22.	Le vol est retardé.	**Il volo è ritardato.**
23.	Notre avion décolle à 15 heures.	**Il nostro aereo decolla alle 15 (= quindici).**
24.	Attachez vos ceintures, s'il vous plaît !	**Allacciare le cinture, per favore !**
25.	Il est interdit de fumer dans les toilettes.	**È vietato fumare nella toilette.**
26.	le chemin de fer	**la ferrovia**
27.	le train	**il treno**
28.	la gare	**la stazione**
29.	le quai	**il binario**
30.	le compartiment	**il compartimento**
31.	le wagon	**la carrozza, la vettura**
32.	le wagon-restaurant	**la vettura ristorante**
33.	- Je voudrais un billet pour Paris.	**- Vorrei un biglietto per Parigi.**
34.	- Aller simple ou aller et retour ?	**- Sola andata o andata e ritorno ?**

6.

AU RESTAURANT

AL RISTORANTE

1.	Le restaurant est ouvert.	**Il ristorante è aperto.**
2.	Cette table est-elle libre ?	**È libero questo tavolo ?**
3.	Nous avons réservé une table pour deux.	**Abbiamo prenotato un tavolo per due.**
4.	J'a faim.	**Ho fame.**
5.	J'ai soif.	**Ho sete.**
6.	Garçon, puis-je avoir la carte ?	**Cameriere, posso avere il menu ?**
7.	Donnez-moi aussi la carte des vins !	**Mi dia anche la carta dei vini !**
8.	Que nous recommandez-vous ?	**Che cosa ci consiglia[te] ?**
9.	Quel est le plat du jour ?	**Qual è il piatto del giorno ?**
10.	- Ceci est notre plat national.	**- Questo è il nostro piatto nazionale.**
11.	- J'adore la cuisine française.	**- Adoro la cucina francese.**
12.	- Moi, je préfère la cuisine chinoise !	**- Io preferisco la cucina cinese !**
13.	Quelle cuisson désirez-vous ?	**Come desidera la cottura ?**
14.	A point ?	**A puntino ?**
15.	Bien cuit ?	**Ben cotta ?**
16.	Saignant ?	**Al sangue ?**
17.	Puis-je avoir un peu de moutarde, s'il vous plaît ?	**Posso avere un po' di senape ?**
18.	J'aimerais avoir du pain, s'il vous plaît !	**Vorrei un po' di pane, per favore !**
19.	Ce que tu manges a l'air très bon.	**Posso assaggiare ?**
20.	Est-ce que je peux goûter ?	**È troppo dolce.**
21.	- Est-ce que c'était bon ?	**- Era buono ?**
22.	- Le repas était excellent.	**- Il pasto era squisito.**
23.	- Désirez-vous encore autre chose ?	**- Desidera** (*ou* **desiderate**) **qualcos' altro ?**
24.	- Non, merci. Ce sera tout.	**- No, grazie. Basta così.**
25.	L'addition, s'il vous plaît !	**Il conto, per favore !**
26.	Le service est compris.	**Il servizio è compreso.**
27.	Mais on peut laisser un pourboire.	**Ma si puo' dare una mancia.**
28.	Où sont les toilettes, s'il vous plaît ?	**Dove sono le toilette, per favore ?**

7.

LES REPAS (1)

I PASTI

1.	le repas	**il pasto**
2.	le petit-déjeuner	**la prima colazione**
3.	le pain	**il pane**
5.	la confiture	**la marmellata**
6.	le miel	**il miele**
7.	le déjeuner	**il pranzo**
8.	le dîner	**la cena**
9.	l'entrée	**l'antipasto**
10.	le plat principal	**il primo**
11.	la boisson	**la bevanda, la bibita**
12.	l'eau (gazeuse)	**l'acqua (gassata)**
13.	l'eau plate	**l'acqua liscia**
14.	Est-ce que l'eau est potable ?	**È potabile l'acqua ?**
15.	le jus (de fruit)	**il succo (di frutta)**
16.	le vin (rouge)	**il vino (rosso)**
17.	le vin blanc	**il vino bianco**
18.	la bière (blonde)	**la birra (bionda)**
19.	la bière brune	**la birra bruna**
20.	la bière pression	**la birra alla spina**
21.	le café	**il caffè**
22.	le thé	**il tè**
23.	le lait	**il latte**
24.	avec ou sans lait ?	**con o senza latte ?**
25.	le chocolat (chaud)	**la cioccolata (calda)**
26.	Pouvez-vous m'apporter un verre ?	**Mi potete dare un bicchiere ?**
27.	- Que voulez-vous boire ?	**- Cosa desidera[te] bere ?**
28.	- Une bière et un verre de vin rouge.	**- Una birra e un bicchiere di vino rosso.**
29.	- Bière à la pression ou en bouteille ?	**- Birra alla spina o in bottiglia ?**
30.	A votre santé !	**Salute !**
31.	Cul sec !	**Tutto d'un fiato !**
32.	C'est ma tournée !	**Offro io !**
33.	le verre	**il bicchiere**
34.	la tasse	**la tazza**
35.	l'assiette	**il piatto**
36.	la cuillère	**il cucchiaio**
37.	le couteau	**il coltello**
38.	la fourchette	**la forchetta**

8.

LES REPAS (2)

I PASTI

39.	la salade	**l'insalata**
40.	l'œuf	**l'uovo**
41.	la pomme de terre	**la patata**
42.	les frites	**le patatine fritte**
43.	le steak-frites	**la bistecca con patatine fritte**
44.	la viande	**la carne**
45.	le poisson	**il pesce**
46.	le bœuf	**la carne bovina**
47.	le veau	**il vitello**
48.	le porc	**il maiale**
49.	le jambon	**il prosciutto**
50.	la saucisse	**la salsiccia**
51.	le hot-dog	**l'hot-dog**
52.	l'agneau	**l'agnello**
53.	le saumon	**il salmone**
54.	la truite	**la trota**
55.	la sole	**la sogliola**
56.	les pâtes	**la pasta**
57.	le riz	**il riso**
58.	l'huile	**l'olio**
59.	le vinaigre	**l'aceto**
60.	la moutarde	**la senape**
61.	le poivre	**il pepe**
62.	le sel	**il sale**
63.	le sucre	**lo zucchero**
64.	les légumes	**la verdura**
65.	le fromage	**il formaggio**
66.	le dessert	**il dolce**
67.	la glace	**il gelato**
68.	le gâteau	**la torta**
69.	sucré	**dolce**
70.	le fruit	**la frutta, il frutto**
71.	la pomme	**la mela**
72.	la poire	**la pera**
73.	l'orange	**l'arancia**
74.	la fraise	**la fragola**
75.	l'ananas	**l'ananas**
76.	le jus de pomme	**il succo di mela**
77.	la pelure	**la buccia**
78.	Quel est le nom de ce fruit ?	**Come si chiama questo frutto ?**

9.

LES JOURS ET LES MOIS

I GIORNI E I MESI

1.	la semaine	**la settimana**
2.	le lundi	**il lunedì**
3.	le mardi	**il martedì**
4.	le mercredi	**il mercoledì**
5.	le jeudi	**il giovedì**
6.	le vendredi	**il venerdì**
7.	le samedi	**il sabato**
8.	le dimanche	**la domenica**
9.	Janvier	**Gennaio**
10.	Février	**Febbraio**
11.	Mars	**Marzo**
12.	Avril	**Aprile**
13.	Mai	**Maggio**
14.	Juin	**Giugno**
15.	Juillet	**Luglio**
16.	Août	**Agosto**
17.	Septembre	**Settembre**
18.	Octobre	**Ottobre**
19.	Novembre	**Novembre**
20.	Décembre	**Dicembre**

10.

LES CHIFFRES ET LES NOMBRES

LE CIFRE ED I NUMERI

1	**uno**	18	**diciotto**
2	**due**	19	**diciannove**
3	**tre**	20	**venti**
4	**quattro**	21	**ventuno**
5	**cinque**	22	**ventidue**
6	**sei**	23	**ventitre**
7	**sette**	24	**ventiquattro**
8	**otto**	30	**trenta**
9	**nove**	40	**quaranta**
10	**dieci**	50	**cinquanta**
11	**undici**	60	**sessanta**
12	**dodici**	70	**settanta**
13	**tredici**	80	**ottanta**
14	**quattordici**	90	**novanta**
15	**quindici**	100	**cento**
16	**sedici**	1000	**mille**
17	**diciassette**	0	**zero**

11.

L'ARGENT - LE PRIX

IL DENARO - IL PREZZO

1.	- Combien est-ce que ça coûte ?	**- Quanto costa ?**
2.	- 17 euros et cinquante centimes.	**- Diciassette euro e cinquanta centesimi.**
3.	C'est bon marché.	**È un buon prezzo.**
4.	C'est cher.	**È caro.**
5.	C'est très cher.	**È molto caro.**
6.	Ce n'est vraiment pas cher.	**Non è tanto caro.**
7.	C'est trop cher pour moi.	**È troppo caro per me.**
8.	Est-ce que vous avez autre chose ?	**Ha** (*ou* **avete**) **qualcos'altro ?**
9.	Avez-vous quelque chose de moins cher ?	**Ha** (*ou* **avete**) **qualcosa di meno caro ?**
10.	Je n'ai pas assez d'argent.	**Non ho abbastanza denaro.**
11.	Combien d'argent as-tu ?	**Quanto hai ?**
12.	Peux-tu me donner quelques euros ?	**Mi puoi dare qualche euro ?**
13.	Est-ce que je peux payer en dollars ?	**Posso pagare in dollari ?**
14.	Rendez-moi la monnaie, s'il vous plaît !	**Mi dia la moneta per favore !**
15.	Vous pouvez garder la monnaie.	**Può** (*ou* **potete**) **tenere la moneta.**
16.	- Où est le magasin le plus proche ?	**Dov'è il negozio più vicino ?**
17.	- Au bout de la rue, à gauche !	**- In fondo alla strada, a sinistra !**
18.	Entrez donc ! Venez jeter un coup d'œil !	**Prego! Venga** (*ou* **venite**) **a dare un'occhiata !**
19.	- Que cherchez-vous exactement ?	**- Che cosa cercate precisamente ?**
20.	- Je voudrais juste jeter un coup d'œil !	**- Vorrei solo dare un'occhiata !**
21.	Je voudrais acheter ceci.	**Vorrei comprare questo.**
22.	Profitez-en, c'est une bonne affaire !	**Approfittatene! È un buon affare !**
23.	- Est-ce que vous désirez autre chose ?	**- Desidera[te] qualcos' altro ?**
24.	- J'aimerais ramener un souvenir.	**- Vorrei portare un ricordo.**

12.

A L'HÔTEL

IN ALBERGO

1.	la chambre	**la camera**
2.	le lit	**il letto**
3.	la douche	**la doccia**
4.	la chambre individuelle	**la camera singola**
5.	la chambre double	**la camera matrimoniale**
6.	la salle de bains	**il bagno**
7.	l'air conditionné	**l'aria condizionata**
8.	la demi-pension	**la mezza pensione**
9.	la pension complète	**la pensione completa**
10.	- Avez-vous encore des chambres libres ?	**- Ha** (*ou* **avete**) **ancora camere disponibili ?**
11.	- Désolé, l'hôtel est complet.	**- Mi dispiace, siamo al completo.**
12.	Deux chambres sont encore disponibles.	**Due camere sono ancora disponibili.**
13.	Nous aimerions une chambre double.	**Ci piacerebbe avere una camera matrimoniale.**
14.	La chambre coûte 150 euros.	**La camera costa 150** (= cento cinquanta) **euro.**
15.	Avez-vous quelque chose de moins cher ?	**Ha** (*ou* **avete**) **qualcosa di meno caro ?**
16.	- Pouvons-nous voir la chambre ?	**- Possiamo vedere la camera ?**
17.	- Voici la clé de la chambre.	**- Ecco la chiave della camera.**
18.	La chambre est au deuxième étage.	**La camera è al secondo piano.**
19.	La chambre me plaît. Nous la prenons.	**La camera mi piace. La prendiamo.**
20.	- Combien de temps pensez-vous rester?	**- Quanto tempo pensa[te] di rimanere ?**
21.	- Nous resterons deux ou trois jours.	**- Rimarremo due o tre giorni.**
22.	- Je vous souhaite un agréable séjour.	**- Vi auguro un piacevole soggiorno.**
23.	Le petit-déjeuner est inclus.	**La prima colazione è inclusa.**
24.	Jusqu'à quelle heure peut- on déjeuner ?	**Fino a che ora possiamo prendere la colazione ?**
25.	Pouvez-vous me réveiller à six heures ?	**Mi potete svegliare alle sei ?**
26.	A quelle heure dois- je quitter la chambre ?	**A che ora bisogna lasciare la camera ?**

13.

LA VOITURE

LA MACCHINA

1.	l'essence	**la benzina**
2.	faire le plein	**fare il pieno**
3.	la station-service	**la stazione di servizio**
4.	la rue	**la via**
5.	la route	**la strada**
6.	l'autoroute	**l'autostrada**
7.	le camion	**il camion**
8.	l'autocar	**il pullman**
9.	- Je voudrais louer une voiture.	**- Vorrei noleggiare una macchina.**
10.	- Montrez-moi votre permis de conduire !	**- Mi faccia** (*ou* **fatemi**) **vedere la patente !**
11.	Je dois faire le plein.	**Devo fare il pieno.**
12.	Où est la prochaine station-service ?	**Dov'è la prossima stazione di servizio ?**
13.	J'aimerais prendre vingt litres d'essence.	**Vorrei venti litri di benzina.**
14.	Où est le prochain arrêt de bus ?	**Dov'è la prossima fermata ?**
15.	Stationnement interdit.	**Sosta vietata.**
16.	Où y a-t-il un parking ?	**Dov'è il parcheggio ?**
17.	- Sommes-nous sur la bonne route ?	**- Siamo sulla buona strada ?**
18.	- Non, vous vous êtes trompés.	**- No, si è sbagliato** (*ou* **vi siete sbagliati**).
19.	Vous êtes sur la mauvaise route.	**È la strada sbagliata.**
20.	Vous devez faire demi-tour.	**Deve** (*ou* **dovete**) **tornare indietro.**
21.	A quelle distance se trouve cette ville ?	**A che distanza si trova questa città ?**
22.	Où est la gare, s'il vous plaît ?	**Dov'è la stazione, per favore ?**
23.	Allez jusqu'au prochain feu rouge !	**Andate fino al prossimo semaforo !**
24.	Là, vous tournez à droite.	**Lì, girate a destra.**
25.	Prenez ensuite la deuxième rue à gauche.	**Prendete poi la seconda a sinistra.**
26.	Après, c'est toujours tout droit !	**Dopo è sempre dritto !**

14.

QUELQUES CONTRAIRES

QUALCHE CONTRARIO

1.	C'est beau.	**È bello.**
2.	Ce n'est pas beau.	**Non è bello.**
3.	C'est ouvert.	**È aperto.**
4.	C'est fermé.	**È chiuso.**
5.	C'est grand.	**È grande.**
6.	C'est petit.	**È piccolo.**
7.	long - court	**lungo - corto**
8.	large - étroit	**largo - stretto**
9.	bon - mauvais	**buono - cattivo**
10.	jeune - vieux	**giovane - vecchio**
11.	nouveau - ancien	**nuovo - antico**
12.	chaud - froid	**caldo - freddo**
13.	rapide - lent	**rapido - lento**
14.	propre - sale	**pulito - sporco**
15.	vrai - faux	**vero, esatto - falso**
16.	interdit - autorisé	**vietato - autorizzato**
17.	quelqu'un	**qualcuno**
18.	personne	**nessuno**
19.	tout le monde	**tutti**
20.	quelque chose	**qualcosa**
21.	rien - tout	**niente - tutto**
22.	beaucoup - peu	**molto - poco**
23.	maintenant	**adesso**
24.	plus tard	**più tardi**
25.	aujourd'hui	**oggi**
26.	hier - demain	**ieri - domani**
27.	avant-hier	**l'altro ieri, avantieri**
28.	après-demain	**dopodomani**
29.	en haut - en bas	**in alto - in basso**
30.	à droite - à gauche	**a destra - a sinistra**
31.	loin - proche	**lontano - vicino**
32.	ici - là-bas	**qui, qua - lì, là**

15.

LES COULEURS

I COLORI

1.	blanc - noir	**bianco - nero**
2.	bleu - rouge	**azzurro, blu - rosso**
3.	vert - jaune	**verde - giallo**
4.	gris - marron	**grigio - marrone**
5.	rose - orange	**rosa - arancione**

16.

COMMENT ALLEZ-VOUS ?

COME STA[TE] ?

1.	- Comment ça va ?	**- Come va ?**
2.	- Très bien, merci. Et vous ?	**- Molto bene, grazie. E Lei ?** (*ou* **E voi ?**)
3.	Entrez, je vous en prie !	**Entri** (*ou* **entrate**)**, prego !**
4.	Après vous, je vous en prie !	**Prego, dopo di Lei** (*ou* **dopo di voi**) **!**
5.	C'est très aimable à vous !	**È molto gentile da parte Sua** (*ou* **vostra**) **!**
6.	Faites comme chez vous !	**Fate come fosse casa vostra !**
7.	Mettez-vous à l'aise !	**Si metta comodo (comoda) !** **Mettetevi comodi !**
8.	- Puis-je m'asseoir à côté de vous ?	**- Posso sedermi accanto a Lei** (*ou* **accanto a voi**) **?**
9.	- Mais bien sûr !	**- Ma certo !**
10.	- Cela ne vous dérange pas ?	**- Non La disturba ?** **- Non vi disturba ?**
11.	- Mais pas du tout, au contraire !	**- Ma no, al contrario !**
12.	- Comment vous sentez-vous ?	**- Come si sente ?** **- Come vi sentite ?**
13.	- Je ne me sens pas très bien.	**- Non mi sento molto bene.**
14.	Je me sens mal.	**Mi sento male.**
15.	Je me sens bien.	**Mi sento bene.**
16.	Je me sens mieux.	**Mi sento meglio.**
17.	la santé / la maladie	**la salute / la malattia**
18.	malade	**malato**
19.	le médecin	**il medico**
20.	le médicament	**la medicina**
21.	la pharmacie	**la farmacia**
22.	J'ai attrapé un rhume.	**Ho preso il raffreddore.**
23.	J'ai mal à la tête.	**Ho mal di testa.**
24.	Il faut que je voie un médecin.	**Bisogna che io vada dal medico.**
25.	Où y a-t-il une pharmacie ?	**Dove c'è una farmacia ?**
26.	Bon rétablissement !	**Buona guarigione !**

Pour bien mémoriser toutes ces phrases italiennes et assimiler parfaitement leur prononciation, n'oubliez pas de vous rendre sur notre site internet : **www.parlissimo. com**

Toutes les phrases de « Douze langues pour sillonner le monde » peuvent y être écoutées en libre service (gratuitement) ou téléchargées en toute légalité (2 euros par langue).

LA LANGUE ARABE

Ces quelques pages sont consacrées à la **langue arabe littérale** qui est la langue officielle d'un ensemble de 22 pays regroupés dans une entité appelée « Ligue arabe » (Algérie, Arabie Saoudite, Egypte, Irak, Jordanie, Koweit, Liban, Libye, Maroc, Mauritanie, Soudan, Syrie, Tunisie, Yémen, etc.) et comptant environ 300 millions d'habitants. La langue arabe littérale diffère des nombreux dialectes tels que l'algérien, le marocain, le tunisien, le syrien, le libanais ou l'égyptien. Pour mieux comprendre ce concept d' « arabe littéral », il faut savoir qu'il existe plusieurs types de langue arabe :

L'arabe classique ou littéraire : c'est la forme la plus ancienne de la langue arabe, éloquente et prestigieuse. Elle est à la fois la langue de la littérature préislamique et celle du Coran. Elle est enseignée dans les formations scolaires ou universitaires, à tendance fortement littéraire.

L'arabe littéral : il s'agit de l'arabe contemporain qui a les mêmes structures et le même vocabulaire que l'arabe littéraire mais dont les contenus sont plus modernes et plus simples. C'est la langue utilisée dans les médias, les ouvrages peu ou pas littéraires et les situations de la vie courante (documents administratifs, panneaux d'affichage, indications routières, etc.). C'est aussi la langue de travail des échanges nationaux et internationaux officiels. Elle est utilisée et comprise dans les 22 pays de langue arabe.

L'arabe dialectal : il s'agit d'une langue presque exclusivement orale qui diffère d'un pays arabe à l'autre et d'une région à l'autre au sein du même pays, mais qui n'est pas totalement incompréhensible entre les arabophones.

L'arabe intermédiaire : c'est un mélange d'arabe littéral et dialectal que des arabophones ne parlant pas le même dialecte utilisent pour se comprendre grâce à l'emploi d'un maximum de mots connus de tous et provenant de l'arabe littéral.

1. COMMENT LIRE LA LANGUE ARABE ?

La lecture de la langue arabe présente pour un lecteur francophone plusieurs particularités fondamentales qu'il ne faut jamais perdre de vue :

1. **La langue arabe s'écrit et se lit de droite à gauche.**

2. L'alphabet arabe comporte 28 lettres. 20 d'entre elles présentent la particularité de ne pas s'écrire de la même manière selon qu'elles sont employées au début, au milieu ou à la fin d'un mot (voir le tableau de la page 136). En revanche, il n'y a pas de distinction entre majuscules et minuscules.

3. **L'écriture arabe est « consonantique »,** ce qui signifie que toutes les lettres de l'alphabet sont des consonnes. Sur les 28 lettres de l'alphabet arabe officiel, 25 sont des consonnes à part entière. Les trois lettres restantes (« alif », « waw » et « yaa' ») ont à la fois valeur de consonne et de voyelle. Elles sont appelées « semi-voyelles » ou « voyelles longues ». L'orthographe d'un mot arabe est donc incomplète puisque les voyelles n'y figurent pas. Cela signifie que la lecture correcte d'un mot (avec ses voyelles) nécessite de la part du lecteur la connaissance préalable de ce mot puisque l'orthographe n'en révèle que les consonnes.

4. Il existe en arabe des sons correspondant à nos voyelles. Il s'agit de **a, i** et **ou**. Ces sons (que l'on qualifie de « voyelles brèves ») peuvent être indiqués par des sortes **d'accents appelés**

« signes diacritiques ». Mais dans l'orthographe courante, ces voyelles brèves ont un caractère facultatif et ne figurent donc pas dans la plupart des textes écrits. C'est la connaissance préalable des mots et de leur contexte qui détermine la prononciation de ces voyelles brèves sans qu'elles soient effectivement écrites. Afin de mieux comprendre ce phénomène, il vous suffit d'imaginer que l'orthographe ***mnr*** pourrait en français correspondre à des mots aussi divers que ***m****e****n****eu****r***, ***m****i****n****eu****r***, ***m****i****n****ie****r***, ***m****i****n****erai*, ***m****a****n****oi****r***, ***m****a****n****iè****r****e* et ***m****u****n****i****r*** et que seul le contexte vous permettrait lors de la lecture de déterminer de quel mot il est question. On ne peut donc lire correctement un mot arabe non accompagné de ses voyelles brèves que si on l'a préalablement déjà rencontré et assimilé. Il est en effet bien difficile d'apprendre un mot nouveau si son orthographe ne permet pas de savoir comment il se prononce : pour remédier à ce problème, les manuels scolaires d'apprentissage de la langue arabe présentent les mots accompagnés des signes diacritiques indiquant les voyelles brèves. Ce n'est que dans un deuxième temps que les écoliers des pays arabes apprennent à lire des textes sur lesquels figurent exclusivement les 28 lettres de l'alphabet. A titre d'exemple, voici les deux manières d'écrire le mot **choukran** qui signifie *« merci »*.

Merci : **choukran**
Orthographe **sans** les signes diacritiques : شكرا

Merci : **choukran**
Orthographe **avec** les signes diacritiques : شُكْرًا

Dans un objectif purement pédagogique, nous avons fait le choix d'orthographier toutes les phrases avec leurs signes diacritiques.

2. L'ALPHABET ARABE

a) L'alphabet arabe officiel est composé de **28** lettres. Certains caractères ne se distinguent que par des points simples, doubles ou triples placés sur ou sous la lettre. Il ne faut donc surtout pas omettre ces points qui ne sont en aucun cas facultatifs.

b) **Les lettres qui figurent en rouge** dans le tableau de la page 136 ne s'écrivent pas exactement de la même manière selon qu'elles sont placées au début, au milieu ou à la fin du mot. Dans les colonnes 3, 4 et 5 du tableau, chacune des ces lettres à forme variable figure en triple exemplaire afin de mettre en valeur (en rouge) les modifications. Attention : **l'arabe s'écrivant de droite à gauche, les notions de « début » et de « fin » de mot sont inversées par rapport au français !**

Colonne 1 : *transcription phonétique de la lettre*
Colonne 2 : *forme isolée de la lettre*
Colonne 3 : *forme en fin de mot*
Colonne 4 : *forme en milieu de mot*
Colonne 5 : *forme en début de mot*
Colonne 6 : *appellation de la lettre en arabe*
Colonne 7 : L = *lettre lunaire / S = Lettre solaire*

3. LETTRES LUNAIRES ET SOLAIRES

a) Les lettres de l'alphabet arabe se divisent en deux catégories : les lettres « solaires » et les lettres « lunaires ». Dans le tableau de présentation de l'alphabet arabe qui se trouve sur la page suivante, nous vous indiquons dans la colonne de droite à quelle catégorie correspondent les différentes lettres (L = Lunaire / S = Solaire).

b) Il est important de savoir si un mot commence par une lettre « solaire » ou par une lettre « lunaire » afin de prononcer correctement l'article défini (cf page 137 § 5).

1	2	3	4	5	6	7
a	ا	ا	ا	ا	alif	L
b	ب	ببب	ببب	ببب	baa'	L
t	ت	تتت	تتت	تتت	taa'	S
θ (= <u>th</u>ank you)	ث	ثثث	ثثث	ثثث	thaa'	S
j	ج	ججج	ججج	ججج	jim	L
h	ح	ححح	ححح	ححح	haa'	L
kh	خ	خخخ	خخخ	خخخ	khaa	L
d	د	د	د	د	dal	S
zh	ذ	ذ	ذ	ذ	thal	S
r	ر	ر	ر	ر	raa'	S
z	ز	ز	ز	ز	zay'	S
s *ou* c	س	سسس	سسس	سسس	sin	S
ch *ou* sh	ش	ششش	ششش	ششش	chin	S
s *ou* ss	ص	صصص	صصص	صصص	sad	S
d *ou* dd	ض	ضضض	ضضض	ضضض	ddad	S
t *ou* tt	ط	ط	ط	ط	tta	S
z *ou* zz	ظ	ظ	ظ	ظ	zzaa'	S
á	ع	ععع	ععع	ععع	ayn	L
gh	غ	غغغ	غغغ	غغغ	rayn	L
f	ف	ففف	ففف	ففف	faa'	L
q	ق	ققق	ققق	ققق	qaf	L
k	ك	ككك	ككك	ككك	kaf	L
l	ل	للل	للل	للل	lam	S
m	م	ممم	ممم	ممم	mim	L
n	ن	ننن	ننن	ننن	noun	S
h	ه	ههه	ههه	ههه	haa'	L
w *ou* ou	و	و	و	و	waw	L
y *ou* i	ي	ييي	ييي	ييي	yaa'	L

Les **quatre** lettres ci-dessous ne font pas partie de l'alphabet officiel. Elles jouent cependant un grand rôle dans l'écriture arabe :

1	2	3	4	5	6
a' *ou* i	ء	ء	ء	ء	hamzah
ă	ى	ى ى ى	ى ى ى	ى ى ى	alif maqsoura
a'	ة	ةةبة	ةةبة	ةةبة	taa' marbouta
lă	لا	لا	لا	لا	laa

4. LA TRANSCRIPTION PHONÉTIQUE

Pour bien utiliser la transcription phonétique simplifiée qui accompagne les listes de mots et de phrases, faites très attention aux points suivants :

1. Les lettres surmontées d'un arc de cercle retourné sont des voyelles longues. Il faut donc les prononcer de manière prolongée comme si elles figuraient deux fois de suite dans le mot :
ă = aa *(**a** long)* **ĭ** = ii *(**i** long)* **oŭ** = ouou *(**ou** long)*

2. Vous rencontrerez dans la transcription phonétique le signe **θ**. Il correspond à la lettre ث qui se prononce comme le **th** anglais dans l'expression « **Thank you** ».

3. La lettre **á** correspond à un **a** très bref et très aspiré.

4. L'apostrophe qui accompagne parfois certaines lettres, et notamment la lettre **a** (= **a'**), correspond à un petit temps d'arrêt dans la prononciation.

5. Les groupes de lettres **kh** et **gh** correspondent à des « r » prononcés de manière très gutturale.

6. Les sons français « **an** », « **on**, « **en** » « **in** » n'existent pas en arabe. Lorsque vous les rencontrez dans la transcription phonétique, il faut les prononcer « **ann** », « **onn** », « **enn** », « **inn** ».

7. Dans la transcription phonétique, toutes les lettres ont leur utilité. Il faut donc toutes les prononcer, y compris par exemple les **t** qui se trouvent à la fin des mots.

5. L'ARTICLE DÉFINI

a) En arabe il n'existe qu'un seul article défini *(= le, la, les).* Il s'emploie pour les deux genres (masculin et féminin) au singulier comme au pluriel. Il s'agit de ال qui se prononce **al** ou parfois **el**. Mais le **l** (ل) n'est pas prononcé lorsqu'il précède un mot commençant par une lettre « solaire » (cf page 135 § 3)

b) Lorsque le mot commence par une lettre solaire, le **l** (ل) de l'article défini ne se prononce pas. L'article se prononce alors comme un **a** auquel on ajouterait la première lettre du mot suivant. Cette première lettre se prononce donc deux fois. Dans la transcription phonétique, ce phénomène est mis en évidence par un tiret après l'article. Quelques exemples :

le voyage : **as-safar** السَّفَر *le thé* : **ach-chăy** الشاي

c) Il n'existe pas d'article indéfini *(= un, une, des)* dans la langue arabe. Celui-ci s'exprime par l'absence d'article.

6. LE SINGULIER, LE DUEL ET LE PLURIEL

En plus du singulier et du pluriel, la langue arabe possède également une forme que l'on appelle le « duel » et qui indique qu'il est question de deux éléments. Les formes de pluriel sont utilisées à partir de trois.

la voiture *(singulier)*	**as-sayyărah**	السيارة
les voitures *(pluriel)*	**as-sayyărăt**	السَّيَّارَات
les deux voitures *(duel)*	**as-sayyăratăni**	السَّيَّارَتَان

7. LE FÉMININ ET LE PLURIEL

a) En français, il faut ajouter un **e** à la plupart des adjectifs ou des substantifs pour obtenir leur **forme féminine**. En arabe, la lettre ة (appelée « taa' marbouta ») joue sensiblement le même rôle. Elle se prononce **a'**, c'est-à-dire comme un **a** suivi d'un petit **h** aspiré :

grand	= **kabĭr**	كبير	*un Français*	= **faranssiy**	نسي
grande	= **kabĭra'**	كبيرة	*une Française*	= **faranssiya'**	نسية

b) **Le masculin pluriel** se forme dans la majorité des cas en ajoutant le suffixe ون qui se prononce **oun** :

grands = **kabĭroun** كبيرون
des Français = **faranssiyoun** نسيون

c) **Le féminin pluriel** se forme dans la majorité des cas en ajoutant **les deux lettres** ات qui se prononcent **at** :

grandes = **kabĭrat** كبيرات
des Françaises = **faranssiyat** نسيات

d) Les deux formes de pluriel mentionnées ci-dessus sont appelées « **pluriel externe** ». De nombreux mots subissent au pluriel une modification orthographique beaucoup plus importante. On parle alors de « **pluriel interne** » :

le jour = **al yaoum** اليوم *les jours* = **al ayyăm** الايام

8. LES ADJECTIFS QUALIFICATIFS

En arabe, l'adjectif qualificatif se place toujours après le substantif auquel il se rapporte :

Bon appétit ! **chahiyyah tayyibah** شَهيّة طيّبة
(= *« Appétit bon ! »*)
Bonne nuit ! **laylah saáidah** ليلة سعيدة
(= *« Nuit heureuse ! »*)

9. LES DÉCLINAISONS

La langue arabe possède trois cas de déclinaison :

- le cas sujet *ou* nominatif : il consiste pour la majorité des substantifs à ajouter la désinence **oun** au nom commun.
- le cas du complément d'objet direct *ou* accusatif : il consiste pour la majorité des substantifs à ajouter la désinence **an** au nom commun.
- le cas du complément d'objet indirect *ou* ablatif : il consiste pour la majorité des substantifs à ajouter la désinence **in** au nom commun.

10. LA FORME NÉGATIVE

a) La forme négative consiste à faire précéder le verbe de la négation **lă (لا)** quand on parle au présent. Quand on parle au passé, la solution la plus simple consiste à employer la négation **lam** (لم) suivie du verbe au présent :

Je comprends : **afham** أفهم
Je ne comprends pas : **lă afham** لا أفهم
Je n'ai pas compris : **lam afham** لم أفهم

b) Lorsque la négation porte sur un adjectif, on emploie le mot ليس (**layssa**) :

C'est grand : **hazhă kabĭr** هذا كبير
(= *« Ceci grand »*)
Ce n'est pas grand : **hazhă layssa kabĭr** هذا ليس كبير
(= *« Ceci pas grand »*)

11. LA FORME INTERROGATIVE

Pour transformer une affirmation en question, il suffit de faire précéder cette phrase du mot interrogatif **hal (هل) :**

Je parle français :
atakallamou l'faranssiyyah أتكلم الفرنسية
Parlez-vous français ?
hal tatakallamouna l'faranssiyyah? هل تتكلمون الفرنسية؟

12. LES PRONOMS PERSONNELS SUJETS

a) Les pronoms personnels sujets *(je, tu, il,* etc.*)* sont très souvent sous-entendus dans la phrase arabe. A la deuxième personne du singulier *(= tu, toi)* et du pluriel *(= vous),* le pronom personnel sujet a des formes distinctes pour le masculin et le féminin.

je, moi	**ana**	أَنَا	**nous**	**nahnou**	نَحْنُ
			vous *(duel)*	**antouma**	أَنْتُمَا
tu, toi *(masc.)*	**anta**	أَنْتَ	**vous** *(masc.)*	**antoum**	أَنْتُمْ
tu, toi *(fém.)*	**anti**	أَنْتِ	**vous** *(féminin)*	**antounna**	أَنْتُنَّ
			ils, elles, eux *(duel)*	**houma**	هُمَا
il, lui	**houa**	هُوَ	**ils**, eux *(masculin)*	**houm**	هُمْ
elle, lui	**hiya**	هِيَ	**elles** *(féminin)*	**hounna**	هُنَّ

b) La notion de « vouvoiement » n'existe pas dans la langue arabe. Le tutoiement est donc de règle dans la plupart des situations de la vie courante évoquées dans nos différentes listes de vocabulaire.

13. LES PRONOMS PERSONNELS COMPLÉMENTS

a) Lorsque le pronom personnel est employé comme complément d'objet, il a des formes particulières qui viennent directement s'ajouter à la forme verbale (lorsque le complément d'objet est direct) ou à la préposition (lorsqu'il s'agit d'un complément d'objet indirect). Ces formes sont les suivantes :

me	**nĭ**	نِي	**nous**	**na**	نا
			vous *(duel)*	**kouma**	كما
te *(masc.)*	**ka**	كَ	**vous** *(masc.)*	**koum**	كم
te *(fém.)*	**ki**	كِ	**vous** *(fém.)*	**kounna**	كنّ
			les *(duel)*	**houmă**	هما
le *(masc.)*	**hou**	هُ	**les** *(masc.)*	**houm**	هم
la *(fém.)*	**hă**	ها	**les** *(fém.)*	**hounna**	هنّ

b) le pronom personnel complément est donc un suffixe qui s'ajoute au mot avec lequel il est employé. La grande variété des formes permet d'ailleurs une précision supérieure à celle des formes françaises correspondantes. En voici un exemple :

Comment vas-tu ?

kayfa hălouki ? (question posée à une femme)
kayfa hălouka ? (question posée à un homme)

Comment allez-vous ?

kayfa hăloukouma ? (question posée à deux personnes)
kayfa hăloukoum ? (question posée à plusieurs hommes)
kayfa hăloukounna ? (question posée à plusieurs femmes)

Cependant, il arrive très fréquemment dans la langue parlée que la fin du mot ne soit pas totalement prononcée, notamment lorsque le contexte ne laisse aucun doute. A la place de toutes les phrases citées ci-dessus, on pourra dire uniformément :

Comment vas-tu ? Comment allez-vous ?

kayfa hălouk ? كيف حالك ؟

14. LES ADJECTIFS POSSESSIFS

a) Pour exprimer l'appartenance, la langue arabe n'utilise pas des adjectifs possessifs (*mon, ma, mes, tes*, etc.), mais des suffixes qui viennent s'ajouter au mot concerné et qui sont identiques aux pronoms personnels compléments étudiés ci-dessus. Ces suffixes figurent en rouge dans le tableau suivant. L'exemple choisi est celui du mot كتاب (« **kitab** ») qui signifie « le livre » et dont le pluriel est كتب (« **koutoub** »).

b) Les suffixes de possession sont identiques lorsqu'ils sont employés avec des mots au pluriel. *« Notre livre »* se dit **kitab<u>ouna</u>** (**كتابنا**) et *« Nos livres »* se dit **koutoub<u>ouna</u>** (**كتبنا**).

mon livre	**kitabi**	كتابي
ton livre *(possesseur masc.)*	**kitabouka**	كتابكَ
ton livre (*possesseur fém.)*	**kitabouki**	كتابكِ
son livre *(possesseur masc.)*	**kitabouhou**	كتابهُ
son livre (*possesseur fém.)*	**kitabouhă**	كتابها
notre livre	**kitabouna**	كتابنا
votre livre *(duel)*	**kitaboukouma**	كتابكما
votre livre *(plus de deux possesseurs masculins)*	**kitaboukoum**	كتابكم
votre livre *(plus de deux possesseurs féminins)*	**kitaboukounna**	كتابكنّ
leur livre *(duel = deux possesseurs)*	**kitabouhoumă**	كتابهما
leur livre *(plus de deux possesseurs masculins)*	**kitabouhoum**	كتابهم
leur livre *(plus de deux possesseurs féminins)*	**kitabouhounna**	كتابهنّ

c) Le phénomène mentionné au § 13b de la page 139 concernant les pronoms personnels s'applique également aux suffixes exprimant la possession : il est très fréquent de ne pas prononcer intégralement la fin des mots lorsque le contexte ne permet aucun doute. Prenons l'exemple de la formule utilisée pour trinquer et qui correspond à l'expression française « A ta santé » ou « A votre santé ! ». En arabe, le mot *santé* se dit **sihha** (صحة) :

A ta santé !

fî sihhatiki ! (en s'adressant à une femme)
fî sihhatika ! (en s'adressant à un homme)

A votre santé !

fî sihhatikouma ! (en s'adressant à deux personnes)
fî sihhatikoum ! (en s'adressant à plusieurs hommes)
fî sihhatikounna ! (en s'adressant à plusieurs femmes)

En réalité, la formule la plus utilisée dans la plupart des circonstances sera :

A ta santé ! A votre santé ! Santé !

fî sihhatik ! في صحّتك

15. LES VERBES

Les verbes arabes n'ont pas d'infinitif. Dans les lexiques et les dictionnaires, la forme de référence utilisée est la forme de la troisième personne du masculin singulier du passé (également appelée « accompli ») accompagnée entre parenthèses de celle de « l'inaccompli » (qui correspond à la fois au présent et au futur).

16. LE VERBE « ÊTRE »

a) L'emploi du verbe *« être »* est beaucoup moins fréquent en arabe qu'en français. Très souvent, le sujet est en effet directement suivi de son adjectif attribut. On dira donc littéralement *« moi marié »* et *« cela beau »* plutôt que *« Je suis marié »* et *« c'est beau »* :

Je suis marié	**ană moutazwij**	(= *« moi marié »)*	أنا مُتَزَوّج
C'est beau.	**hazhă jamĭl**	(= *« cela beau »)*	هَذَا جَمِيل

b) L'équivalent arabe du verbe *« être »* se conjugue de la manière suivante :

je suis	**akoŭnou**	أكون
tu es *(masc.)*	**takoŭnou**	تكون
tu es *(fém.)*	**takoŭnĭ**	تكوني
il est	**yakoŭnou**	يكون
elle est	**takoŭnou**	تكون
nous sommes	**nakoŭnou**	نكون
vous êtes *(duel)*	**takoŭnăni**	تكونان
vous êtes *(plur. masc.)*	**takoŭnoŭna**	تكونون
vous êtes *(plur. fém.)*	**takounna**	تكن
ils sont *(plur. masc.)*	**yakoŭnou**	يكونوا
elles sont *(plur. fém.)*	**yakounna**	يكن

c) Le verbe *« être »* arabe est également utilisé comme auxiliaire dans les temps composés du passé.

17. LE VERBE « AVOIR »

a) La langue arabe ne dit pas *« J'ai une voiture »*, mais *« chez moi une voiture »*. Autrement dit, on emploie non pas un verbe, mais un mot composé de la préposition **áinda** (عند = *chez)* et du pronom personnel complément correspondant en guise de suffixe :

j'ai	**áindĭ**	عندي
tu as *(masc.)*	**áindaka**	عندكَ
tu as *(fém.)*	**áindaki**	عندكِ
il a	**áindahou**	عنده
elle a	**áindahă**	عندها
nous avons	**áindană**	عندنا
vous avez *(duel)*	**áindakoumă**	عندكما
vous avez *(plur. masc.)*	**áindakoum**	عندكم
vous avez *(plur. fém.)*	**áindakounna**	عندكن
ils ont *(plur. masc.)*	**áindahoum**	عندهم
elles ont *(plur. fém.)*	**áindahounna**	عندهن

b) On peut également utiliser la préposition **ladă** (لدى = *auprès de)* :

j'ai	**ladayya**	لديّ
tu as *(masc.)*	**ladayka**	لديكَ
tu as *(fém.)*	**ladayki**	لديكِ
il a	**ladayhi**	لديه
elle a	**ladayhă**	لديها
nous avons	**ladaynă**	لدينا
vous avez *(duel)*	**ladaykoumă**	لديكما
vous avez *(plur. masc.)*	**ladaykoum**	لديكم
vous avez *(plur. fém.)*	**ladaykounna**	لديكن
ils ont *(plur. masc.)*	**ladayhoum**	لديهم
elles ont *(plur. fém.)*	**áindahounna**	عندهن

1.

EXPRESSIONS DE BASE (1)

al joumalou l'assăssiyah

اَلْجُمَلُ الأَساسِيَة

1. Bonjour !	sabăhou l'khayr	صَباحُ الْخَيْر
2. Salut ! *(= La paix)*	(as)salăm	اَلسَّلاَم
3. Salut à tous ! *= (La) paix sur vous !*	(as)salămou áalaykoum	اَلسَّلاَمُ عَلَيْكُم
On répond à ce salut par la formule suivante :		
4. *(Et) que la paix soit aussi sur vous !*	wa áalaykoumou (as)salăm	وَعَلَيْكُمُ السَّلاَم
5. Bonsoir !	massăou l'khayr	مَساءُ الْخَيْر
6. Mesdames et Messieurs, bonjour !	sayyidătĭ wa sădatĭ, sabăhou l'khayr !	سَيِّدَاتِي وَ سَادَتِي, صَباحُ الْخَيْر
7. Chers amis, bonsoir !	assdiqă ĭ l'aáizză, a' massă oun saáĭd !	أَصْدِقَائِي الأَعِزَّاء, مَسَاءٌ سَعِيد
8. Bienvenue !	ahlan wa sahlan = marhaban	أَهْلاً وَ سَهْلاً مَرْحَبًا
9. Bon appétit !	chahiyyah ttayyibah	شَهِيَّة طَيِّبَة
10. A votre santé !	fĭ sihhatikoum	فِي صِحَّتِكُمْ
11. Santé !	fĭ sihhatik (cf p. 140 § 14c)	فِي صِحَّتِك
12. A vos souhaits !	rahimaka (a)llah	رَحِمَكَ اللّه
13. Bonne nuit !	laylah saáĭdah	لَيْلَة سَعِيدَة
14. A demain !	arăka ghadan	أَرَاكَ غَدًا
15. Dors bien !	nam jayyidan	نَمْ جَيِّدًا
16. Dormez bien !	nămoŭ jayyidan	نَامُوا جَيِّدًا
17. Au revoir !	ilă (a)lliqă a'	إِلَى اَللِّقَاء
18. A bientôt !	arăka qarĭban	أَرَاكَ قَرِيبًا
19. A tout de suite !	naltaqĭ hălan	نَلْتَقِي حَالاً
20. Si Dieu le veut !	inchă a allah	إِنْ شَاءَ اللّه
21. Dieu vous bénisse !	băraka (a)llahou fĭkoum	بَارَكَ اللَّهُ فِيكُم
22. Dieu te bénisse !	băraka (a)llahou fĭk	بَارَكَ اللَّهُ فِيك
23. Dieu vous garde en vie !	allah youkhallĭkoum	اَللَّهُ يُخَلِّيكُم
24. Bonne route !	tarĭqou (a)ssalămah	طَرِيقُ السَّلاَمَة
25. Bon voyage !	safar saáĭd	سَفَر سَعِيد
26. A l'an prochain !	ilă (a)ssanah l'mouqbilah	إِلَى السَّنَة الْمُقْبِلَة
27. A la semaine prochaine !	ilă l'ousboŭ ái l'mouqbil	إِلَى الأُسْبُوع الْمُقْبِل
28. D'accord !	ttayyib = hassanan	طَيِّبْ / حَسَنًا
29. Pas de problème !	lă mouchkilah	لاَ مُشْكِلَة

2.

EXPRESSIONS DE BASE (2)

al joumalou l'assăssiyyah

اَلْجُمَلُ الأسَاسِيَّة

30. Merci !	**choukran**	شُكْرًا
31. Merci beaucoup !	**choukran jazīlan**	شُكْرًا جَزِيلاً
32. Je vous en prie !	**al áafwou**	اَلْعفْو
33. Il n'y a pas de quoi !	**lă dă áiya lichchoukr**	لاَ دَاعِيَ لِلشُّكْر
34. S'il vous plaît.	**min faddlik(oum)**	مِنْ فَضْلِكُمْ
35. Oui.	**naáam = ajal**	نَعَمْ / أجَلْ
36. Non.	**lă**	لاَ
37. Si.	**bală**	بَلاَ
38. Peut-être.	**roubbamă**	رُبَّمَا
39. Parfois.	**ahyănan**	أحْيَانًا
40. Jamais.	**abadan**	أبَدًا
41. Souvent.	**ghăliban**	غَالِبًا
42. Toujours.	**dă iman**	دَائِمًا
43. Je ne sais pas.	**lă aá'rif**	لاَ أعْرِف
44. Je ne comprends pas.	**lă afham**	لاَ أفْهَم
45. Je n'ai pas compris.	**lam afham**	لَمْ أفْهَم
46. Que dit-il ?	**măzhă yaqoŭl ?**	مَاذَا يَقُول ؟
47. Que dit-elle ?	**măzhă taqoŭl ?**	مَاذَا تَقُول ؟
48. Il dit qu'il ne comprend rien !	**yaqoŭlou annahou lă yafham !**	يَقُولُ أنَّهُ لاَ يَفْهَم !
49. Je ne parle pas votre langue.	**lă atakallamou loughatakoum** (takallama : *parler*)	لاَ أتَكَلَّمُ لُغَتَكُم
50. Que signifie ce mot ?	**măzhă taá'nī hazhihi l'kalimah ?**	مَاذَا تَعْنِي هَذِهِ الْكَلِمَة ؟
51. Comment dit-on cela en arabe ?	**kayfa naqoŭlouhă bil áarabiyyah ?**	كَيْفَ نَقُولُهَا بِالْعَرَبِيَّة ؟
52. Dites-le plutôt en français !	**qoulhou bil faranssiyyah afddal !**	قُلْهُ بِالْفَرَنْسِيَّة أفْضَلْ !
53. Pouvez-vous répéter, s'il vous plaît ?	**hal youmkinoukoum iáadatou l'qawol, min faddlikoum ?**	هَلْ يُمْكِنُكُم إعَادَةُ الْقَوْلِ مِنْ فَضْلِكُم ؟
54. Parlez plus lentement, svp !	**takallamoŭ bita annin, min faddlikoum**	تَكَلَّمُوا بِتَأنٍّ مِنْ فَضْلِكُم
55. Pardon !	**áafwan**	عَفْوًا
56. Excusez-moi !	**ou á'zhouroŭnī**	أعْذُرُونِي
57. Désolé !	**ăssif**	آسِف
58. Dommage !	**yă lal assaf**	يَا لَلأسَف

3.

SE PRÉSENTER

kayfa touqa ddimou nafssaka

كَيْفَ تُقَدِّمُ نَفْسَكَ

1.	Comment t'appelles-tu ?	măhouwa ismouk ?	مَا هُوَ إسْمُكَ ؟
2.	Mon nom est Dubois.	ismĭ l'áă ilĭ dubois	إسْمِي الْعَائِلِي دُبْوَا
3.	Mon prénom est Marie.	ismĭ chchakhssĭ marie	إسْمِي الشَّخْصِي مَارِي
4.	Je m'appelle Marie Dubois.	ană maria dubois	أنَا مَارِي دُبْوَا
5.	Enchanté(e) de faire votre connaissance !	tacharraftou bi maárifatikoum	تَشَرَّفْتُ بِمَعْرِفَتِكُم
6.	Madame Dubois.	sayyidah dubois	سَيِّدَة دُبْوَا
7.	Monsieur Dubois.	sayyid dubois	سَيِّد دُبْوَا
8.	Mlle Dubois.	ănissah dubois	آنِسَة دُبْوَا
9.	Je vous présente mon mari.	ouqaddimou lakoum zawjĭ	أقدِّمُ لَكُمْ زَوْجِي
10.	Je vous présente ma femme.	ouqaddimou lakoum zawjatĭ	أقدِّمُ لَكُمْ زَوْجَتِي
11.	- Quel âge as-tu ?	măhouwa áoumrouk ?	مَا هُوَ عُمْرُكَ ؟
12.	- J'ai 32 ans.	áoumrĭ iθnăni wa θalăθoŭna sanah	عُمْرِي اِثْنَانِ وَ ثَلاَثُونَ سَنَة
13.	Aujourd'hui, c'est mon anniversaire.	al yaouma áĭdou milădĭ	اَلْيَوْمَ عِيدُ مِيلاَدِي
14.	Bon anniversaire !	áĭd(ou) mĭlăd(in) saáĭd	عِيدُ مِيلاَدٍ سَعِيد
15.	Félicitations !	mabroŭk !	مَبْرُوك
16.	- Avez-vous des enfants ?	ladaykoum awlăd ?	لَدَيْكُم أوْلاَد ؟
17.	- Nous avons un garçon et une fille.	ladaynă walad wa bint	لَدَيْنَا وَلَد وَ بِنْت
18.	la famille	al áă ilah	اَلْعَائِلَة
19.	le père / la mère	al ab الأب / al oumm	اَلأمّ
20.	papa / maman	abĭ أبِي / oummĭ	أمِّي
21.	les parents	al abă a'	الآبَاء
22.	les grands-parents	al ajdăd	الأجْدَاد
23.	le garçon / la fille	al walad اَلْوَلَد / al bint	اَلْبِنْت
24.	le fils / la fille	al ibn الإبْن / al ibnah	الإبْنَة
25.	le frère / la sœur	al akh الأخ / al oukht	الأخْت
26.	l'homme / la femme	ar-rajoul اَلرَّجُل / al mar'ah	اَلْمَرْأة
27.	Je t'aime.	ouhibbouk	أحِبُّك
28.	Est-ce que tu m'aimes ?	hal touhibbounĭ ?	هَلْ تُحِبُّنِي ؟

4.

QUELQUES QUESTIONS

baá'ddou l' as' ilah

بَعْضُ الأسْئِلَة

1.	la question	assou ăl	السُّؤَال
2.	la réponse	al jawăb	اَلْجَوَاب
3.	Puis-je vous poser une question ?	ayoumkinounĭ ttarhou sou ălin áalaykoum ?	أيُمْكِنُنِي طَرْحُ سُؤَالٍ عَلَيْكُم ؟
4.	- Quel jour sommes-nous ?	mă l'yaoum ? nahnou ayyou yaoum ?	مَا الْيَوْمُ ؟ نَحْنُ أيُّ يَوْم ؟
5.	- Quelle heure est-il ?	kami ssă-áah l'ăn ?	كَمِ السَّاعَةُ الآن
6.	Qui ? / Quoi ?	man ? مَنْ ؟ / măzhă ?	مَاذَا ؟
7.	Comment ?	kayf[a] ?	كَيْفَ ؟
8.	Pourquoi ?	limăzhă ?	لِمَاذَا
9.	Quand ?	mată ?	مَتَى ؟
10.	Depuis quand ?	mounzhou mată ?	مُنْذُ مَتَى ؟
11.	Qui est là ?	man hoună ?	مَنْ هُنَا ؟
12.	Qui êtes-vous ?	man antoum ?	مَنْ أنْتُمْ ؟
13.	- Qui est-ce ?	- man hazhă ?	مَنْ هَذَا ؟
14.	- C'est moi !	- hazhă ană !	هَذَا أنَا
15.	Qu'est-ce que c'est ?	mă hazhă ?	مَاهَذَا ؟
16.	Que se passe-t-il ?	măzhă yajrĭ ?	مَاذَا يَجْرِي ؟
17.	Où es-tu ?	ayna ant ?	أيْنَ أنْتَ ؟
18.	Où vas-tu ?	ayna tazhhab ?	أيْنَ تَذْهَب ؟
19.	D'où viens-tu ?	min ayna ji i'ta ?	مِنْ أيْنَ جِئْتَ ؟
20.	Où puis-je trouver un restaurant ?	ayna youmkinounĭ an ajida matt'áaman ?	أيْنَ يُمْكِنُنِي أنْ أجِدَ مَطْعَمًا ؟
21.	Où se trouve l'hôtel ?	ayna yoŭjadou al foundouq ?	أيْنَ يُوجَدُ الْفُنْدُق ؟
22.	Pouvez-vous me donner votre adresse ?	ayoumkinouka an touá' ttianĭ áounwănak ?	أيُمْكِنُكَ أنْ تُعْطِيَنِي عُنْوانَكَ ؟
23.	Est-ce que cela vous gêne si je fume ?	ayouz'áijouka an oudakhkhin ?	أيُزْعِجُكَ أنْ ادخِّنَ ؟
24.	Avez-vous du feu ?	ladaykoum năr ?	لَدَيْكُمْ نَار ؟
25.	Y a-t-il ici quelqu'un qui parle français ?	hal yoŭjadou hoună ahadoun yatakallamou l'faranssiyyah ?	هَلْ يُوجَدُ هُنَا أحَدٌ يَتَكَلَّمُ الْفَرَنْسِيَّة ؟
26.	Peux-tu traduire ce mot en français ?	hal youmkinouka tarjamatou hazhihi l'kalimah ilă l'faranssiyyah ?	هَلْ يُمْكِنُكَ تَرْجَمَةُ هَذِهِ الْكَلِمَةِ إلى الْفَرَنْسِيَّة ؟

5.

EN VOYAGE

fĭ ssafar (as-safar : le voyage)

فِي السَّفَر

1. le départ	**al moughădarah**	المُغادَرَة
2. l'arrivée	**al woussoŭl**	اَلْوُصُول
3. la valise	**al haqĭbah**	اَلْحقِيبَة
4. les bagages	**al amti áah**	الأَمْتِعَة
5. Allons-y !	**hayyă bină**	هَيَّا بِنَا
6. En route !	**fĭ ttarĭq**	فِي الطَّرِيق
7. la douane	**al jămarik**	اَلْجمَارِك
8. le passeport	**jawăzou ssafar**	جَوَازُ السَّفَر
9. la carte d'identité	**bittăqatou l'hawiyyah**	بِطاقَةُ الْهَوِيَّة
10. Puis-je voir votre passeport ?	**ayoumkinounĭ rou a'yatou jawăzi safari-koum ?** أيُمْكِنُنِي رُؤْيَةُ جَوَازِ سَفَرِكُم ؟	
11. l'avion	**attă irah**	اَلطَّائِرَة
12. l'aéroport	**al mattăr**	اَلْمَطار
13. le pilote	**ar-roubbăn**	اَلرُّبَّان
14. l'hôtesse de l'air	**al mouddĭfah**	اَلْمُضِيفَة
15. le décollage	**al iqlă á'**	اَلإِقْلاَع
16. l'atterrissage	**al houboŭtt**	اَلْهُبُوط
17. Attachez vos ceintures, s'il vous plaît !	**dda áoŭ ahzimata-ssalăma, min faddli-koum** ضَعُوا أحزِمَةَ السَّلاَمَة مِنْ فَضْلِكُم	
18. Il est interdit de fumer dans les toilettes.	**mamnoŭ áoun attadkhĭn fĭl marăhidd** مَمْنُوعٌ التَّدْخِين فِي الْمَرَاحِض	
19. le train	**al qittăr**	اَلْقِطَار
20. la gare	**al mahattah**	اَلْمَحَطَّة
21. le quai	**ar-rassĭf**	اَلرَّصِيف
22. le compartiment	**al maqssoŭrah**	اَلْمقْصُورَة
23. le wagon	**al áarabah**	اَلْعَرَبَة
24. le wagon-restaurant	**árabatou ttaáăm**	عَرَبَةُ الطَّعَام
25. le billet	**at-tazhkirah**	اَلتَّذْكِرَة
26. Combien coûte le billet ?	**bikami at-tazhkirah ?**	بِكَمِ التَّذْكِرَة ؟
27. - Je voudrais un billet pour Paris.	**ourĭdou tazhkiratan lizhzhahăbi ilă băris** أرِيدُ تَذْكِرَةً لِلذَّهَابِ إلَى بَارِيس	
28. - Aller simple ou aller et retour ?	**azh-zhahăbou faqatt awi azh-zhahăbou wa l'iyyăb ?** (azh-zhahăb : *l'aller* / al iyyăb : *le retour*) اَلذَّهَابُ فَقَط أوِ الذَّهَابُ وَ الإِيَّاب ؟	

6.

AU RESTAURANT

fĭ l'matt'áam (al matt'áam : *le restaurant*)

فِي الْمَطْعَم

1.	Le restaurant est ouvert.	**al matt'áam maftoŭh**	اَلْمَطْعَم مَفْتُوح
2.	Je vous invite au restaurant.	**ad-áoŭkoum ilă l'matt'áam**	أَدْعُوكُمْ إِلى الْمَطْعَم
3.	Je vous invite à dîner.	**ad-áoŭkoum lil'áachă a'**	أَدْعُوكُمْ لِلْعَشَاء
4.	Cette table est-elle libre ?	**hazhihi ttăwilah fărighah ?**	هَذِهِ الطَّاوِلَة فَارِغَة ؟
5.	Nous avons réservé une table pour deux.	**laqad hajaztou ttăwilah bimaq'áadayn**	لَقَدْ حَجَزْتُ طَاوِلَة بِمَقْعَدَيْن
6.	Garçon, puis-je avoir la carte ?	**ayyouhă nnădil, hallă ahddarta lĭ l'qă-imah ?**	أَيُّهَا النَّادِل, هَلاَّ أَحْضَرْتَ لِي الْقَائِمَة ؟
7.	Que nous recommandez-vous ?	**bimăzhă tanssahoună ?**	بِمَاذَا تَنْصَحُنَا ؟
8.	Quel est le plat du jour ?	**mă houwa ttabaqou l'yaoum ?**	مَا هُوَ طَبَقُ الْيَوْم ؟
9.	le plat du jour	**tabaqou l'yaoum**	طَبَقُ الْيَوْم
10.	le tajine	**at-tăjĭn**	الطَّاجِين
11.	le couscous	**al kouskous**	اَلْكُسْكُس
12.	la soupe	**ach-chourbah**	اَلشُّرْبَة
13.	C'est délicieux !	**taá'mouhou lazhĭzh**	طَعْمُهُ لَذِيذ
14.	Pouvez-vous m'apporter un verre ?	**ayoumkinouka ihddărou ka-a'-sin lĭ ?**	أَيُمْكِنُكَ إِحْضَارُ كَأْسٍ لِي
15.	Puis-je avoir un peu de moutarde ?	**hal youmkinouka an touhddira lĭ qlĭlan mina l'khardal ?** (al khardal : *la moutarde*)	هَلْ يُمْكِنُكَ أَنْ تُحْضِرَ لِي قَلِيلاً مِنَ الْخَرْدَل ؟
16.	J'aimerais avoir du pain, s'il vous plaît !	**ouridou khoubzan, min faddlik !**	أُرِيدُ خُبْزًا مِنْ فَضْلِك !
17.	- Est-ce que c'était bon ?	**kăna zhalika lazhĭzhan ?**	كَانَ ذَلِكَ لَذِيذًا ؟
18.	- Le repas était excellent.	**kana zhalika lazhĭzhan fi á'lan**	كَانَ ذَلِكَ لَذِيذًا فِعْلاً
19.	- Désirez-vous encore autre chose ?	**touridoŭna chay'an ăkhar ?**	تُرِيدُونَ شَيْئًا آخَر
20.	- Non, merci. Ce sera tout.	**lă choukran, hazhă yakfĭ**	لاَ شُكْرًا, هَذَا يَكْفِي
21.	L'addition, s'il vous plaît !	**al hissăb(ou), min faddlik !**	اَلْحِسَابُ مِنْ فَضْلِك!
22.	Où sont les toilettes, s'il vous plaît ?	**ayna l'mirhădd, min faddlikoum ?**	أَيْنَ الْمِرْحَاضُ مِنْ فَضْلِكُم ؟

7.

LES REPAS (1)

al wajabăt

اَلْوَجَبَات

1. le repas	al wajbah	اَلْوَجْبَة
2. le petit-déjeuner	al fattoŭr	اَلْفَطُور
3. le pain	al khoubz	اَلْخُبْز
4. le beurre	az-zoubdah	اَلزُّبْدَة
5. la confiture	al mourabbă	اَلْمُرَبَّى
6. le miel	al áassal	اَلْعَسَل
7. le déjeuner	al ghadă a'	اَلْغَدَاء
8. le dîner	al áachă á	اَلْعَشَاء
9. l'entrée	al mouqabbilăt	اَلْمُقَبِّلَات
10. le plat principal	at-tabaqou rra-ĭsĭ	اَلطَّبَقُ الرَّئِيسِي
11. la boisson	al machroub	اَلْمَشْرُوب
12. l'eau	al mă a'	اَلْمَاء
13. l'eau plate	al mă-ou l'áădĭ	اَلْمَاءُ الْعَادِي
14. l'eau gazeuse	al mă-ou l'ghăzĭ	اَلْمَاءُ الْغَازِي
15. le jus	al áassĭr	اَلْعَصِير
16. le jus de fruit	áassĭrou l'fawăkih	عَصِيرُ الْفَوَاكِه
17. le vin	an-nabĭzh	اَلنَّبِيذ
18. la bière	al jouáah	اَلْجُعَّة
19. la bière blonde	al jouáah chchaqră a'	اَلْجُعَّة الشَّقْرَاء
20. la bière brune	al jouáah ssamră a'	اَلْجُعَّة السَّمْرَاء
21. la bière pression	al jouáah tahta zzaghtt	اَلْجُعَّة تَحْتَ الطَّغْط
22. le café	al qahwah	اَلْقَهْوَة
23. le thé	ach-chăy	اَلشَّاي
24. le thé vert	ach-chăyou l'akhddar	اَلشَّايُ الأَخْضَر
25. le thé à la menthe	ach-chăyou binnaá'năá'	اَلشَّايُ بِالنَّعْنَاع
26. le thé au lait	ach-chăyou bilhalĭb	اَلشَّايُ بِالْحَلِيب
27. le lait	al halĭb	اَلْحَلِيب
28. avec ou sans lait ?	maáa aou bilă halĭb?	مَعَ أَوْ بِلاَ حَلِيب
29. avec ou sans glace ?	maáa aou bilă θalj ?	مَعَ أَوْ بِلاَ ثَلْج ؟
30. le chocolat	ach-choukoŭlă	اَلشُّكُولاَ
31. le chocolat chaud	ach-choukoŭlă săkhin	اَلشُّكُولاَ السَّاخِن
32. le verre	al ka-a's	اَلْكَأْس
33. la tasse	al finjăn	اَلْفِنْجَان

8.

LES REPAS (2)

al wajabăt

اَلْوَجَبَات

1. la salade	as-salattah	اَلسَّلَطَة
2. l'œuf	al baydd	اَلْبَيْض
3. la pomme de terre	al battăttă	اَلْبَطَاطَا
4. les frites	al battăttissou l'maqliyyah	اَلْبَطَاطِسُ الْمَقْلِيَّة
5. le steak-frites	al battăttissou l'maqliyyah maáa llahm	اَلْبَطَاطِسُ الْمَقْلِيَّة مَعَ اللَّحْم
6. la viande	al-lahm	اَللَّحْم
7. le poisson	as-samak	اَلسَّمَك
8. le bœuf	lahmou l'baqar	لَحْمُ الْبَقَر
9. le veau	lahmou l'áijl	لَحْمُ الْعِجْل
10. le porc	lahmou l'khanzĭr	لَحْمُ الْخَنْزِير
11. le jambon	fakhizhou l'khanzĭr	فَخِذُ الْخَنْزِير
12. la saucisse	an-naqăniq	اَلنَّقَانِق
13. le hot dog	an-naqăniqou l'kabĭrah	اَلنَّقَانِقُ الْكَبِيرَة
14. le poulet	ad-dajăj	اَلدَّجَاج
15. le poulet rôti	ad-dajăjou l'machouĭ	اَلدَّجَاجُ الْمَشْوِي
16. l'agneau	al kharoŭf	اَلْخَرُوف
17. le mouton	lahmou l'ghanam	لَحْمُ الْغَنَم
18. le saumon	as-salamoŭn	اَلسَّلَمُون
19. la truite	al hoŭt	اَلْحُوت
20. les pâtes	al makaroŭnah	اَلْمَكَرُونَة
21. le riz	al ourz	اَلأَرْز
22. l'huile	az-zayt	اَلزَّيْت
23. le vinaigre	al khall	اَلْخَلّ
24. la moutarde	al khardal	اَلْخَرْدَل
25. le poivre	al ibzăr	اَلإِبْزَار
26. le poivron	al foulfoul	اَلْفُلْفُل
27. l'ail	aθ-θoŭm	اَلثُّوم
28. le sel	al milh	اَلْمِلْح
29. le sucre	as-soukkar	اَلسُّكَّر
30. les légumes	al khouddar	اَلْخُضَر
31. le fromage	al joubn	اَلْجُبْن
32. le dessert	at-tabaqou aθθăni	اَلطَّبَقُ الثَّانِي
34. la glace	al mouθallajăt	اَلْمُثَلَّجَات

9.

LA SEMAINE

al ousboŭ-á'

الأسْبُوع

1. le jour	al yaoum	الْيَوْم
2. le lundi	al iθnayn	الإثْنَيْن
3. le mardi	aθ-θoulăθă-a'	الثُّلاَثَاء
4. le mercredi	al arbi-áă-a'	الأرْبعَاء
5. le jeudi	al khamĭs	الخَمِيس
6. le vendredi	al joumou-áah	الجُمُعَة
7. le samedi	as-sabt	السَّبْت
8. le dimanche	al ahad	الأحَد

LES MOIS

al achhour

الأشْهُر

Les mois possèdent en arabe deux appellations :

1. Janvier	Yanăyir Kănoŭnou aθθănĭ	يَنَاير كَانُونُ الثَّانِي
2. Février	Fabrăyir Choubătt	فَبْراير شُبَاط
3. Mars	Măris Azhăr	مَارس آذار
4. Avril	Abrĭl Nĭssăn	أبْريل نيسَان
5. Mai	Măy = Măyoŭ Ayyăr	مَاي / مَايُو أيَّار
6. Juin	Yoŭnyoŭ Hazayrăn	يُونْيُو حُزَيْرَان
7. Juillet	Yoŭlyoŭz Tammoŭz	يُولْيُوز تَمُّوز
8. Août	Ghoucht Ăb	غشت آب
9. Septembre	Sibtembir Ayloŭl	سِبْتُمْبر أيْلُول
10. Octobre	Ouktoŭbar Tichrĭn al awwal	أكْتُوبَر تِشْرِين الأوَّل
11. Novembre	Noŭfambir Tichrĭn aθθănĭ	نُوفَمْبر تِشْرِين الثَّانِي
12. Décembre	Doujanbir Kănoŭnou al awwal	دُجَنْبر كَانُونُ الأوَّل

10.

LES CHIFFRES ET LES NOMBRES

al arqămou wa l'aá'dăd

الأرْقامُ وَ الأعْداد

0	٠	zéro	**ssifr**	صِفْر	0
1	١	un	**wăhid**	واحِد	1
2	٢	deux	**iθnăn**	إثْنان	2
3	٣	trois	**θalăθah**	ثَلاثَة	3
4	٤	quatre	**arbaáah**	أرْبَعَة	4
5	٥	cinq	**khamssah**	خَمْسَة	5
6	٦	six	**sittah**	سِتَّة	6
7	٧	sept	**sab'áah**	سَبْعَة	7
8	٨	huit	**θamăniyah**	ثَمانِيَة	8
9	٩	neuf	**tiss'áah**	تِسْعَة	9
10	١٠	dix	**áacharah**	عَشَرَة	10

11.

L'ARGENT - LE PRIX

al măl - aθ-θaman

اَلْمال - اَلثَّمَن

1.	- Combien est-ce que ça coûte ?	**mă θamanou hazhă ?**	مَا ثَمَنُ هَذَا ؟
2.	C'est combien ?	**bikam hazhă ?** (bikam ? *combien ?*)	بكم هذا ؟
3.	- 17 euros et cinquante centimes.	**sab'-áata áachara euro wa khamsoŭna santĭman**	سَبْعَةَ عَشَرَ أورُو وَ خَمْسُونَ سَنْتِيمًا
4.	C'est bon marché.	**θamanoun mounăssib**	ثَمَنٌ مُناسِب
5.	C'est cher.	**hazhă ghălin** (ghălin : *cher*)	هَذَا غالٍ
6.	C'est très cher.	**aθθamanou ghălin**	اَلثَّمَنُ غالٍ
7.	C'est trop cher.	**hazhă ghălin jiddan**	هَذَا غالٍ جِدًّا
8.	C'est trop cher pour moi.	**hazhă ghălin binnisbati lĭ**	هَذَا غالٍ بِالنِّسْبَةِ لِي
9.	Je voudrais acheter ceci.	**ourĭdou an achtariya hazhă**	أرِيدُ أنْ أشْتَرِيَ هَذَا
10.	Est-ce que vous avez autre chose ?	**hal ladaykoum chay'an ăkhar ?**	هَلْ لَدَيْكُمْ شَيْئًا آخَرَ ؟
11.	Est-ce que je peux payer en dollars ?	**hal youmkinounĭ an ousaddida biddoulăr ?**	هَلْ يُمْكِنُنِي أنْ أسَدِّدَ بِالدُّولار ؟
12.	Rendez-moi la monnaie, s'il vous plaît !	**arjiá' lĭ mă tabaqqă min nouqoŭdin, arjoŭk**	اَرْجِعْ لِي مَا تَبقَّى مِنْ نُقُودٍ أرْجُوك
13.	Vous pouvez garder la monnaie.	**youmkinouka an tahtafizza bilbăqĭ**	يُمْكِنُكَ أنْ تَحْتَفِظَ بِالْباقِي

12.

A L'HÔTEL

fi l'foundouq

فِي الْفُنْدُق

1.	la chambre	**al ghourfah**	اَلْغُرْفَة
2.	le lit	**as-sarĭr**	اَلسَّرِير
3.	la douche	**ar-rachchăchah**	اَلرَّشَّاشَة
4.	la chambre individuelle	**ghourfah lichakhss**	غُرْفَة لِشَخْص
5.	la chambre double	**ghourfah lichakhssayn**	غُرْفَة لِشَخْصَيْن
6.	la salle de bains	**al hammăm**	اَلْحَمَّام
7.	l'air conditionné	**moukayyifou l'hawă a'**	مُكَيِّفُ الْهَوَاء
8.	la demi-pension	**wajbatăn**	وَجْبَتَان
9.	la pension complète	**θalăθou wajabăt**	ثَلاَثُ وَجَبَات
10.	- Avez-vous encore des chambres libres ?	**aladaykoum ba á' ddou lghourafi l'fărighah ?**	أَلَدَيْكُمْ بَعْضُ الْغُرَفِ الْفَارِغَة ؟
11.	- Désolé, l'hôtel est complet.	**ăssif, koullou l'ghourafi machghoŭlah**	آسِف, كُلُّ الْغُرَفِ مَشْغُولَة
12.	Nous aimerions une chambre double.	**nouridou ghourfah mouzdawijah, min faddlik**	نُرِيدُ غُرْفَة مُزْدَوجَة مِنْ فَضْلِك
13.	La chambre coûte 150 euros.	**al ghourfah bimi-ah wa khamssina euro**	اَلْغُرْفَة بِمِائَة وَ خَمْسِينَ أورُو
14.	Avez-vous quelque chose de moins cher ?	**aladaykoum chay' an aqallou θamanan ?**	أَلَدَيْكُمْ شَيْئًا أَقَلُّ ثَمَنًا ؟
15.	- Pouvons-nous voir la chambre ?	**ayoumkinoună rou a'yatou l'ghourfah ?**	أَيُمْكِنُنَا رُؤْيَةُ الْغُرْفَة ؟
16.	- Voici la clé de la chambre.	**hazhă miftăhou l'ghourfah**	هَذَا مِفْتَاحُ الْغُرْفَة
17.	La chambre est au deuxième étage.	**al ghourfah fĭ attăbaqi aθθănĭ**	اَلْغُرْفَة فِي الطَّابَقِ الثَّانِي
18.	La chambre me plaît. Je la prends.	**al ghourfah tou-á'jibounĭ, sa-ăkhouzhou-hă**	اَلْغُرْفَة تُعْجِبُنِي, سَآخُذُهَا
19.	- Combien de temps pensez-vous rester?	**kam mina lwaqti satabqoŭna ?**	كَمْ مِنَ الْوَقْتِ سَتَبْقَونَ ؟
20.	- Nous resterons deux ou trois jours.	**sawfa nabqă yaoumayni aou θalăθata ay-yăm**	سَوْفَ نَبْقَى يَوْمَيْن أَوْ ثَلاَثَة أَيَّام
21.	- Je vous souhaite un agréable séjour.	**atamannă lakoum iqămah moumti áah**	أَتَمَنَّى لَكُمْ إقَامَة مُمْتِعَة
22.	Le petit-déjeuner est inclus.	**al fattoŭr ddimna θamani l'ghourfah**	اَلْفَطُورُ ضِمْنَ ثَمَنِ الْغُرْفَة

13.

LA VOITURE

as-sayyărah

السَّيَّارَة

1.	l'essence	al banzĭn	اَلْبَنْزِين
2.	faire le plein	mal'ou khazzăni l'banzĭn	مَلْءُ خَزَّانِ الْبَنْزِين
3.	la station-service	mahattatou l'banzĭn	مَحَطَّةُ الْبَنْزِين
4.	la rue	az-zanqah	الزَّنْقَة
5.	la route	at-tarĭq	الطَّرِيق
6.	l'autoroute	at-tarĭqou ssayyăr	الطَّرِيقُ السَّيَّار
7.	le camion	ach-chăhinah	الشَّاحِنَة
8.	l'autocar	an-năqilah	النَّاقِلَة
9.	Je voudrais faire le plein.	ourĭdou mal'a khazzăni l'banzĭn	أُرِيدُ مَلْءَ خَزَّانِ الْبَنْزِين
10.	Où est la prochaine station-service ?	ayna hiya mahattatou l'banzĭni l'mouqbi-lah ?	أَيْنَ هِيَ مَحَطَّةُ الْبَنْزِينِ الْمُقْبِلَة
11.	J'aimerais prendre 20 litres d'essence.	ourĭdou akhzha áichrĭna litran mina l'ban-zĭn	أُرِيدُ أَخْذَ عِشْرِينَ لِتْرًا مِنَ الْبَنْزِين
12.	tout droit	ilă l'amăm	إِلَى الأَمَام
13.	à gauche	áală l'yassăr	عَلَى الْيَسَار
14.	à droite	áală l'yamĭn	عَلَى الْيَمِين
15.	Que signifie ce panneau ?	mazhă taá'-nĭ hazhihi l'ichărah ?	مَاذَا تَعْنِي هَذِهِ الإِشَارَة؟
16.	Sens interdit.	ittijăh mamnoŭ-á'	اِتِّجَاه مَمْنُوع
17.	Sens unique.	ittijăh wahĭd	اِتِّجَاه وَحِيد
18.	Attention ! Priorité à droite !	intabih ! al asbaqiyyah li asshăbi l'yamĭn	إِنْتَبِهْ ! الأَسْبَقِيَّة لأَصْحَابِ الْيَمِين
19.	- Sommes-nous sur la bonne route ?	hal nahnou fĭ ttarĭqi ssahĭh ?	هَلْ نَحْنُ فِي الطَّرِيقِ الصَّحِيح؟
20.	- Non, vous vous êtes trompés.	lă, laqad akhtta-a'-toumou ttarĭq	لاَ, لَقَدْ أَخْطَأْتُم الطَّرِيق
21.	Où est la gare, s'il vous plaît ?	ayna toŭjadou l'mahattah, min faddli-koum ?	أَيْنَ تُوجَدُ الْمَحَطَّة مِنْ فَضْلِكُمْ ؟
22.	Allez jusqu'au prochain feu rouge !	izh-zhab hattă tassila ilă addaw' i l'ahma-ri l'mouqbil	اِذْهَبْ حَتَّى تَصِلَ إِلَى الضَّوْءِ الأَحْمَرِ الْمُقْبِل
23.	Là, vous tournez à droite.	hounăka, khouzh ittijăha l'yamĭn	هُنَاكَ خُذْ اِتِّجَاهَ الْيَمِين
24.	Prenez ensuite la deuxième rue à gauche.	khouzh min baá'dou attarĭqa θθăniyah áală l'yassăr	خُذْ مِنْ بَعْدُ الطَّرِيقَ الثَّانِيَة عَلَى الْيَسَار
25.	Après, c'est toujours tout droit !	min tamma ilă l'amămi dă-iman	مِنْ ثَمَّ إِلَى الأَمَامِ دَائِمًا

14.

QUELQUES CONTRAIRES

baá'ddou l'mouddădd ăt

بَعْضُ الْمُضَادَّات

1. C'est beau.	hazhă jamĭl			هَذَا جَمِيل
2. Ce n'est pas beau.	hazhă layssa jamĭl			هَذَا لَيْسَ جَمِيل
3. C'est grand.	hazhă kabĭr			هَذَا كَبِير
4. C'est petit.	hazhă ssaghĭr			هَذَا صَغِير
5. long - court	ttawĭl	طَوِيل	- qassĭr	قَصِير
6. large - étroit	wăsi á'	وَاسِع	- ddayyiq	ضَيِّق
7. bon - mauvais	jayyid	جَيِّد	- sayyi a'	سَيِّء
8. beau - laid	jamĭl	جَمِيل	- qabĭh	قَبِيح
9. jeune - vieux	chăbb	شَابّ	- kahl	كَهْل
10. nouveau - ancien	jadĭd	جَدِيد	- qadĭm	قَدِيم
11. chaud - froid	săkhin	سَاخِن	- bărid	بَارِد
12. rapide - lent	sarĭ á'	سَرِيع	- battĭ a'	بَطِيء
13. propre - sale	nazzĭf	نَظِيف	- wasikh	وَسِخ
14. vrai, exact - faux	sahĭh	صَحِيح	- khatta a'	خَطأ
15. interdit - autorisé	mamnoŭ á'	مَمْنُوع	- moubăh	مُبَاح
16. ouvert - fermé	maftoŭh	مَفْتُوح	- moughlaq	مُغْلَق
17. aujourd'hui	al yaoum			اَلْيَوْم
18. hier - demain	al bărihah	اَلْبَارِحَة	- ghadan	غَدًا
19. avant-hier	mă qabla l'bărihah			مَا قَبْلَ الْبَارِحَة
20. après-demain	ba á' da ghadin			بَعْدَ غَدٍ
21. en haut - en bas	fĭ l'aá'lă	فِي الأَعْلَى	- fĭ l'asfal	فِي الأَسْفَل
22. devant - derrière	amăma	أَمَام	- warăa	وَرَاء
23. loin - proche	baáĭd	بَعِيد	- qarĭb	قَرِيب
24. ici - là-bas	hoună	هُنَا	- hounăka	هُنَاك

15.

LES COULEURS

al alwăn

الأَلْوَان

1. blanc - noir	abyadd	أَبْيَض	- asswad	أَسْوَد
2. bleu - rouge	azraq	أَزْرَق	- ahmar	أَحْمَر
3. vert - jaune	akhddar	أَخْضَر	- assfar	أَصْفَر
4. gris - marron	ramădĭ	رَمَادِي	- bounnĭ	بُنِّي
5. rose - orange	wardĭ	وَرْدِي	- bourtouqălĭ	بُرْتُقَالِي

16.

COMMENT ALLEZ-VOUS ?

kayfa hăloukoum ?

كَيْفَ حَالُكُم؟

1.	- Très bien, merci. Et vous ?	bikhayr, choukran, wa antoum ?	بِخَيْرْ شُكْرًا وَ أَنْتُمْ؟
2.	Comment ça va ?	kayfa l'hăl ?	كَيْفَ الْحَال ؟
3.	Comment vas-tu ?	kayfa hălouk ?	كَيْفَ حَالُكْ ؟
4.	- Très bien, merci. Et toi ?	bikhayr, choukran, wa ant ?	بِخَيْرْ شُكْرًا وَ أَنْتْ؟
5.	Entrez, je vous en prie !	tafaddaloŭ, arjoŭkoum	تَفَضَّلُوا أَرْجُوكُم
6.	Après vous, je vous en prie !	min baá'dikoum áafwan	مِنْ بَعْدِكُمْ عَفْوًا
7.	C'est très aimable à vous !	hazhă louttfoun minkoum	هَذَا لُطْفٌ مِنْكُم
8.	Mettez-vous à l'aise !	irtăhoŭ	إِرْتَاحُوا
9.	- Comment te sens-tu ?	kayfa tach-áour ?	كَيْفَ تَشْعُر ؟
10.	- Comment vous sentez-vous ?	kayfa tach-áouroŭna ?	كَيْفَ تَشْعُرُون ؟
11.	- Je ne me sens pas bien.	lă ach'áourou bikhayr	لاَ أَشْعُرُ بِخَيْر
12.	- Je ne me sens pas très bien.	lă ach'áourou annĭ bikhayr	لاَ أَشْعُرُ أَنِّي بِخَيْرْ
13.	Je me sens mal.	lastou bikhayr	لَسْتُ بِخَيْرْ
14.	Je me sens bien.	ană bikhayr	أَنَا بِخَيْر
15.	Je me sens mieux.	ach'áourou bitahassoun	أَشْعُرُ بِتَحَسُّن
16.	la santé	as-sihhah	اَلصِّحَّة
17.	la maladie	al maradd	اَلْمَرَض
18.	malade	marĭdd	مَرِيض
19.	le médecin	at-tabĭb	الطَّبِيب
20.	le médicament	ad-dawă-a'	الدَّوَاء
21.	la pharmacie	as-saydaliyyah	الصَّيْدَلِيَّة
22.	J'ai attrapé un rhume.	oussibtou bizoukăm	أُصِبْتُ بِزُكَام
23.	J'ai mal à la tête.	ach'áourou bissoudă áin fĭ ra a'ssĭ	أَشْعُرُ بِصُدَاع فِي رَأْسِي
24.	Il faut que je voie un médecin.	yajibou an ară ttabĭban	يَجِبُ أَنْ أَرَى طَبِيبًا
25.	Où y a-t-il une pharmacie ?	ayna toŭjadou assaydaliyyah ?	أَيْنَ تُوجَدُ الصَّيْدَلِيَّة ؟
26.	Bon rétablissement !	bichchifă i l'ăăjil	بِالشِّفَاءِ الْعَاجِل

Pour écouter l'enregistrement de toutes ces phrases, rendez-vous sur notre site internet : **www.parlissimo. com**

LA LANGUE CHINOISE

(pinyin, idéogrammes et sinogrammes)

a) Ces quelques pages sont consacrées à la langue chinoise et plus précisément au mandarin, c'est-à-dire à la langue parlée initialement dans la région de Pékin qui est devenue sous l'appellation de **putonghua** (« langue commune ») la langue officielle de la République Populaire de Chine.

b) Dans les différentes listes de mots et de phrases que nous vous proposons, les phrases chinoises figurent en **pinyin**, puis en **sinogrammes**. Le **pinyin** est un système de transcription en lettres latines de la prononciation chinoise. **Pinyin** signifie littéralement « unir les sons » ou « épeler ». Ce système de transcription phonétique (qui ne comporte pas de majuscule) a été adopté par le gouvernement chinois depuis 1958. Il est enseigné dans les écoles chinoises et reconnu par pratiquement toutes les institutions internationales. C'est par exemple sur la base du **pinyin** qu'une nouvelle graphie s'est imposée pour la ville de **Pékin,** dont le nom s'écrit désormais **Beijing** conformément à la transcription en pinyin **běijīng**. C'est aussi grâce au pinyin qu'il est possible de reproduire sur un écran d'ordinateur les 50 000 caractères de la langue chinoise !

La lecture du **pinyin** présente pour un francophone certaines particularités que l'on peut résumer ainsi :

ai = *aille*	**c** = *tss*	**ch** = *tch*	**ei** = *eille*	**er** = *ar*	
g = *«gué»*	**ian** = *iènn*	**ie** = *iè*	**iu** = *iou*	**j** = *dj*	
ou = *o-ou*	**q** = *tj*	**r** = *j*	**u** = *ou* (sauf après j, q, x et y)		
ue = *ué*	**un** = *oun*	**ū** = *u*	**x** = *ss*	**z** = *ts*	**zh** = *dj*

c) A côté de leur transcription en pinyin, les phrases chinoises figurent en **idéogrammes chinois** (également appelés **sinogrammes**). Chaque syllabe de **pinyin** correspond à un **idéogramme**. Un idéogramme est, selon la définition qu'en donne le dictionnaire Larousse, un « signe qui exprime l'idée, et non les sons du mot représentant l'idée ».

- L'idéogramme « 北 » se prononce « **běi** » et signifie « le nord ».
- L'idéogramme « 京 » se prononce « **jīng** » et signifie « la capitale ».

L'association de ces deux idéogrammes donne le mot « 北京 » qui signifie « la capitale du nord », sens littéral du mot **Pékin**.

d) **La langue officielle chinoise est composée de sinogrammes, le pinyin n'étant qu'un instrument intermédiaire destiné à en faciliter la découverte et l'apprentissage**. La langue chinoise comporte plus de **50 000 sinogrammes** et il est généralement admis qu'aucun Chinois ne les connaît tous ! Dans la langue écrite courante, on utilise environ **3000** sinogrammes.

e) L'une des grandes difficultés de la prononciation du chinois est constituée par les différents **tons** qui sont représentés par les « accents » figurant sur les voyelles du pinyin :

Premier ton (= trait horizontal) : ā ē ī ō ū
Deuxième ton (= accent aigu) : á é í ó ú
Troisième ton (= accent circonflexe inversé) : ǎ ě ǐ ǒ ǔ
Quatrième ton (= accent grave) : à è ì ò ù

Le premier ton est « égal », le deuxième est « montant », le troisième est « descendant, puis montant » et le quatrième est « descendant ». La prononciation correcte de ces tons est absolument indispensable car une erreur de ton peut rendre un mot ou une phrase totalement incompréhensible.

f) Sur ces quelques pages, l'emploi du **pinyin** est systématique. Cela ne doit bien sûr pas faire oublier que la « véritable » langue chinoise ne repose sur aucun alphabet et qu'elle est composée de caractères spécifiques (appelés **sinogrammes**) qu'il est indispensable de connaître pour prétendre « lire le chinois ». Il existe environ 50 000 sinogrammes, mais les 500 sinogrammes les plus répandus représentent 80% des caractères utilisés dans la littérature ou dans la presse. Ce pourcentage passe à 95% si l'on connaît les 1500 sinogrammes les plus répandus. Les programmes scolaires chinois fixent à 3000 le nombre de sinogrammes qu'un enfant doit connaître à la fin de l'école primaire.

g) Contrairement aux lettres d'un alphabet, les sinogrammes ne transcrivent pas les sons. Un sinogramme est presque toujours l'illustration d'une idée, d'un concept, d'un objet, etc. On peut tout à fait connaître la signification d'un sinogramme et ignorer sa prononciation (qui varie d'ailleurs d'une région à l'autre de la Chine). Les sinogrammes sont l'élément fondamental de l'unité linguistique de la Chine. Ils sont d'une certaine manière comparables aux chiffres arabes (**1,2,3,4,** etc) qui ont la même signification pour un Français, un Anglais ou un Allemand, mais que chacun d'entre eux lit différemment en fonction de sa langue maternelle.

h) Le sinogramme s'inscrit dans un **carré virtuel**. Les sinogrammes les plus simples comportent un seul trait, les plus complexes en comptent une trentaine. La plupart des sinogrammes comportent une dizaine de traits. L'écriture chinoise utilise huit types de traits élémentaires et chacun d'entre eux s'écrit en tenant compte de règles très précises dont les trois principales sont :

- Le sinogramme s'écrit de gauche à droite et de haut en bas.
- Le trait horizontal s'écrit avant le trait vertical.
- On écrit d'abord l'extérieur du sinogramme, puis l'intérieur.

i) La langue chinoise se présente comme une juxtaposition d'éléments composés d'une seule syllabe et représentés pour chacun d'entre eux par un sinogramme. L'une des grandes difficultés du chinois réside dans le fait que de très nombreux sinogrammes se prononcent exactement de la même manière pour des sens totalement différents. Aux 50 000 sinogrammes ne correspondent en effet qu'environ 400 sons différents. Il existe ainsi plus de **50 sinogrammes** différents qui s'écrivent **shi** en pinyin : 9 au premier ton (**shī**), 10 au deuxième ton (**shí**), 7 au troisième ton (**shǐ**) et 25 au quatrième ton (**shì**).

j) A chaque sinogramme correspond une syllabe de pinyin, mais un mot correspond souvent à la juxtaposition de plusieurs sinogrammes. Lorsque tel est le cas, il est d'usage de juxtaposer également les syllabes de la transcription en pinyin afin de mieux faire apparaître l'unité de sens du mot considéré :

飞	**fēi**	: *voler*
机	**jī**	: *la machine, l'appareil*
场	**chǎng**	: *le terrain, le lieu*
飞机	**fēijī**	: *l'avion (= la machine qui vole)*
飞机场	**fēijīchǎng**	: *l'aéroport*

1. LA GRAMMAIRE CHINOISE : GÉNÉRALITÉS

a) Heureuse surprise ! La grammaire chinoise est de prime abord d'une simplicité déconcertante :
- Tous les mots sont invariables.
- Il n'y a pas d'article défini ou indéfini.
- Les substantifs, les adjectifs et les pronoms n'ont pas de déclinaison.
- Les substantifs n'ont ni genre ni pluriel.
- Les verbes n'ont pas de conjugaison.

Quelques exemples :

b) *« Je lis le journal »* se dit *« Moi / lire / journal »* :

wǒ dú bàozhǐ. 我读报纸。

c) *« Je ne lis pas le journal »* se dit *« Moi / ne pas / lire / journal »*. La négation 不 (**bù**) se place juste devant le verbe :

wǒ bù dú bàozhǐ. 我不读报纸。

d) *« J'ai lu le journal »* se dit *« Moi / lire / journal / passé »*. Le mot 了(**le**) placé en fin de phrase indique le passé et signale qu'une action est terminée :

wǒ dú bàozhǐ le. 我读报纸了。

e) *« Je lirai le journal »* se dit *« Moi / être sur le point de / lire / journal »*. Le mot 将 (**jiāng**) signifie « être sur le point de » :

wǒ jiāng dú bàozhǐ. 我将读报纸。

f) *« As-tu lu le journal ? »* se dit *« Toi / lire / journal / passé / est-ce que ? »*. Le mot 吗 (**ma**) placé en fin de phrase indique qu'il s'agit d'une question :

nǐ dú bàozhǐ le ma ? 你读报纸了吗？

g) Pour « conjuguer » un verbe au présent, il suffit donc de connaître sa forme d'infinitif et de la faire précéder du pronom personnel correspondant :

Je ne comprends pas.	**wǒ bù dǒng.**	我不懂。
Il ne comprend pas.	**tā bù dǒng.**	他不懂。
Nous ne comprenons pas.	**wǒmen bù dǒng.**	我们不懂。

2. LES PRONOMS PERSONNELS

a) Comme il n'existe en chinois aucune déclinaison, le pronom personnel de chaque personne a une forme unique quelle que soit sa fonction dans la phrase :

***je**, me, moi*	= **wǒ**	我	***nous***	= **wǒmen**	我们
***tu**, te, toi*	= **nǐ**	你	***vous***	= **nǐmen**	你们
***il**, le, lui*	= **tā**	他	***ils**, les, eux, leur*	= **tāmen**	他们
***elle**, la, lui*	= **tā**	她	***elles**, les, leur*	= **tāmen**	她们

b) Comme le montre la liste ci-dessus, la troisième personne ne comporte pas **oralement** de pronom distinct pour le masculin et le féminin : *il, elle* = **tā** *ils, elles* = **tāmen**.

c) Pour former les pronoms personnels du pluriel *(nous, vous, ils, elles)*, il suffit d'ajouter le suffixe de pluriel 们 (**men**) à chacune des formes de singulier.

d) La formule de politesse (= vouvoiement français) se forme avec le pronom 您 (**nín**).

Comment vas-tu ?	**nǐ shēn tǐ hǎo ma ?**	你身体好吗?
Comment allez-vous ?	**nín shēn tǐ hǎo ma ?**	您身体好吗?

3. LE PLURIEL

a) Le suffixe 们 (**men**) indique le pluriel. Il ne s'emploie que si aucun autre élément (par exemple un adjectif numéral) n'indique la pluralité :

Mesdames et Messieurs, bonjour !

nǚshìmen, xiānshengmen, nǐmén hǎo !

女士们，先生们，你们好！

Madame :	**nǚshì**	女士
Monsieur :	**xiānsheng**	先生
Mesdames :	**nǚshìmen**	女士们
Messieurs :	**xiānshengmen**	先生们

b) Le pluriel peut par exemple s'exprimer par une juxtaposition de mots :

le père	**fùqīn**	父亲	*le grand-père*	**zǔfù**	祖父
la mère	**mǔqīn**	母亲	*la grand-mère*	**zǔmǔ**	祖母
les parents	**fùmǔ**	父母	*les grands-parents*	**zǔfùmǔ**	祖父母

4. L'ORDRE DES MOTS DANS LA PHRASE

a) Selon les circonstances, un même sinogramme peut être adjectif, substantif, adverbe ou verbe. La place de tel ou tel mot dans la phrase permet de mieux repérer sa nature et sa fonction.

b) La structure de base de la phrase chinoise est comparable à celle de la phrase française. Le **sujet** précède le **verbe** qui est lui-même suivi de ses **compléments directs** :

Je lis le journal (= « moi / lire / journal ») :

wǒ dú bàozhǐ. 我读报纸。

c) Le chiffre est séparé du nom auquel il se rapporte par un spécificatif (cf page 160 § 7) :

une voiture (= « un / *spécificatif* / voiture ») :

yí liàng jiàochē 一辆轿车

d) L'adjectif précède le nom, mais suit le spécificatif :

une voiture rouge :

yí liàng hóngsè jiàochē 一辆红色轿车

Mot à mot : « un / *spécificatif* / rouge / voiture »

deux voitures rouges :

liǎng liàng hóngsè jiàochē 两辆红色轿车

Mot à mot : « deux / *spécificatif* / rouge(s) / voiture(s) »

trois voitures rouges :

sān liàng hóngsè jiàochē 三辆红色轿车

e) Les compléments précédés d'une préposition se placent devant le verbe :

Il vient avec son père :

tā hé tā de bàba yìqǐ lái.

他和他的爸爸一起来。

Mot à mot : « Lui avec papa de lui ensemble venir »
(tā : il, lui / hé : avec / de : *particule d'appartenance* / bàba : papa / yìqǐ : ensemble / lái : venir)

f) L'adverbe se place toujours devant le verbe. Il ne peut jamais être employé seul.

Il vient aussi avec son père: **tā yě hé tā de bàba yìqǐ lái.**

他也和他的爸爸一起来。

Mot à mot : « Lui aussi avec papa de lui ensemble venir »

5. L'APPARTENANCE : LA PARTICULE 的 (de)

a) Il n'existe pas en chinois d'adjectif possessif. L'appartenance et la possession s'expriment par la particule 的 (**de**) qui s'intercale entre le pronom personnel et le mot qui s'y rapporte :

Mes enfants : **wǒ de háizimen** 我 的 孩 子 们

Mot à mot : « moi / *de* / enfants »

Mon nom : **wǒ de xìng** 我 的 姓

Mot à mot : « moi / *de* / nom »

b) De manière plus générale, le déterminant se place en chinois toujours devant le déterminé et la particule 的 (**de**) s'intercale entre ces deux éléments :

La voiture de mon frère :

wǒ de gēge de jiàochē. 我 的 哥 哥 的 轿 车。

Mot à mot : « moi / *de* / frère / *de* / voiture »

C'est la voiture de mon frère :

zhè shì wǒ de gēge de jiàochē.

这 是 我 的 哥 哥 的 轿 车。

Mot à mot : « ceci / être / moi / *de* / frère / *de* / voiture »

6. LA MANIÈRE : LA PARTICULE 得 (de)

Les compléments de manière sont précédés de la particule 得 (**de**) qui se place donc entre le verbe et le complément :

Pouvez-vous parler plus lentement ?

nín kěyǐ jiǎng de màn yìdiǎn ma ?

您 可 以 讲 得 慢 一 点 吗 ?

Mot à mot : « vous / pouvoir / parler / *de* / lentement / un peu / ? »

7. LES « SPÈCIFICATIFS »

a) La langue chinoise comportant un nombre étourdissant d'homophones, les mots chinois sont précédés de « spécificatifs » (appelés également « classificateurs ») qui répartissent les objets en catégories et permettent de savoir de quelle catégorie il est question. Il existe environ 400 « spécificatifs ».

b) 个 (**gè**) est de très loin le spécificatif le plus répandu. Il s'emploie notamment devant les mots désignant les êtres humains, mais aussi dans beaucoup d'autres cas :

J'ai un garçon et une fille.

wǒ yǒu yí gè nánhái hé yí gè nǚhái.

我 有 一 个 男 孩 和 一 个 女 孩。

Mot à mot : « moi / avoir / un / *gè* / garçon / et / un / *gè* / fille »

c) 杯 (**bēi**) est un spécificatif qui précède les liquides, et notamment les boissons :

Une bière et un verre de vin rouge. **yì bēi píjiǔ hé yì bēi hóngjiǔ.**

一 杯 啤 酒 和 一 杯 红 酒

d) 辆 (**liàng**) est un spécificatif qui précède les mots désignant les véhicules :

Je voudrais louer une voiture. **wǒ xiǎng zū yí liàng jiàochē.**

我 想 租 一 辆 轿 车。

e) Entre un chiffre et le nom qui s'y rapporte, il faut toujours intercaler un spécificatif :

une bière : **yì bēi píjiǔ** 一 杯 啤 酒

une voiture : **yí liàng jiàochē** 一 辆 轿 车

8. LA FORME NÈGATIVE

a) Pour mettre une phrase à la forme négative, il suffit de faire précéder le verbe de la négation 不 (**bù**). Cette négation se prononce au quatrième ton (**bù**). Mais lorsqu'elle est suivie d'une syllabe au quatrième ton, elle se prononce au deuxième ton (**bú**).

Je parle anglais. **wǒ huì jiǎng yīngyǔ.** 我会讲英语。

Mot à mot : « moi / savoir / parler / anglais »

Je ne parle pas anglais.

wǒ bú huì jiǎng yīngyǔ. 我不会讲英语。

b) Devant le verbe *avoir* 有 (**yǒu**), on utilise la négation 没 (**méi**).

Je n'ai pas compris.

wǒ méi yǒu dǒng. 我没有懂。

Mot à mot : « moi / ne...pas / avoir / comprendre »

9. LA FORME INTERROGATIVE

a) Les principaux mots interrogatifs chinois sont les suivants :

Que, Quoi ?	什么?	**shénme ?**
Qui ?	谁?	**shéi ? shuí ?**
Où ?	在哪里?	**zài nǎlǐ ?**
Comment ?	怎么?	**zěnme ?**

Quelques exemples :

Que dit-il ? 他说什么?

tā shuō shénme ? = lui / dire / quoi ?

Qui es-tu ? 你是谁?

nǐ shì shéi ? = toi / être / qui ?

Où es-tu ? 你在哪里?

nǐ zài nǎlǐ ? = toi / où ?

Comment t'appelles-tu ?

你叫什么?

nǐ jiào shénme ? = toi / appeler / quoi ?

b) Quand aucun mot interrogatif spécifique n'est employé dans la phrase, il suffit d'ajouter à cette phrase le mot 吗 (**ma**) pour la transformer en question :

Tu parles français.

nǐ huì jiǎng fǎyǔ. 你会讲法语。

Mot à mot : « toi / savoir / parler / français »

Parles-tu français ?

nǐ huì jiǎng fǎyǔ ma ? 你会讲法语吗?

Vous avez des enfants.

nín yǒu háizi. 您有孩子。

Mot à mot : « vous / avoir / enfant(s) »

Avez-vous des enfants ?

nín yǒu háizi ma ? 您有孩子吗?

c) On peut également poser une question en faisant suivre la forme affirmative d'un verbe de sa forme négative :

Tu es Français.

nǐ shì fǎguórén. 你是法国人。

Mot à mot : « toi / être / Français »

Es-tu Français ? **nǐ shì fǎguórén ma ?** 你是法国人吗?

Es-tu Français ? **nǐ shì bú shì fǎguórén ?** 你是不是法国人?

Mot à mot : « toi / être / ne... pas / être / Français ? »

1.

EXPRESSIONS DE BASE (1)

jīběn biǎodá fāngshì 基本表达方式

1.	Bonjour !	**nǐ hǎo ! 你好！ nín hǎo ! 您好！**
		(nǐ : *tu, toi* / nín : *vous* (cf page 158 § 2d) / hǎo : *bon, bien ; aller bien*)
2.	Bonsoir !	**wǎnshàng hǎo ! 晚上好！**
		(wǎnshàng : *le soir*)
3.	Mesdames et Messieurs, bonjour !	**nǚshìmen, xiānshengmen, nǐmen hǎo ! 女士们，先生们，你们好！**
		(nǐ : *tu, toi* / nín : *vous* (vouvoiement) / nǐmen : *vous* (pluriel)
4.	Chers amis, bonsoir !	**péngyǒumen, wǎnshàng hǎo ! 朋友们，晚上好**
		(péngyǒu : *l'ami* / péngyǒumen : *les amis*)
5.	Bienvenue !	**huānyíng (guānglín) !** (guānglín : *honorer*) **欢迎（光临）！**
6.	Je vous souhaite la bienvenue !	**huānyíng nín de dàolái ! 欢迎您的到来！**
7.	Bon appétit !	**zhù nín hǎo wèikǒu ! 祝您好胃口！**
8.	A votre santé !	**zhù nín shēntǐ jiànkāng ! 祝您身体健康**
9.	Bonne nuit !	**wǎn ān !** (wǎn : *la nuit*) **晚安！**
10.	A demain !	**míngtiān jiàn !** (jiàn : *voir*) **明天见！**
11.	Dors (Dormez) bien !	**shuì ge hǎo jiào ! 睡个好觉！**
12.	Au revoir !	**zàijiàn !** (jiàn : *voir*) **再见！**
13.	Bon voyage !	**yílù shùnfēng ! 一路顺风！**
14.	A bientôt !	**huítóu jiàn ! 回头见！**
15.	A tout de suite !	**yíhuìer jiàn ! 一会儿见！**
16.	A l'an prochain !	**míng nián jiàn ! 明年见！**
17.	A la semaine prochaine !	**xià zhōu jiàn ! 下周见！**
		(xià : *prochain* / zhōu : *la semaine*)
18.	- Parlez-vous français ?	**nín huì jiǎng fǎyǔ ma ? 您会讲法语吗？**
		(huì : *savoir* / jiǎng : *parler* / fǎyǔ : *le français* / ma : cf p. 161 § 9b
19.	- Non, je ne parle que l'anglais.	**bù, wǒ zhǐ huì jiǎng yīngyǔ. 不，我只会讲英语。**
		(wǒ : *je, moi* / zhǐ : *seulement* / yīngyǔ : *la langue anglaise*)
20.	Je parle français.	**wǒ huì jiǎng fǎyǔ. 我会讲法语。**
21.	Je ne parle pas français.	**wǒ bú huì jiǎng fǎyǔ. 我不会讲法语。**
		(bù : *ne…pas* - cf page 161 § 8a)
22.	Y a-t-il ici quelqu'un qui parle français ?	**zhèlǐ yǒurén huì jiǎng fǎyǔ ma ? 这里有人会讲法语吗？**
		(zhèlǐ : *ici* / yǒurén : *quelqu'un* / huì : *savoir* / jiǎng : *parler*)
23.	Peux-tu traduire ce mot en français ?	**nǐ kěyǐ bǎ zhège cí fānyì chéng fǎyǔ ma ? 你可以把这个词翻译成法语吗？**
		(kěyǐ : *pouvoir* / zhège cí : *ce mot* / fānyì chéng : *traduire en*)

2.

EXPRESSIONS DE BASE (2)

jīběn biǎodá fāngshì 基本表达方式

24.	Merci !	xièxie !	谢谢！
25.	Merci beaucoup !	fēicháng gǎnxiè !	非常感谢！
26.	Je vous en prie !	búkèqi !	不客气！
27.	Il n'y a pas de quoi !	zhè méi shénme !	这没什么！
28.	S'il te (s'il vous) plaît !	qǐng !	请！
29.	Oui.	shì.	是。
30.	Non.	bù.	不。
31.	Peut-être.	kěnéng.	可能。
32.	Parfois.	yǒushí	有时
33.	Jamais.	cóngbù	从不
34.	Souvent.	jīngcháng	经常
35.	Toujours.	zǒngshì	总是
36.	Je ne sais pas.	wǒ bù zhīdào.	我不知道。
37.	Je ne comprends pas.	wǒ bù dǒng. (bù : *ne…pas* / dǒng : *comprendre*)	我不懂。
38.	Je n'ai pas compris.	wǒ méi yǒu dǒng.	我没有懂。
39.	Que dites-vous ?	nín shuō shénme ? (nín : *vous* (vouvoiement) / shuō : *dire* / shénme ? *Quoi ?*)	您说什么？
40.	Que dit-il ? (tā : *il, lui*)	tā shuō shénme ?	他说什么？
41.	Il dit qu'il ne comprend rien !	tā shuō tā shénme dōu bù dǒng ! (dōu : *tout* / bù : *ne…pas* / dǒng : *comprendre*)	他说他什么都不懂！
42.	Je ne parle pas votre langue.	wǒ bú huì jiǎng nǐmén de yǔyán.	我不会讲你们的语言。
43.	Que signifie ce mot ?	zhège cí shì shénme yìsi ?	这个词是什么意思？
44.	Comment dit-on cela en chinois ?	zhè yònghànyǔ zěnme shuō ?	这用汉语怎么说？
45.	Dites-le plutôt en français !	qǐng yòngfǎyǔ jiǎng tā !	请用法语讲它！
46.	Pouvez-vous répéter, s'il vous plaît ?	qǐng nín chóngfù yíbiàn hǎo ma ?	请您重复一遍好吗？
47.	Parlez plus lentement, s'il vous plaît.	qǐng nín shuō de màn yìdiǎn.	请您说得慢一点。
48.	Pardon !	qǐng yuánliàng !	请原谅！
49.	Excuse[z]-moi !	láojià !	劳驾！
50.	Désolé(e) !	duìbùqǐ !	对不起！
51.	Je suis désolé(e) !	wǒ hěn bàoqiàn !	我很抱歉！
52.	Dommage !	zhēn yíhàn !	真遗憾！
53.	C'est vraiment dommage !	zhè zhēn yíhàn a !	这真遗憾啊！

3.

SE PRÉSENTER

jièshào 介绍

1.	Comment vous appelez-vous ?	nín jiào shénme míngzi ? 您叫什么名字?
2.	Mon (pré)nom est Pierre.	wǒ de míngzi jiào píāiěr. 我的名字叫皮埃尔。
3.	Je m'appelle Pierre Dubois.	wǒ jiào píāiěr – dùbùwǎ. 我叫皮埃尔-杜布瓦。
4.	Enchanté(e) de faire votre connaissance !	hěn róngxìng hé nín rènshí ! 很荣幸和您认识。
5.	Madame Dubois.	dùbùwǎ tàitai 杜布瓦太太
6.	Monsieur Dubois.	dùbùwǎ xiānsheng 杜布瓦先生
7.	Mlle Dubois.	dùbùwǎ xiǎojiě 杜布瓦小姐
8.	Je vous présente mon mari.	wǒ xiàng nín jièshào wǒ de zhàngfū. 我向您介绍我的丈夫。
9.	Je vous présente ma femme.	wǒ xiàng nín jièshào wǒ de qīzǐ. 我向您介绍我的妻子。
10.	- Quel âge avez-vous ?	nín duō dà le ? 您多大了? (nín : *vous* / duō : *beaucoup* / dà : *grand*)
11.	- J'ai 32 ans.	wǒ sānshíèr suì le. 我32岁了。 (sānshíèr : *trente-deux* / suì : *l'année*)
12.	Aujourd'hui, c'est mon anniversaire.	jīntiān shì wǒ de shēngrì. 今天是我的生日。
	(jīntiān : *aujourd'hui* / wǒ de : *mon, ma, mes* / shēngrì : *l'anniversaire*)	
13.	Bon anniversaire !	shēngrì kuàilè ! 生日快乐!
14.	- Avez-vous des enfants ?	nín yǒu háizi ma ? 您有孩子吗? (háizi : *l'enfant*)
15.	- J'ai un garçon et une fille.	wǒ yǒu yí gè nánhái hé yí gè nǚhái. 我有一个男孩和一个女孩。
	(gè : cf page 160 § 7b / nánhái : *le garçon* / nǚhái : *la fille*)	
16.	la famille / l'enfant	jiātíng 家庭 / háizi 孩子
17.	l'homme / la femme	nánrén 男人 / nǚrén 女人
18.	le père / la mère	fùqīn 父亲 / mǔqīn 母亲
19.	papa / maman	bàba 爸爸 / māma 妈妈
20.	les parents	fùmǔ 父母
21.	les grands-parents	(wài) zǔfùmǔ (外) 祖父母 (wài : *maternel*)
22.	le grand-père	(wài) zǔfù (外) 祖父
23.	la grand-mère	(wài) zǔmǔ (外) 祖母
24.	le garçon / la fille	nánhái 男孩 / nǚhái 女孩
25.	le fils / la fille	érzi 儿子 / nǚér 女儿
26.	le frère / la soeur	xiōngdì 兄弟 / jiěmèi 姐妹
27.	l'amour / aimer	àiqíng 爱情 / ài 爱
28.	Je t'aime.	wǒ ài nǐ. 我爱你
29.	Est-ce que tu m'aimes ?	nǐ ài wǒ ma ? 你爱我吗?

4.

QUELQUES QUESTIONS

yíwèn jù 疑问句

(yíwèn : *la question, l'interrogation* / jù : *la phrase*)

1.	la question	**wèntí**	问题
2.	la réponse	**dáàn**	答案
3.	Puis-je vous poser une question ?	**wǒ kěyǐ wèn nín yí gè wèntí ma ?**	我可以问您一个问题吗?
	(kěyǐ : *pouvoir* / wèn : *demander* / gè : cf p. 160 § 7b / nín : vous)		
4.	- Quel jour sommes-nous ?	**jīntiān xīngqī jǐ ?** (jīntiān : *aujourd'hui*)	今天星期几?
5.	- Quelle heure est-il ? (diǎn : *l'heure* / xiànzài : *maintenant* / jǐ ? *combien ?*)	**xiànzài jǐ diǎn le ?**	现在几点了?
6.	Qui ?	**shéi ?** (à l'oral) **shuí ?** (à l'écrit)	谁?
7.	Quoi ?	**shénme ?**	什么?
8.	Comment ?	**zěnmeyàng ?**	怎么样?
9.	Pourquoi ?	**wèishénme ?**	为什么?
10.	Quand ?	**shénme shíhou ?**	什么时候?
11.	Depuis quand ?	**cóng shénme shíhou ?**	从什么时候?
12.	Qui est là ?	**shéi zài nàer ?**	谁在那儿?
13.	Qui êtes-vous ?	**nín shì shéi ?**	您是谁?
14.	- Qui est-ce ?	**zhè shì shéi ?**	这是谁?
15.	- C'est moi !	**shì wǒ.**	是我。
16.	Qu'est-ce que c'est ?	**zhè shì shénme ?**	这是什么?
17.	Que se passe-t-il ?	**fāshēng shénme shì le ?** **yǒu shénme shì ?**	发生什么事了 有什么事?
	(fāshēng : *se passer* / yǒu : *il y a* / shénme ? *quoi ?* / shì : *l'affaire*)		
18.	Où es-tu ?	**nǐ zài nǎlǐ ?**	你在哪里? (nǐ : *toi*)
	(zài : *[être] à* / nǎlǐ ? *où ?* / qù : *aller* / cóng nǎlǐ ? *d'où ?* / lái : *venir*)		
19.	Où vas-tu ?	**nǐ qù nǎlǐ ?**	你去哪里?
20.	D'où viens-tu ?	**nǐ cóng nǎlǐ lái ?**	你从哪里来?
21.	Où puis-je trouver un restaurant ?	**wǒ néng zài nǎlǐ zhǎodào fàndiàn ?**	我能在哪里找到饭店?
	(zài nǎlǐ : *où?* / zhǎodào : *trouver* / fàndiàn : *le restaurant* / lǚguǎn : *l'hôtel*)		
22.	Où se trouve l'hôtel ?	**lǚguǎn zài nǎlǐ ?**	旅馆在哪里?
23.	Peux-tu me donner ton adresse ?	**nǐ néng gěi wǒ nǐ de dìzhǐ ma ?**	你能给我你的地址吗?
	(néng : *pouvoir* / gěi : *donner* / dìzhǐ : *l'adresse*)		
24.	Est-ce que cela vous gêne si je fume ?	**nín jièyì wǒ chōuyān ma ?**	您介意我抽烟吗?
	(jièyì : *attacher de l'importance* / chōuyān : *fumer*)		
25.	Avez-vous du feu ?	**nín yǒu huǒ er ma ?** (huǒ : *le feu*)	您有火儿吗?
26.	Que signifie cette phrase, svp ?	**qǐng wèn zhè jù huà shì shénme yìsi ?**	请问这句话是什么意思?
	(qǐng : *s'il vous plaît* / wèn : *demander* / zhè jù huà : *cette phrase* / shì : *être* / shénme ? *quoi ?* / yìsi : *l'idée*)		

5.

LE VOYAGE

lǚxíng 旅行

1.	voyager	**lǚxíng**	旅行
2.	le départ	**chū fā**	出发
3.	l'arrivée	**dào dá**	到达
4.	la valise	**xiāng zi**	箱子
5.	les bagages	**xíng li**	行李
6.	Allons-y !	**zǒu ba !**	走吧！(zǒu : *aller, marcher*)
7.	En route !	**shànglù le !**	上路了！
8.	la douane	**hǎiguān**	海关
9.	le passeport	**hùzhào**	护照
10.	la carte d'identité	**shēnfèn zhèng**	身份证 (zhèng : *la carte*)
11.	Puis-je voir votre passeport ?	**(wǒ) kěyǐ kàn yíxià nín de hùzhào ma ?**	（我）可以看一下您的护照吗？
	(kěyǐ : *pouvoir* / kàn : *voir* / yíxià : *une fois* / hùzhào : *le passeport*)		
12.	- Avez-vous quelque chose à déclarer ?	**nín yǒu dōngxi yào shēnbào ma ?**	—您有东西要申报吗？
	(dōngxi : *la chose* / yào : *devoir* / shēnbào : *déclarer*)		
13.	- Non, absolument rien.	**méiyǒu, shénmedōu méiyǒu !**	—没有，什么都没有！
	(yǒu : *il y a* / méiyǒu : *il n'y a pas* / shénmedōu : *rien*)		
14.	- Vous pouvez passer.	**nín kěyǐ tōngguò le.**	—您可以通过了。
	(nín : *vous* / kěyǐ : *pouvoir* / tōngguò : *passer*)		
15.	Le départ est prévu à 17 heures.	**chū fā shí jiān yù dìng zài shí qī diǎn.**	出发时间预定在 17点。
16.	l'avion - l'aéroport	**fēijī** 飞机 - **fēijīchǎng**	飞机场
17.	le pilote	**fēixíngyuán**	飞行员
18.	l'hôtesse de l'air	**kōngzhōng xiǎojiě**	空中小姐
19.	décoller - atterrir	**qǐfēi** 起飞 - **jiàngluò**	降落
20.	annuler - retarder	**qǔxiāo** 取消 - **yánchí**	延迟
21.	Attachez vos ceintures, s'il vous plaît !	**qǐng jì hǎo nín de ānquán dài.**	请系好您的安全带。
	(jì : *attacher* / ānquán : *la sécurité* / dài : *la ceinture*)		
22.	Il est interdit de fumer dans les toilettes.	**xǐshǒu jiān nèi jìnzhǐ chōuyān.**	洗手间内禁止抽烟。
	(jìnzhǐ : *interdit* / chōuyān : *fumer*)		
23.	le train - la gare	**huǒchē** 火车 - **huǒchēzhàn**	火车站
24.	le wagon	**chēxiāng**	车厢
25.	le wagon-restaurant	**cānchē**	餐车
26.	- Je voudrais un billet pour Pékin.	**wǒ xiǎng mǎi yì zhāng qù běijīng de chēpiào.**	我想买一张去北京的车票。
	(xiǎng : *vouloir* / mǎi : *acheter* / qù : *aller* / chēpiào : *le billet de train*)		
27.	- Aller simple ou aller et retour ?	**dān chéng hái shì wǎngfǎn ?**	单程还是往返？
	(dān : *simple* / chéng : *le trajet* / wǎngfǎn : *aller et retour*)		

6.

AU RESTAURANT

zài fàndiàn 在饭店

1.	Le restaurant est ouvert.	**fàndiàn kāimén le.** 饭店开门了。 (kāimén : *ouvert*)
2.	Cette table est-elle libre ?	**zhè zhāng zhuōzi shì kòng zhuō ma ?** 这张桌子是空桌吗? (zhuō[zi] : *la table* / kòng : *vide, libre*)
3.	Nous avons réservé une table pour deux.	**wǒmen yùdìng le yì zhāng liǎng rén zhuō.** 我们预订了一张两人桌。 (yùdìng : *réserver* / liǎng : *deux* / rén : *la personne* / zhuō[zi] : *la table*)
4.	Garçon, puis-je avoir la carte ?	**fúwùyuán, qǐng ná yí fèn càidān.** 服务员,请拿一份菜单。 (fúwùyuán : *le serveur* / fèn : *l'exemplaire* / càidān : *le menu*)
5.	Que nous recommandez-vous ?	**qǐng gěi wǒmen jièshào jǐ dào cài.** 请给我们介绍几道菜。 (jièshào : *recommander* / jǐ dào cài : *un certain plat*)
6.	Quel est le plat du jour ?	**jīntiān de tè sè cài shì shénme ?** 今天的特色菜是什么? (jīntiān : *aujourd'hui* / tè : *spécial* / sè : *la sorte* / cài : *le plat*)
7.	J'aimerais avoir du pain, s'il vous plaît !	**qǐng lái yíkuài miànbāo.** 请来一块面包。 (lái : *venir* / yíkuài : *un morceau* / miànbāo : *le pain*)
8.	Pouvez-vous m'apporter un verre ?	**nín kěyǐ gěi wǒ ná lái yí gè bēizi ma ?** 您可以给我拿来一个杯子吗? (nín : *vous* / kěyǐ : *pouvoir* / gěi : *donner* / wǒ : *je, moi* / ná : *apporter* / lái : *venir* / yí gè : *un* (cf page 160 § 7b) / bēizi : *le verre, la tasse*)
9.	- Est-ce que c'était bon ?	**wèidào hǎo ma ?** 味道好吗? (wèidào : *le goût* / hǎo : *bon, bien*)
10.	- Le repas était excellent.	**zhè dùn fàn hǎo chī jí le !** 这顿饭好吃极了! (zhè dùn fàn : *ce repas* / chī : *manger* / jí : *extrêmement*)
11.	- Désirez-vous encore autre chose ?	**nín hái xiǎng yào qítā dōngxi ma ?** 您还想要其他东西吗? (hái : *encore* / xiǎng : *vouloir* / qítā : *autre* / dōngxi : *la chose*)
12.	- Non, merci. Ce sera tout.	**bù le, xièxie. zhè jiù zúgòu le.** 不了,谢谢。这就足够了。 (xièxie : *merci* / zhè : *ceci* / jiù : *déjà* / zúgòu : *assez*)
13.	L'addition, s'il vous plaît !	**qǐng jiézhàng !** 请结帐! (jiézhàng : *régler le compte*)
14.	Le service est compris.	**fúwù fèi yǐjīng bāokuò le.** 服务费已经包括了。 (fúwù : *le service* / fèi : *le coût* / yǐjīng : *déjà* / bāokuò : *inclus*)
15.	Où sont les toilettes, s'il vous plaît ?	**qǐng wèn xǐshǒu jiān zài nǎlǐ ?** 请问洗手间在哪里? (qǐng : *s'il vous plaît* / wèn : *demander* / xǐshǒu : *se laver les mains* / jiān : *la pièce* / zài nǎlǐ : *où*)

7.

LES REPAS (1)

chī fàn 吃饭

1.	le repas	fàn	饭	*ou* cān 餐
2.	le petit-déjeuner	zǎofàn	早饭	(zǎo : *le matin*)
3.	le pain	miànbāo	面包	(miàn : *la farine*)
4.	le beurre	huángyóu	黄油	(huáng : *jaune* / yóu : *l'huile*)
5.	la confiture	guǒjiàng	果酱	(guǒ : *le fruit*)
6.	le miel	fēngmì	蜂蜜	(fēng : *l'abeille*)
7.	le déjeuner	wǔfàn	午饭	(wǔ : *midi*)
8.	le dîner	wǎnfàn	晚饭	(wǎn : *le soir*)
9.	l'entrée	tóudào	头道	(tóu : *la tête ; le début*)
10.	le plat principal	zhǔcài	主菜	(zhǔ : *principal*)
11.	les boissons	yǐnliào	饮料	(yǐn : *boire*)
12.	l'eau / l'eau gazeuse	shuǐ 水 / qìshuǐ	汽水	(qì : *l'air, le gaz*)
13.	le jus	zhī 汁 *ou* lù	露	
14.	le jus de fruit	guǒzhī	果汁	(guǒ : *le fruit*)
15.	le vin	pútáojiǔ	葡萄酒	(pútáo : *le raisin*)
16.	la bière	píjiǔ	啤酒	(jiǔ : *l'alcool*)
17.	la bière blonde	huángpí	黄啤	(huáng : *jaune*)
18.	la bière brune	hēipí	黑啤	(hēi : *noir*)
19.	la bière à la pression	zhāpí	扎啤	
20.	le café / le thé	kāfēi	咖啡	/ chá 茶
21.	le lait	nǎi	奶	
22.	avec ou sans lait ?	jiā bù jiā nǎi ?	加不加奶	(jiā : *ajouter* / bù : *ne…pas*)
23.	le chocolat (chaud)	(rè) qiǎokèlì	(热)巧克力	
24.	- Que voulez-vous boire ?	nín xiǎng hē (diǎn) shénme ?	您想喝（点）什么？	(xiǎng : *vouloir* / hē : *boire* / diǎn : *un peu* / shénme ? *quoi ?*)
25.	- Une bière et un verre de vin rouge.	yì bēi píjiǔ hé yì bēi hóngjiǔ.	一杯啤酒和一杯红酒。	(yì bēi : *un verre* / hé : *et* / hóng : *rouge* / jiǔ : *l'alcool*)
26.	A votre santé ! *(avant de boire)*	zhù nín shēntǐ jiànkāng !	祝您身体健康！	(zhù : *souhaiter* / shēntǐ : *le corps* / jiànkāng : *la santé*)
27.	Cul sec !	gān bēi !	干杯！	(gān : *vide* / bēi : *le verre*)
28.	C'est ma tournée !	yóu wǒ lái fù zhàng !	由我来付账!	(yóu : *par* / wǒ : *moi* / fù : *payer* / zhàng : *le compte*)
29.	le verre	bēizi	杯子	
30.	la tasse (à thé)	chábēi	茶杯	(chá : *le thé*)
31.	l'assiette	pánzi	盘子	
32.	la cuillère	sháozi	勺子	
33.	le couteau	dāo	刀	
34.	la fourchette	chā	叉	

8.

LES REPAS (2)

chī fàn 吃饭

35.	le bol - la baguette	**wǎn** / **kuàizi**	碗 / 筷子	
36.	Il mange avec des baguettes.	**tā yòng kuàizi chī fàn.**	他用筷子吃饭。	(tā : *il* / yòng : *utiliser* / chī fàn : *manger, prendre le repas*)
37.	Je ne sais pas manger avec des baguettes.	**wǒ bú huì yòng kuàizi chī fàn.**	我不会用筷子吃饭。	(wǒ : *je, moi* / bú : *ne... pas* / huì : *savoir, pouvoir*)
38.	Puis-je avoir un couteau et une fourchette ?	**qǐng ná yí fù dāo chā hǎo ma ?**	请拿一副刀叉好吗？	(dāo : *le couteau* / chā : *la fourchette*)
39.	l'œuf	**jīdàn**	鸡蛋	(jī : *la poule*)
40.	la pomme de terre	**tǔdòu**	土豆	(tǔ : *la terre*)
41.	les frites	**shǔtiáo**	薯条	(tiáo : *la brindille; la bande*)
42.	le steak-frites	**niú pái jiā shǔtiáo**	牛排加薯条	
43.	la viande	**ròu**	肉	
44.	le poisson	**yú**	鱼	
45.	le bœuf	**niúròu**	牛肉	
46.	le veau	**xiǎoniúròu**	小牛肉	(xiǎo : *jeune*)
47.	le porc	**zhūròu**	猪肉	
48.	le jambon	**huǒtuǐ**	火腿	
49.	la saucisse	**xiāngcháng**	香肠	
50.	le hot dog	**rè gǒu**	热狗	(rè : *chaud* / gǒu : *le chien*)
51.	le poulet	**jīròu**	鸡肉	(jī : *la poule*)
52.	le canard laqué	**běijīng kǎoyā**	北京烤鸭	(běijīng : *Pékin* / kǎo : *rôti* / yā : *le canard*)
53.	l'agneau	**yánggāo**	羊羔	(yáng : *le mouton*)
54.	les pâtes	**miàntiáo**	面条	(miàn : *la farine*)
55.	le riz (cuit)	**mǐfàn**	米饭	(mǐ : *le riz* / fàn : *le repas*)
56.	l'huile / le vinaigre	**yóu** / **cù**	油 / 醋	
57.	la moutarde	**jièmò**	芥末	
58.	le poivre / le piment	**hújiāo** / **làjiāo**	胡椒 / 辣椒	
59.	le sel / le sucre	**yán** / **táng**	盐 / 糖	
60.	les légumes	**shūcài**	蔬菜	
61.	le fromage	**nǎi lào**	奶酪	(nǎi : *le lait*)
62.	le dessert	**tiándiǎn**	甜点	(tián : *sucré, doux*)
63.	la glace	**bīngqílín**	冰淇淋	
64.	le gâteau	**dàngāo**	蛋糕	(dàn : *l'œuf*)
65.	le fruit	**shuǐguǒ**	水果	
66.	la pomme - la poire	**píngguǒ** / **lí**	苹果 / 梨	
67.	l'orange - la pelure	**chéngzi** / **píér**	橙子 / 皮儿	
68.	Quel est le nom de ce fruit ?	**zhè zhǒng shuǐguǒ de míngzì shì shénme ?**	这种水果的名字是什么？	(zhǒng : *l'espèce* / míngzì : *le nom* / shénme ? *quoi ?*)

9.

LES JOURS DE LA SEMAINE

yì zhōu zhōng de qī tiān 一周中的七天

(zhōu : *la semaine* / qī : sept / tiān : *le jour*)

1.	la semaine	xīngqī	星期	*ou*	zhōu	周
2.	le lundi	xīngqī yī	星期一	*ou*	zhōu yī	周一
3.	le mardi	xīngqī èr	星期二	*ou*	zhōu èr	周二
4.	le mercredi	xīngqī sān	星期三	*ou*	zhōu sān	周三
5.	le jeudi	xīngqī sì	星期四	*ou*	zhōu sì	周四
6.	le vendredi	xīngqī wǔ	星期五	*ou*	zhōu wǔ	周五
7.	le samedi	xīngqī liù	星期六	*ou*	zhōu liù	周六
8.	le dimanche	xīngqī rì	星期日	*ou*	zhōu rì	周日

LES MOIS

yuè (fèn) 月 (份)

Le mois se dit 月(yuè) et pour obtenir les noms des différents mois, il suffit d'employer le mot 月 précédé du chiffre de 1 à 12 correspondant :

Janvier	yī yuè	一月	Juillet	qī yuè	七月
Février	èr yuè	二月	Août	bā yuè	八月
Mars	sān yuè	三月	Septembre	jiǔ yuè	九月
Avril	sì yuè	四月	Octobre	shí yuè	十月
Mai	wǔ yuè	五月	Novembre	shí yī yuè	十一月
Juin	liù yuè	六月	Décembre	shí èr yuè	十二月

10.

LES CHIFFRES ET LES NOMBRES

shùzì yǔ shù'é 数字与数额

(shùzì : *le chiffre* / yǔ : *et* / shù'é : *le nombre*)

1	yī	一	11	shí yī	十一
2	èr	二 *ou* liǎng 两	12	shí èr	十二
3	sān	三	13	shí sān	十三
4	sì	四	14	shí sì	十四
5	wǔ	五	15	shí wǔ	十五
6	liù	六	16	shí liù	十六
7	qī	七	17	shí qī	十七
8	bā	八	18	shí bā	十八
9	jiǔ	九	19	shí jiǔ	十九
10	shí	十	20	èr shí	二十

Il y a deux mots différents pour désigner le chiffre deux : On emploie 二 (èr) lorsque l'on énumère les chiffres et 两 (liâng) lorsque le chiffre est suivi d'un nom commun précédé d'un spécificatif (cf page 160 § 7e)

30	sān shí	三十	60	liù shí	六十	90	jiǔ shí	九十
40	sì shí	四十	70	qī shí	七十	100	yì bǎi	一百
50	wǔ shí	五十	80	bā shí	八十	1000	yì qiān	一千

11.

L'ARGENT - LE PRIX

qián 钱 - jiàgé 价格

1.	- Combien est-ce que ça coûte ?	**zhè mài duōshǎo qián ?** 这卖多少钱? (zhè : *ceci* / mài : *vendre* / duōshǎo : *combien* / qián : *l'argent*)
2.	- 17 euros et cinquante centimes.	**shíqī ōuyuán wǔshí fēn.** 17 欧元 50分。 (shíqī : *dix-sept* / ōuyuán : *l'euro* / wǔshí : *cinquante* / fēn : *le centime*)
3.	Cela coûte trois dollars.	**zhè mài sān měiyuán.** (měiyuán : *le dollar*) 这卖 3美元。
4.	Cela coûte 25 yuans.	**zhè mài èrshíwǔ yuán.** 这卖 25元。
5.	C'est bon marché.	**zhè hěn piányì.** 这很便宜。
6.	C'est cher.	**zhè hěn guì.** 这很贵。
7.	C'est très cher.	**tài guì le.** 太贵了。
8.	C'est trop cher pour moi.	**duì wǒ lái shuō zhè tài guì le.** 对我来说这太贵了。 (dùi wǒ lái shuō : *pour moi* / tài : *très* / guì : *coûteux, cher*)
9.	Est-ce que vous avez autre chose ?	**nín hái yǒu qítā dōngxi ma ?** 您还有其他东西吗? (hái : *encore* / yǒu : *avoir* / qítā : *autre* / dōngxi : *la chose*)
10.	Avez-vous quelque chose de moins cher ?	**nín yǒu piányì diǎn de dōngxi mài ma ?** 您有便宜点的东西卖吗? (piányì : *bon marché* / mài : *vendre*)
11.	Je n'ai pas assez d'argent.	**wǒ de qián bú gòu.** 我的钱不够。 (gòu : *assez*)
12.	Combien d'argent as-tu ?	**nǐ yǒu duōshǎo qián ?** 你有多少钱? (duōshǎo : *combien*)
13.	Rendez-moi la monnaie, s'il vous plaît !	**qǐng zhǎo qián.** 请找钱。 (zhǎo : *rendre*)
14.	Vous pouvez garder la monnaie.	**bú yòng zhǎo qián le.** 不用找钱了。
15.	Où est le magasin le plus proche ?	**zuì jìnde shāngdiàn zài nǎlǐ ?** 最近的商店在哪里? (zuì : *le plus* / jìnde : *proche* / shāngdiàn : *le magasin* / zài nǎlǐ ? *où ?*)
16.	Entrez donc ! Venez jeter un coup d'œil !	**qǐng jìn, lái kàn yì yǎn !** 请进,来看一眼 ! (jìn : *entrer* / lái : *venir* / kàn : *voir* / yǎn : *l'œil*)
17.	Je voudrais acheter ceci.	**wǒ xiǎng mǎi zhège.** 我想买这个。 (xiǎng : *désirer* / mǎi : *acheter* / zhège : *ceci*)
18.	- Est-ce que vous désirez autre chose ?	**nín hái xiǎng yào qítā dōngxi ma ?** 您还想要其他东西吗? (hái : *encore* / xiǎng : *vouloir* / qítā : *autre* / dōngxi : *la chose*)
19.	- J'aimerais ramener un souvenir.	**wǒ xiǎng dàihuí qù yí jiàn jìniànpǐn.** 我想带回去一件纪念品。 (xiǎng : *désirer* / dàihuí : *rapporter* / jìniànpǐn : *le souvenir*)

12.

A L'HÔTEL

zài bīnguǎn 在宾馆

(bīn : *l'hôte* / guǎn : *la maison*)

1.	l'hôtel	bīnguǎn 宾馆 *ou* lǚguǎn	旅馆	
2.	la chambre	fángjiān	房间	
3.	le lit	chuáng	床	
4.	la douche	línyù	淋浴	
5.	la ch. individuelle	dān rén jiān	单人间	(dān : *seul*)
6.	la chambre double	shuāng rén jiān	双人间	(shuāng : *double*)
7.	la salle de bains	yùshì	浴室	(yù : *le bain*)
8.	l'air conditionné	kōng tiáo	空调	(kōng : *l'air*)

9. - Avez-vous encore des chambres libres ?
nǐmen hái yǒu kòng fáng ma ?
你们还有空房吗？
(hái : *encore* / yǒu : *avoir* / kòng : *vide* / fáng : *la chambre*)

10. - Désolé, l'hôtel est complet.
duìbùqǐ, bīnguǎn yǐjīng kè mǎn le.
对不起，宾馆已经客满了。
(yǐjīng : *déjà* / kè : *l'hôte* / mǎn : *complet*)

11. Nous aimerions une chambre double.
wǒmen xiǎng yào yí gè shuāng rén jiān.
我们想要一个双人间。
(xiǎng : *désirer* / yào : *demander*)

12. La chambre coûte 150 euros.
nàge fángjiān shì yìbǎiwǔshí ōuyuán.
那个房间是 150欧元。
(nàge : *ce, cet[te]* / yìbǎiwǔshí : *150* / ōuyuán : *l'euro*)

13. Avez-vous quelque chose de moins cher ?
hái yǒu gèng piányì de ma ?
还有更便宜的吗？ (hái : *aussi* / yǒu : *avoir* / gèng : *plus* / piányì : *bon marché*)

14. - Pouvons-nous voir la chambre ?
wǒmen kěyǐ kàn yíxià fángjiān ma ?
我们可以看一下房间吗？
(kěyǐ : *pouvoir* / kàn : *voir* / yíxià : *une fois*)

15. - Voici la clé de la chambre.
zhè shì fángjiān de yàoshi.
这是房间的钥匙。
(zhè : *ceci* / shì : *être* / fángjiān : *la chambre* / yàoshi : *la clé*)

16. La chambre est au deuxième étage.
fángjiān zài èr lóu.
房间在二楼。
(fángjiān : *la chambre* / zài : *être* / èr : *deux* / lóu : *l'étage*)

17. La chambre me plaît. Nous la prenons.
wǒ hěn xǐhuān nàge fángjiān, wǒmen yào tā le.
我很喜欢那个房间，我们要它了。
(hěn : *très, fortement* / xǐhuān : *aimer* / nàge : *cet* / yào : *prendre*)

18. - Nous resterons deux ou trois jours.
wǒmen huì zhù liǎng dào sān tiān.
我们会住两到三天。
(zhù : *habiter* / liǎng : *deux* / dào : *jusqu'à* / sān : *trois*)

19. - Je vous souhaite un agréable séjour.
xīwàng nín zài zhèlǐ zhù de mǎnyì !
希望您在这里住得满意！
(xīwàng : *espérer* / zhèlǐ : *ici* / mǎnyì : *satisfait*)

13.

LA VOITURE

qìchē 汽车 *ou* **jiàochē 轿车**

(chē : *le véhicule*)

1.	l'essence	**qìyóu**	汽油	(yóu : *l'huile*)
2.	faire le plein	**jiā mǎn yóu**	加满油	(mǎn : *plein*)
3.	la station-service	**jiāyóuzhàn**	加油站	(zhàn : *la station*)
4.	la route	**gōnglù**	公路	(gōng : *public*)
5.	l'autoroute	**gāosù gōnglù**	高速公路	(sù : *la vitesse*)
6.	le camion	**kǎchē**	卡车	(kǎ : *encombrer*)
7.	l'autocar	**lǚyóuchē**	旅游车	(lǚyóu : le tourisme)

8\. Je dois faire le plein.
wǒ yào jiā mǎn yóu. (yào : *falloir, devoir*)
我要加满油。

9\. Où est la prochaine station-service ?
xià yí gè jiāyóuzhàn zài nǎlǐ ?
下一个加油站在哪里？
(xià : *prochain* / jiāyóuzhàn : *la station-service* / zài nǎlǐ ? *où ?*)

10\. J'aimerais prendre 20 litres d'essence.
wǒ xiǎng jiā èrshí shēng qìyóu.
我想加 20升汽油。
(xiǎng : *désirer* / jiā : *ajouter* / èrshí : *vingt* / shēng : *le litre*)

11\. - Sommes-nous sur la bonne route ?
wǒmen zǒu de zhè tiáo lù duì ma ?
我们走的这条路对吗 ？
(zǒu : *aller* / zhè tiáo lù : *ce chemin* / duì : *correct*)

12\. - Non, vous vous êtes trompés.
búduì, nín gǎo cuò le.
不对，您搞错了。
(búduì : *faux, incorrect* / gǎo : *faire* / cuò : *l'erreur*)

13\. A quelle distance se trouve cette ville ?
zhè zuò chéngshì lí de yǒu duō yuǎn ?
这座城市离得有多远？
(zhè : *cet* / chéngshì : *la ville* / duō : *beaucoup* / yuǎn : *loin*)

14\. Où est la gare, s'il vous plaît ?
qǐng wèn huǒchēzhàn zài nǎlǐ ?
请问火车站在哪里？
(wèn : *demander* / huǒchēzhàn : *la gare* / zài nǎlǐ ? *où ?*)

15\. Allez jusqu'au prochain feu rouge !
wǎng qián zǒu, yì zhídào xià yí gè hónglǜdēng.
往前走，一直到下一个红绿灯。
(wǎng : *vers* / qián : *devant* / zǒu : *aller* / zhídào : *jusqu'à* / xià : *prochain* / hóng : *rouge* / hónglǜdēng : *le feu tricolore*)

16\. Là, vous tournez à droite.
zài nà er, nín xiàng yòu guǎi.
在那儿，您向右拐。
(zài nà er : *là* / xiàng yòu : *à droite* / guǎi : *tourner*)

17\. Prenez ensuite la 2ème rue à gauche.
jiēzhe zǒu dào dì èr gè lù kǒu xiàng zuǒ guǎi. 接着走到第二个路口向左拐。
(jiēzhe : *continuer* / zǒu : *aller* / dì èr : *deuxième* / lù : *la rue* / kǒu : *l'entrée* / xiàng zuǒ : *à gauche* / guǎi : *tourner*)

18\. Après, c'est toujours tout droit !
ránhòu zhí zǒu jiù xíng le.
然后直走就行了。
(ránhòu : *après* / zhí : *tout droit* / zǒu : *aller*)

14.

QUELQUES CONTRAIRES

fǎn yì cí 反义词

(fǎn : *opposé* / yì : *le sens, la signification* / cí : *le terme, l'expression*)

1. C'est beau.	zhè hěn měi.	这很美。	(měi : *beau*)
2. Ce n'est pas beau.	zhè bù měi.	这不美。	(bù : *ne...pas*)
3. C'est ouvert.	zhè shì kāizhede.	这是开着的。	(shì : *être*)
4. C'est fermé.	zhè shì guānzhede.	这是关着的。	
5. C'est grand.	zhè hěn dà.	这很大。	
6. C'est petit.	zhè hěn xiǎo.	这很小。	

7. long - court	cháng	长	- duǎn	短
8. large - étroit	kuān	宽	- zhǎi	窄
9. bon - mauvais	hǎo	好	- huài	坏
10. jeune - vieux	niánqīng	年轻	- lǎo	老
11. nouveau - ancien	xīn	新	- jiù	旧
12. chaud - froid	rè	热	- lěng	冷
13. rapide - lent	kuài	快	- màn	慢
14. propre - sale	gānjìng	干净	- zāng	脏
15. vrai - faux	zhēn	真	- jiǎ	假
16. interdit - autorisé	jìnzhǐ	禁止	- yǔnxǔ	允许

17. quelqu'un	yǒurén	有人	(rén : *l'être humain*)
18. personne	méirén	没人	
19. tout le monde	suǒyǒu rén	所有人	(suǒyǒu : *tout*)
20. quelque chose	yǒuxiē dōngxi	有些东西	(dōngxi : *la chose*)
21. rien	méiyǒu shénme dōngxi	没有什么东西	
22. tout	quánbù	全部	
23. maintenant	xiànzài	现在	
24. plus tard	yǐhòu	以后	
25. aujourd'hui	jīntiān	今天	
26. hier	zuótiān	昨天	
27. demain	míngtiān	明天	
28. à droite	zài yòubiān	在右边	
29. à gauche	zài zuǒbiān	在左边	

30. loin - proche	yuǎn	远	- jìn	近
31. ici - là-bas	zhèlǐ	这里	- nàlǐ	那里

15.

LES COULEURS

yánsè 颜色

1. blanc - noir	báisè	白色	- hēisè	黑色
2. bleu - rouge	lánsè	蓝色	- hóngsè	红色
3. vert - jaune	lǜsè	绿色	- huángsè	黄色
4. marron - violet	lìsè	栗色	- zǐsè	紫色
5. rose - orange	fěnsè	粉色	- chéngsè	橙色

16.

COMMENT ALLEZ-VOUS ?

nín shēntǐ hǎo ma ? 您身体好吗？

(shēntǐ : *le corps ; la santé* / hǎo : *[aller] bien*)

1.	- Comment ça va ?	**zuìjìn zěnmeyàng ?** 最近怎么样？ (zuìjìn : *récemment* / zěnmeyàng ? *comment ?*)
2.	- Très bien, merci. Et vous ?	**hěn hǎo, xièxie, nín ne ?** (hěn : *très*) 很好，谢谢。您呢？
3.	Entrez, je vous en prie !	**qǐng jìn !** 请进！ (jìn : *avancer, entrer*)
4.	Après vous, je vous en prie !	**nín xiān qǐng !** 您先请！ (xiān : *avant, devant*)
5.	Mettez-vous à l'aise !	**qǐng nín suíyì !** 请您随意！ (suíyì : *selon sa volonté*)
6.	- Puis-je m'asseoir à côté de vous ?	**wǒ kěyǐ zuò zài nín de pángbiān ma ?** 我可以坐在您的旁边吗？ (kěyǐ : *pouvoir* / zuò : *s'asseoir* / zài pángbiān : *à côté de*)
7.	- Mais bien sûr !	**dāngrán kěyǐ !** 当然可以！ (dāngrán : *bien sûr*)
8.	- Cela ne vous dérange pas ?	**wǒ dǎrǎo nín le ma ?** 我打扰您了吗？ (wǒ : *je, moi* / dǎrǎo : *déranger*)
9.	- Mais pas du tout, au contraire !	**yìdiǎn yě bù, zhèng xiāngfǎn !** 一点也不，正相反 (yìdiǎn yě bù : *pas du tout* / zhèng : *exactement* / xiāngfǎn : *le contraire*)
10.	- Comment te sens-tu ?	**nǐ gǎnjué zěnmeyàng ?** 你感觉怎么样？ (gǎnjué : *[res]sentir* / zěnmeyàng ? *comment ?*)
11.	Je me sens mal.	**wǒ hěn bù shūfú.** 我很不舒服。 (hěn : *très* / shūfú : *être bien*)
12.	Je me sens bien.	**wǒ gǎnjué hěn hǎo.** 我感觉很好。 (gǎnjué : *[res]sentir* / hǎo : *bien*)
13.	Je me sens mieux.	**wǒ gǎnjué hǎoxiē le.** 我感觉好些了。 (hǎoxiē : *mieux*)
14.	la santé / la maladie	**jiànkāng** 健康 / **jíbìng** 疾病
15.	malade	**yǒubìng le** 有病了
16.	le médecin	**yīshēng** 医生 (yī : *la médecine ; soigner*)
17.	le médicament	**yào** 药
18.	la pharmacie	**yàodiàn** 药店
19.	l'hôpital	**yīyuàn** 医院 (yuàn : *le bâtiment public*)
20.	J'ai mal à la tête.	**wǒ tóu téng.** 我头疼。 (tóu : *la tête* / téng : *avoir mal*)
21.	Il faut que je voie un médecin.	**wǒ bìxū qù kàn yīshēng.** 我必须去看医生。 (bìxū : *il faut* / qù : *aller* / kàn : *voir* / yīshēng : *le médecin*)
22.	Où y a-t-il une pharmacie ? (nǎlǐ ? *où ?*)	**nǎlǐ yǒu yàodiàn ?** 哪里有药店？
23.	Bon rétablissement !	**zǎorì kāngfù !** 早日康复！ (zǎo : *tôt* / zǎorì : *le plus tôt possible* / kāngfù : *se rétablir*)

LA LANGUE JAPONAISE

(kanji, hiragana et katakana)

Le système d'écriture japonais utilise simultanément trois types de caractères, les ***kanji***, les ***hiragana*** et les ***katakana*** :

1) Les ***kanji*** (漢字) sont des caractères d'origine chinoise. Il s'agit d'idéogrammmes, c'est-à-dire de caractères qui véhiculent une idée ou un sens, mais qui ne transcrivent pas les sons (contrairement aux lettres d'un alphabet). La langue japonaise moderne compte officiellement 1945 *kanji*. Leur assimilation constitue l'une des grandes difficultés de l'apprentissage de la langue japonaise.

2) Les ***hiragana*** (ひらがな) et les ***katakana*** (カタカナ) sont deux syllabaires qui comportent chacun **46 caractères de base** et reproduisent tous les sons utilisés dans la langue japonaise. Un syllabaire est un alphabet qui énumère non pas les lettres, mais les syllabes qui constituent une langue. Vous trouverez ci-contre (page 177) la liste complète des *hiragana* et des *katakana*, mais un simple exemple (celui de la transcription des sons « ma », « mi » et « mo ») illustre très bien ce que sont ces deux syllabaires :

hiragana :	ま = *ma*	み = *mi*	も = *mo*
katakana :	マ = *ma*	ミ = *mi*	モ = *mo*

• Tous les caractères ***hiragana*** et ***katakana*** constituent un ensemble que l'on appelle les ***kana***.

• On peut dire schématiquement que les mots japonais (ou considérés comme tels) et les mots d'origine chinoise peuvent s'écrire pour la plupart - au choix - en *hiragana* ou en *kanji*. Par exemple, on peut écrire *yama* (la montagne) soit phonétiquement en *hiragana* やま (*ya* + *ma*), soit en *kanji* 山 (ce caractère est le pictogramme de la montagne). L'apprentissage de l'écriture dans les écoles japonaises commence par l'étude des *hiragana* et tous les livres destinés aux enfants utilisent exclusivement ce syllabaire.

• Les *katakana* sont quant à eux essentiellement réservés aux mots d'origine étrangère (autres que chinois). On écrira par exemple en *katakana* バカンス *bakansu* (les vacances), シック *shikku* (chic), etc.

• L'usage des deux syllabaires qui rendent obligatoire la présence d'une voyelle après chaque consonne (sauf après le **n**) entraîne pour les Japonais des problèmes de transcription (et donc de prononciation) des mots étrangers lorsque ceux-ci comportent des successions de consonnes. C'est ainsi par exemple que la transcription en *katakana* du nom de la ville d'*Amsterdam* donne le mot *Amusuterudamu* (アムステルダム).

1. LA TRANSCRIPTION PHONÉTIQUE

Le système utilisé au niveau international pour transcrire la langue japonaise en caractères latins est le système *Hepburn* (du nom de son concepteur). Il est donc également utilisé de manière systématique sur ces quelques pages.

Le système Hepburn ayant été initialement conçu par et pour des anglophones, il nécessite un peu d'attention de la part des francophones. Par exemple, ち se transcrit *chi*, mais se lit *tchi*. La prononciation du japonais ne présente aucune difficulté particulière pour un francophone. Attention cependant aux **h** aspirés (*ha, hi, he, ho*) et aux **r** roulés (*ra, ri, ru, re, ro*).

2. LES HIRAGANA ET LES KATAKANA

Dans les deux tableaux ci-dessous, les *hiragana* de base figurent au-dessus des *katakana.*

あ ア *a*	い イ *i*	う ウ *u*	え エ *e*	お オ *o*
か カ *ka*	き キ *ki*	く ク *ku*	け ケ *ke*	こ コ *ko*
さ サ *sa*	し シ *shi*	す ス *su*	せ セ *se*	そ ソ *so*
た タ *ta*	ち チ *chi*	つ ツ *tsu*	て テ *te*	と ト *to*
な ナ *na*	に ニ *ni*	ぬ ヌ *nu*	ね ネ *ne*	の ノ *no*
は ハ *ha*	ひ ヒ *hi*	ふ フ *fu*	へ ヘ *he*	ほ ホ *ho*
ま マ *ma*	み ミ *mi*	む ム *mu*	め メ *me*	も モ *mo*
や ヤ *ya*		ゆ ユ *yu*		よ ヨ *yo*
ら ラ *ra*	り リ *ri*	る ル *ru*	れ レ *re*	ろ ロ *ro*
わ ワ *wa*				を ヲ *wo*
ん ン *n*				

3. LES SYLLABES À CONSONNES SONORES

Les deux syllabaires présentés ci-dessus forment la base de l'écriture syllabique japonaise. Afin de pouvoir transcrire tous les sons de la langue, le japonais fait également appel à certaines règles particulières d'écriture : de même qu'en français les accents ou la cédille modifient la lecture de certains caractères, les *hiragana* et les *katakana* peuvent eux aussi être modifiés par des signes que l'on appelle « signes diacritiques » qui sont ajoutés dans la partie supérieure droite de chaque caractère. Ceux-ci permettent aux consonnes **k, s, t, h** de devenir sonores et de se prononcer respectivement **g, z, d, b** et **p** :

が ガ *ga*	ぎ ギ *gi*	ぐ グ *gu*	げ ゲ *ge*	ご ゴ *go*
ざ ザ *za*	じ ジ *ji*	ず ズ *zu*	ぜ ゼ *ze*	ぞ ゾ *zo*
だ ダ *da*	ぢ ヂ *ji*	づ ヅ *zu*	で デ *de*	ど ド *do*
ば バ *ba*	び ビ *bi*	ぶ ブ *bu*	べ ベ *be*	ぼ ボ *bo*
ぱ パ *pa*	ぴ ピ *pi*	ぷ プ *pu*	ぺ ペ *pe*	ぽ ポ *po*

4. LA GRAMMAIRE JAPONAISE : GÉNÉRALITÉS

S'il est vrai que l'écriture japonaise est compliquée (et cela d'autant plus qu'**il n'y a en japonais aucun espace entre les différents mots d'une phrase**), la grammaire de base est quant à elle relativement simple :

- Il n'y a pas d'article défini ou indéfini.
- Les substantifs n'ont ni genre ni pluriel.
- Les verbes se trouvent toujours en fin de phrase et ne se conjuguent pas en fonction des personnes. Par ailleurs, il n'y a quasiment que deux temps en japonais : le passé et le non-passé (qui correspond à la fois au présent et au futur).

5. LES PARTICULES GRAMMATICALES

La grammaire japonaise présente des particularités qui ne permettent guère de la comparer à celle des langues occidentales. Elle utilise notamment un certain nombre de petits mots grammaticaux postposés, les « **particules grammaticales** », qui indiquent le rôle d'un mot ou d'un groupe de mots dans la phrase.

6. LA PARTICULE « WA » は

a) **Wa は** est la particule la plus répandue. Elle indique que ce qui précède est **le thème de la phrase**, ce dont on parle. Pour mieux comprendre son utilisation, on peut la traduire par *« en ce qui concerne… »* ou *« à propos de… »*). Cette particule se note avec le hiragana **ha は** qui dans ce cas particulier se lit exceptionnellement **wa** :

watashi <u>wa</u> furansu-jin desu.

わたし**は**フランスじんです。 *Je suis Français(e).*

(watashi : *moi* / **wa** = *en ce qui concerne* / furansu-jin : *français* / desu : *être*)

b) Lorsque le thème est évident ou connu de l'interlocuteur, le thème et sa particule **wa** sont généralement omis :

furansu-jin desu.

フランスじんです。 *Je suis Français(e).*

c) Dans une telle phrase, le contexte permet généralement de savoir de qui (ou de quoi) il est question et rend toute précision superflue. Prise en dehors de tout contexte, la phrase **furansu-jin desu** peut en revanche avoir des sens multiples : *« Je suis Français(e) », « Il est Français », « Nous sommes Français(es) »*, etc.

7. LA PARTICULE INTERROGATIVE « KA » か

La particule **ka か** placée en fin de phrase (juste après le verbe) transforme une phrase affimative en question :

furansugo wa dekimasu : *Je, tu, il (etc.) parle français.*

フランス語はできます。

furansugo wa dekimasu <u>ka</u> ? *Parlez-vous français ?*

フランス語はできますか。

(furansugo : *la langue française* / wa = *en ce qui concerne* / dekimasu : *pouvoir, savoir*)

eki wa doko desu <u>ka</u> ? 駅はどこですか。*Où est la gare, svp ?*

(eki : *la gare* / wa = *en ce qui concerne* / doko : *où* / desu : *être* / **ka**)

8. LA PARTICULE « WO » を

La particule **wo を** indique que le mot qui la précède est un **complément d'objet** :

kōhī wo nomimasu コーヒー**を**のみます。*Je bois un café.*

(kōhī コーヒー : *le café* / **wo** = *particule* / nomimasu のみます : *boire*)

9. LA PARTICULE « NO » の

a) La particule **no** の permet de relier deux noms, le premier déterminant le second. Le mot qui précède la particule **no** est le complément de nom de celui qui suit la particule :

watashi no kuruma わたし のくるま *ma voiture* (« la voiture de moi »)

(watashi わたし : *je, moi* / no の = *particule* / kuruma なまえ : *la voiture*)

b) C'est toujours le premier élément qui détermine le second. Ce dernier peut être omis s'il est évident ou connu de l'interlocuteur, mais on laisse cependant la particule **no** :

Question : **dyubowa-san no kuruma desu ka ?**
Est-ce la voiture **de** *Monsieur Dubois ?*
デュボワさん**の**くるまですか。
(Mot à mot : « Monsieur Dubois / **no** / voiture / être / **ka** = *particule interrogative* »)

Réponse : **hai, dyubowa-san no desu.**
Oui, c'est celle **de** *Monsieur Dubois.*
はいデュボワさん**の**です。
(Mot à mot : « Oui / Monsieur Dubois / **no** / être »)

10. LA PARTICULE « DE » で

a) La particule **de** で est utilisée pour marquer **le lieu de l'action** :

resutoran de tabemasu レストランでたべます。
Je mange **au** *restaurant.*
(resutoran レストラン : *le restaurant* / tabemasu たべます : *manger*)

b) La particule **de** で indique également **le complément de moyen** :

o-hashi de tabemasu おはしでたべます。
Je mange **avec** *des baguettes.*
(o-hashi おはし : *les baguettes* / tabemasu たべます : *manger*)

takushī de ikimasu タクシーでいきます。
J'y vais **en** *taxi.*
(takushī タクシー : *le taxi* / ikimasu いきます: *aller*)

11. LES PRONOMS PERSONNELS

a) Les pronoms personnels (*je, tu, il, elle,* etc.) sont omniprésents dans la langue française. Ils sont en revanche pratiquement absents de la langue japonaise. Le japonais est en effet une langue contextuelle, c'est-à-dire une langue qui sous-entend les mots que le contexte rend peu indispensables à une bonne compréhension de la phrase. Cela est particulièrement fréquent en ce qui concerne les pronoms personnels comme le montre l'exemple suivant :

furansugo wa dekimasu ka ?
フランス語はできますか。
Parlez-vous français ?

b) En dehors des deux particules **wa** et **ka,** cette phrase ne comporte que deux mots, **furansugo** *(= la langue française)* et **dekimasu** *(= pouvoir, savoir).* Seul le contexte - en l'occurrence le fait de s'adresser directement à quelqu'un - permet de traduire cette question par *« Parles-tu français ? »* ou « *Parlez-vous français ?* ». Si la même question était posée en montrant à l'interlocuteur une tierce personne, elle signifierait tout aussi bien *« Parle-t-il français ? »* ou « *Parle-t-elle français ?* »

c) Il est difficile de présenter une liste simple des pronoms personnels japonais. A chaque personne correspondent en effet plusieurs pronoms exprimant différents niveaux de politesse ou de familiarité. Au pronom de la première personne du singulier (= *je, moi*) correspondent par exemple (par ordre croissant de familiarité) les pronoms **watakushi, watashi, boku, atashi** et **ore**. Et cette liste n'est pas exhaustive. En outre, certains de ces pronoms sont exclusivement masculins ou féminins. Il faut donc se réjouir qu'ils soient si souvent sous-entendus ! Les pronoms personnels les plus utiles à connaître dans le langage courant sont :

watashi : *je, moi*	**watashitachi :** *nous*
anata : *tu, toi*	**anatatachi :** *vous*
karé : *il, lui*	**karéra :** *ils, eux*
kanojo : *elle, lui*	**kanojora :** *elles*

12. LES VERBES JAPONAIS

a) Les verbes japonais n'ont pas d'infinitif et ne se conjuguent pas en fonction des personnes. En revanche, ils comportent une forme « polie » et une forme « neutre ». La forme « neutre » est celle qui figure dans les lexiques et les dictionnaires. La forme « polie » étant beaucoup plus régulière, on débute systématiquement l'étude du japonais par celle des formes « polies », et cela d'autant plus facilement qu'au Japon, la politesse est reine ! Schématiquement, l'on peut dire que la forme « neutre » est utilisée dans les relations avec les proches et la forme « polie » dans les autres cas, et notamment avec les étrangers :

Sens principal	Forme « neutre »		Forme « polie »	
être, il y a	**iru**	いる	**imasu**	います
être, avoir, il y a	**aru**	ある	**arimasu**	あります
comprendre	**wakaru**	分かる	**wakarimasu**	分かります
manger	**taberu**	食べる	**tabemasu**	食べます

b) Le **u** final des formes « polies » en **~masu** étant muet, il faut prononcer « mass ».

c) Comme les verbes ne se conjuguent pas et que les pronoms personnels sont pratiquement toujours absents (cf § 11), une seule et même forme verbale peut avoir de multiples significations que seul le contexte permet de préciser. La forme verbale **tabemasu** employée seule peut par exemple signifier *« je mange »* ou *« il / elle mange »* ou *« nous mangeons »*, etc. Les formes en **~masu** pouvant aussi avoir valeur de futur, **tabemasu** signifie également *« je mangerai »* ou *« il / elle mangera »* ou *« nous mangerons »*, etc.

d) Le passé se forme en remplaçant **~masu** (ます) par **~mashita** (ました) : **tabemasu :** 食べます

je (il, elle) mange, tu manges, etc. / *je mangerai,* etc.

tabemashita : 食べました

j'ai mangé, tu as mangé, etc.

e) Vous rencontrerez souvent dans les phrases japonaises que nous vous proposons des **formes verbales en ~te**. Ces formes sont dérivées de la « forme neutre » des verbes et s'emploient notamment devant l'expression **kudasai** *(= s'il vous plaît, veuillez…)* pour exprimer une demande ou un ordre :

mō chotto ōki koe de <u>hanashite</u> kudasai :

<u>Parlez</u> un peu plus fort, s'il vous plaît ! (hanasu : *parler*)

もうちょっと大きい声で話して下さい。

13. LA FORME NÉGATIVE DES VERBES

a) En japonais, c'est le verbe lui-même qui porte la négation. Pour obtenir la forme négative du présent et du futur, il suffit de remplacer le suffixe ~**masu** (ます) par ~**masen** (ません) :

tabemasu : 食べます
je (il, elle) mange, tu manges, etc. / *je mangerai,* etc.
tabemasen : 食べません
je (il, elle) ne mange pas, tu ne manges pas, etc.

b) Au passé, on remplace le suffixe **~mashita** (ました) par **~masendeshita** (ませんでした) :
tabemashita : *j'ai mangé, tu as mangé,* etc.
tabemasendeshita : *je n'ai pas mangé, tu n'as pas mangé*, etc.

14. LES VERBES « IMASU » ET « ARIMASU »

a) Pour dire que quelqu'un ou quelque chose se trouve quelque part, on utilise le verbe **imasu** います pour les êtres (animés) et **arimasu** あります pour les choses (inanimées).

dyubowa san wa hoteru ni imasu.
Monsieur Dubois est à l'hôtel.
デュボワさんはホテルにいます。
(dyubowa san : *Mr Dubois* / wa = *en ce qui concerne* / hoteru ni : *à l'hôtel*)

kagi wa tēburu no ue ni arimasu.
La clé est sur la table.
かぎはテーブルのうえにあります。
(kagi : *la clé* / tēburu no ue ni : *sur le dessus de la table*)

b) Conformément aux règles mentionnées au paragraphe 13, les formes négatives de **imasu** et **arimasu** sont respectivement **imasen** いません et **arimasen** ありません :
dyubowa san wa hoteru ni imasen : *Mr Dubois n'est pas à l'hôtel.*
kagi wa tēburu no ue ni arimasen : *La clé n'est pas sur la table.*

15. LE VERBE « DESU »

a) Dans la langue japonaise, on rencontre très souvent le verbe **desu** (**です**) qui se prononce « dess » puisque son **u** final est muet. Ce verbe correspond dans la majorité des cas au verbe *« être »* du français et aux formules *« c'est »* ou *« ce sont »* :
watashi **wa** furansu-jin **desu**. *Je suis Français(e).*
わたし**は**フランスじん**です**。
Mot à mot : *« moi / en ce qui concerne (= wa) / français / être »*
shizuka **desu**. しずか**です**。 *C'est calme.* (*calme* = shizuka)
hayai **desu**. はやい**です**。 *C'est rapide.* (*rapide* = hayai)

b) La forme passée de **desu** (です) est **deshita** (でした).
kyō **wa** kayōbi **desu** : *Aujourd'hui, nous sommes mardi.*
今日**は**かようび**です**。 (kyō : *aujourd 'hui* / kayōbi : *mardi*)
kinō **wa** getsuyōbi **deshita** : *Hier, nous étions lundi.*
きのう**は**げつようび**でした**。 (kinō : *hier* / getsuyōbi : *lundi*)

c) La forme négative de **desu** (です) est **dewa arimasen** (ではありません).
watashi **wa** furansu-jin **desu**.
Je suis Français(e).
わたし**は**フランスじんです。
watashi **wa** amerika-jin **dewa arimasen.**
Je ne suis pas Américain(e).
わたし**は**アメリカじん**ではありません**。

d) A l'oral, **dewa** (では) se contracte en **ja** (じゃ).
watashi **wa** amerika-jin **ja arimasen.**
Je ne suis pas Américain(e).
わたし**は**アメリカじん**じゃありません**。

1.

EXPRESSIONS DE BASE (1)

kihon hyōgen 基本表現

1.	Bonjour ! *(le matin)*	**ohayō**	おはよう。
		ohayō gozaimasu	おはようございます。
	(**gozaimasu** *exprime un plus grand degré de politesse*)		
2.	Bonjour ! *(l'après-midi)*	**konnichiwa**	今日は。
3.	Bonsoir !	**konbanwa**	今晩は。
4.	Mesdames et Messieurs, bonsoir !	**minasan konbanwa**	皆さん今晩は。
5.	Bienvenue !	**yōkoso**	ようこそ。
6.	Bon appétit !	**itadakimasu**	いただきます。
7.	A votre santé !	**kanpai**	乾杯。
8.	Bonne nuit !	**oyasumi nasai**	おやすみなさい。
9.	A demain !	**mata ashita**	また明日。
10.	Au revoir !	**sayōnara**	さようなら。
11.	A la semaine prochaine !	**mata raishū**	また来週。
		(rai : *prochain* / shū : *la semaine*)	
12.	A l'an prochain !	**mata rainen**	また来年。
13.	A bientôt !	**mata chikai uchi ni**	また近いうちに。
14.	Pas de problème !	**daijōbu desu**	大丈夫です。
15.	- Parlez-vous français ?	**furansugo wa dekimasu ka ?**	フランス語はできますか。
	(furansugo : *la langue française* / dekiru : *pouvoir, savoir*)		
	wa : *particule indiquant le thème* (cf page 178 § 6)		
	ka : *particule interrogative* (cf page 178 § 7)		
16.	- Non, je ne parle que l'anglais.	**iie, eigo shika dekimasen**	いいえ、英語しかできません。
	(eigo : *la langue anglaise* / shika : *seulement*)		
17.	Je parle anglais.	**eigo wa dekimasu**	英語はできます。

Pour mieux comprendre le système verbal japonais, lisez attentivement les pages 180 et 181. Vous y découvrirez entre autres que la négation s'exprime en changeant le suffixe du verbe :

dekimasu : *je sais, tu sais, il sait (faire…)*, etc.

dekimasen : *je ne sais pas, tu ne sais pas (faire…)*, etc.

18.	Je parle français.	**furansugo wa dekimasu**	フランス語はできます。
19.	Je ne parle pas français.	**furansugo wa dekimasen**	フランス語はできません。
20.	Je ne parle pas japonais.	**nihongo wa dekimasen**	日本語はできません。
21.	Je parle un peu japonais.	**nihongo wa sukoshi dekimasu**	日本語はすこしできます。

2.

EXPRESSIONS DE BASE (2)

kihon hyōgen 基本表現

22.	Merci !	**arigatō**	ありがとう。
23.	Merci beaucoup !	**dōmo arigatō gozaimasu**	どうもありがとうございます。
24.	Je vous en prie !	**iie, dō itashimashite**	いいえ、どういたしまして。
25.	Il n'y a pas de quoi !	**tondemonai**	とんでもない。
26.	S'il te plaît ! S'il vous plaît !	**onegai shimasu** (onegai : *une demande*)	お願いします。
27.	Excusez-moi ! S'il vous plaît !	**sumimasen**	すみません。
	(On emploie **sumimasen** *pour attirer l'attention de ses interlocuteurs.)*		
28.	Oui.	**hai / ee**	はい。/ ええ。
29.	Non.	**iie**	いいえ。
30.	Bien sûr.	**mochiron**	勿論。
31.	Peut-être.	**tabun**	多分。
32.	Je ne comprends pas.	**wakarimasen** (wakaru : *comprendre* - cf page 180 § 12)	分かりません。
33.	Je n'ai pas compris.	**wakarimasen deshita**	分かりませんでした。
34.	Que dit-il ?	**nan to itteimasu ka ?** (nan : *que ? quoi ?*)	何と言っていますか。
35.	Il dit qu'il ne comprend rien !	**nani mo wakaranai to itteimasu**	何も分からないと言っています。
36.	Que signifie ce mot ?	**sono kotoba wa dōiu imi desu ka ?**	その言葉はどういう意味ですか。
	(sono : ce, *cet[te]* / kotoba : *le mot*) / imi : *le sens*, la signification)		
37.	Comment dit-on cela en japonais ?	**kore wa nihongo de nan to imasu ka ?**	これは日本語で何と言ますか。
	(nihongo : *le japonais, la langue japonaise* / imasu : cf page 181 § 14)		
38.	Dites-le plutôt en français !	**furansugo de itte mite kudasai** (kudasai : *Veuillez, s'il vous plaît…*)	フランス語で言ってみてください。
39.	Pouvez-vous répéter, s'il vous plaît ?	**mō ikkai itte kudasai**	もう一回言って下さい。
	(kudasai : *Veuillez, s'il vous plaît…*)		
40.	Parlez plus lentement, s'il vous plaît.	**mō sukoshi yukkuri hanashite kudasai**	もうすこしゆっくり話して下さい。
	(sukoshi : *un peu* / yukkuri : *lentement* / hanashite : cf page 180 § 12e / hanasu : *parler* / kudasai : *Veuillez, s'il vous plaît…*)		
41.	Je suis désolé(e) !	**gomen nasai**	ごめんなさい。
42.	Dommage !	**zannen desu**	残念です。
43.	C'est vraiment dommage !	**hontō ni zannen desu**	本当に残念です。

3.

SE PRÉSENTER

aisatsu 挨拶

1.	Comment vous appelez-vous ?	**o namae wa ?** お名前は？ (namae : *le nom*)
2.	Mon (pré)nom est Pierre.	**piēru desu** ピエールです。 (desu : cf page 181 § 15)
3.	Je m'appelle Pierre Dubois.	**piēru dyubowa to mōshimasu** ピエール・デュボワと申します。
4.	Enchanté(e) de faire votre connaissance !	**hajimemashite. dōzo yoroshiku onegai shimasu** はじめまして。どうぞよろしくお願いします。
	(hajimemashite : *enchanté* / dōzo yoroshiku : *je m'en remets à votre bienveillance* / onegai shimasu : *s'il vous plaît*)	
5.	Je suis Français(e).	**furansu-jin desu** フランス人です。
	(furansu : *la France* / jin : *la personne* / jin s'accole au nom de pays pour former le nom désignant la nationalité : nihon = *le Japon* / nihon-jin = *le Japonais, la Japonaise*)	
6.	Je vous présente mon mari.	**kochira wa (watashi no) shujin desu** こちらは(私の)主人です。
	(kochira : *de ce côté-ci* / wa : cf page 178 § 6 / watashi : je, moi (cf page 179 § 11) / no : cf page 179 § 9 / shujin : *le mari*)	
7.	Je vous présente ma femme.	**kochira wa kanai desu** (kanai : *l'épouse*) こちらは家内です。
8.	- Quel âge as-tu (*ou* avez-vous) ?	**nan sai desu ka ?** 何歳ですか。 (sai : *l'âge, les années* / ka : cf page 178 § 7)
9.	- J'ai 32 ans.	**sanjūni sai desu** 三十二歳です。
10.	Aujourd'hui, c'est mon anniversaire.	**kyō wa watashi no tanjōbi desu** 今日は私の誕生日です。
	(kyō : aujourd'hui / watashi no : *mon, ma, mes* / tanjōbi : l'anniversaire)	
11.	Bon anniversaire !	**o tanjōbi omedetō** お誕生日おめでとう！
12.	la famille	**kazoku** 家族
13.	le père / la mère	**chichi** 父 **haha** 母
14.	les parents	**ryōshin** 両親
15.	le grand-père	**sofu** 祖父
16.	la grand-mère	**sobo** 祖母
17.	les enfants	**kodomotachi** 子供達
18.	le fils / la fille	**musuko** 息子 **musume** 娘
19.	l'ami(e) / l'amitié	**tomodachi** 友達 **yūjō** 友情
20.	aimer / l'amour	**ai suru** 愛する **ai** 愛
21.	Je t'aime.	**ai shite imasu** 愛しています。
22.	Est-ce que tu m'aimes ?	**watashi no koto ga suki desu ka ?** 私のことが好きですか。
	(watashi : *je, moi* (cf page 179 § 11) / suki desu : *aimer*)	

4.

QUELQUES QUESTIONS

shitsumon 質問

1.	la question	**shitsumon**	**質問**
2.	la réponse	**kotae**	**答え**
3.	Puis-je vous poser une question ?	**shitsumon shite mo ii desu ka ?**	**質問してもいいですか。**
4.	Quel jour sommes-nous ?	**kyō wa nan nichi desu ka ?**	**今日は何日ですか。**
5.	Quelle heure est-il ?	**nanji desu ka ?**	**何時ですか。**
6.	Qui ? / Quoi ?	**dare ? だれ？ / nani ?**	**なに？**
7.	Comment ?	**dō yatte ?**	**どうやって？**
8.	Pourquoi ?	**nan de ?**	**何で？**
9.	Quand ?	**itsu ?**	**いつ？**
10.	Depuis quand ?	**itsu kara ?**	**いつから？**
11.	Qui est là ?	**dare ga imasu ka ?**	**誰がいますか。**
12.	Qui êtes-vous ?	**dochirasama desu ka ?**	**どちら様ですか。**
13.	- Qui est-ce ?	**dare desu ka ?**	**誰ですか。**
14.	- C'est moi !	**watashi desu**	**私です。**
15.	Qu'est-ce que c'est ? (nan : *que, quoi ?*)	**(kore wa) nan desu ka ?** (kore : *ceci*)	**(これは) なんですか。**
16.	Que se passe-t-il ?	**dō shimashita ka ?**	**どうしましたか。**
17.	Où es-tu ?	**doko desu ka ?**	**どこですか。**
18.	Où vas-tu ? (doko : *où ?*)	**doko ni ikimasu ka ?** (iku : *aller*)	**どこに行きますか。**
19.	D'où viens-tu ?	**doko kara kimashita ka ?** (kuru : *venir*)	**どこから来ましたか。**
20.	Où puis-je trouver un restaurant ?	**resutoran wa doko ni arimasu ka ?**	**レストランはどこにありますか。**
21.	Pouvez-vous me donner votre adresse ? (jūsho : l'adresse / oshieru : indiquer / itadaku : recevoir)	**(go) jūsho wo oshiete itadakemasu ka ?**	**(ご) 住所を教えていただけますか。**
22.	Est-ce que cela vous gêne si je fume ?	**tabako wo sutte mo ii desu ka ?** (tabako wo suu : fumer)	**タバコを吸ってもいいですか。**
23.	Avez-vous du feu ?	**raitā wa arimasu ka ?**	**ライターはありますか。**
24.	Y a-t-il ici quelqu'un qui parle français ?	**dareka furansugo no dekiru hito wa imasu ka ?** (dareka : *quelqu'un* / dekiru : *savoir*)	**誰かフランス語のできる人はいますか。**
25.	Pouvez-vous traduire ce mot en français ?	**kono kotoba wo furansugo ni yakushite itadakemasu ka ?** (kono : *ce, cet[te]* / kotoba : *la parole, le mot* / yakusu : *traduire*)	**この言葉をフランス語に訳していただけますか。**

5.

LE VOYAGE

ryokō 旅行

1.	voyager	**ryokō shimasu**	旅行します
2.	le départ	**shuppatsu**	出発
3.	l'arrivée	**tōchaku**	到着
4.	la valise	**sūtsukēsu**	スーツケース
5.	les bagages	**nimotsu**	荷物
6.	Allons-y !	**ikimashō**	行きましょう。
7.	la douane	**zeikan**	税関
8.	le passeport	**pasupōto**	パスポート
9.	Puis-je voir votre passeport ?	**pasupōto wo haiken shimasu**	パスポートを拝見します？
10.	- Avez-vous quelque chose à déclarer ?	**nanika shinkoku suru mono wa arimasu ka ?**	何か申告する物はありますか。
	(nanika : *quelque chose* / shinkoku : *la déclaration de douane* suru : *faire* / mono : *l'objet, la chose* / aru : *avoir*)		
11.	- Non, rien du tout.	**iie, nanimo arimasen**	いいえ、何もありません。
	(nanimo : rien / arimasen : cf page 181 § 14)		
12.	- Vous pouvez passer.	**dōzo otōri kudasai**	どうぞお通り下さい。
13.	l'avion	**hikōki**	飛行機
14.	l'aéroport	**kūkō**	空港
15.	l'hôtesse de l'air	**suchuwādesu**	スチュワーデス
16.	atterrir	**chakuriku shimasu**	着陸します
17.	Notre avion décolle à 15 heures.	**tōki wa jūgo-ji ni ririku itashimasu**	当機は 15 時にりりくいたします。
	(jūgo : *quinze* / jūgo-ji : *15 heures* / ririku : *le décollage*)		
18.	Attachez vos ceintures, s'il vous plaît !	**zaseki beruto wo oshime kudasai**	座席ベルトをおしめください。
	(zaseki beruto : *la ceinture de sécurité*)		
19.	le train	**densha**	電車
20.	le train à grande vitesse	**shinkansen**	新幹線
21.	les couchettes	**shindai**	寝台
22.	la première classe	**ittōsha**	一等車
23.	la deuxième classe	**nitōsha**	二等車
24.	la gare	**eki**	駅
25.	le quai	**hōmu**	ホーム
26.	Je voudrais un billet pour Tokyo.	**tōkyō yuki no kippu ga hoshii desu ga**	東京行きのきっぷがほしいですが。
	(kippu : *le billet* / ga hoshii desu : *être désiré*)		
27.	un aller simple	**katamichi**	片道
28.	un aller et retour	**ōfuku**	往復

6.

AU RESTAURANT

resutoran de レストランで

1.	J'ai faim.	**onaka ga sukimashita** お腹が空きました。
2.	J'ai soif.	**nodo ga kawakimashita** 喉が渇きました。
3.	Le restaurant est ouvert.	**resutoran wa eigyōchū desu** レストランは営業中です。
4.	Cette table est-elle libre ?	**kono seki wa aiteimasu ka ?** この席はあいていますか。
		(kono : *ce, cette* / seki : *la place, le siège*)
5.	Nous avons réservé une table pour deux.	**futari yoyaku shimashita** 二人予約しました。
		(furari : *deux personnes* / yoyaku suru : *faire une réservation*)
6.	Puis-je avoir la carte ?	**menyū wo kudasai** メニューを下さい。
		(...wo kudasai. : *S'il vous plaît, donnez-moi...*)
7.	Avez-vous un menu en anglais ?	**eigo no menyū wa arimasu ka ?** 英語のメニューはありますか。
8.	Que nous recommandez-vous ?	**o susume wa nan desu ka ?** お勧めは何ですか。
		(susume : *le conseil* / nan desu ka : *Qu'est-ce que c'est ?*)
9.	Quel est le plat du jour ?	**higawari menyū wa nan desu ka ?** 日替わりメニューはなんですか。
10.	J'aimerais avoir du pain, s'il vous plaît !	**pan wo kudasai** パンを下さい。
11.	Pouvez-vous m'apporter un verre ?	**gurasu wo hitotsu itadakemasu ka ?** グラスをひとついただけますか。
		(gurasu : *le verre* / hitotsu : *un* / itadaku : *recevoir*)
12.	- Que voulez-vous boire ?	**nani wo nomimasu ka ?** (nomu : *boire*) 何を飲みますか。
13.	- Une bière, s'il vous plaît !	**bīru wo ippai kudasai** ビールを一杯下さい。
14.	- Le repas était excellent.	**gochisōsama deshita** ご馳走様でした。
15.	- Désirez-vous encore autre chose ?	**hokanimo nanika** ほかにも何か。
16.	- Non, merci. Ce sera tout.	**iie, sore dake de kekkō desu** いいえ、それだけでけっこうです。
		(sore de kekkō : *c'est parfait* / dake : *seulement*)
17.	L'addition, s'il vous plaît !	**okanjō onegaishimasu** お勘定お願いします。
18.	Où sont les toilettes, s'il vous plaît ?	**otearai wa dochira desu ka ?** お手洗いはどちらですか。
		(otearai : *les toilettes* - on peut aussi dire **toire トイレ** / dochira ? *Où?*)

7.

LES REPAS (1)

shokuji 食事

1.	le petit-déjeuner	**asagohan** **chōshoku**	朝ごはん 朝食
2.	le pain	**pan**	パン
3.	le beurre	**batā**	バター
4.	la confiture	**jamu**	ジャム
5.	le miel	**hachimitsu**	はちみつ
6.	le déjeuner	**hirugohan** **chūshoku**	昼ごはん 昼食
7.	le dîner	**yūgohan** **yūshoku**	夕ごはん 夕食
8.	l'entrée	**sutātā**	スターター
9.	le plat principal	**meindisshu**	メインディッシュ
10.	les boissons	**nomimono**	飲み物
11.	l'eau	**(o)mizu**	お水
12.	l'eau gazeuse	**tansansui**	炭酸水
13.	le jus (de fruit)	**jūsu**	ジュース
14.	le jus d'orange	**orenji jūsu**	オレンジジュース
15.	Avec des glaçons, s'il vous plaît.	**kōri kudasai**	氷下さい。
16.	Sans glaçons	**kōri nashi**	氷なし (nashi : *sans*)
17.	le vin	**wain**	ワイン
18.	la bière	**bīru**	ビール
19.	la bière à la pression	**nama bīru**	生ビール
20.	A votre santé !	**kanpai**	乾杯。
21.	A votre fatigue !	**otsukaresama**	お疲れ様。
	(Après une bonne journée de travail, il est fréquent d'aller boire un verre avec les collègues et l'on porte un toast au travail accompli !)		
22.	Cul sec !	**ikki**	一気！
23.	C'est ma tournée !	**watashi ga ogorimasu**	私がおごります。
24.	le verre	**gurasu / koppu**	グラス / コップ
25.	la tasse (à café)	**kōhī kappu**	コーヒーカップ
26.	le bol	**bōru / chawan**	ボール / 茶碗
27.	l'assiette	**(o)sara**	お皿
28.	la cuillère	**supūn**	スプーン
29.	le couteau	**naifu**	ナイフ
30.	la fourchette	**fōku**	フォーク
31.	les baguettes	**(o)hashi**	お箸
32.	Je ne sais pas manger avec des baguettes.	**ohashi de taberu koto wa dekimasen**	お箸で食べることはできません。 (taberu : *manger* - cf page 180 § 12)
33.	Puis-je avoir des baguettes, svp ?	**ohashi wo kudasai**	お箸を下さい。

8.

LES REPAS (2)

shokuji 食事

34. l'œuf	tamago	卵
35. la pomme de terre	jagaimo	じゃがいも
36. le haricot vert	(saya)ingen	(さや)いんげん
37. la viande	(o)niku	お肉
38. le poisson	sakana	魚
39. le bœuf	gyūniku	牛肉
40. le porc	butaniku	豚肉
41. le poulet	chikin チキン	toriniku とり肉
42. les pâtes	men めん	pasuta パスタ
43. le riz (cuit)	gohan	ご飯
44. l'huile	abura	油
45. le vinaigre	(o)su	お酢
46. la moutarde	karashi	からし
47. le poivre	koshō	こしょう
48. le sel	shio	塩
49. le sucre	satō	砂糖
50. les légumes	yasai	野菜
51. le fromage	chīzu	チーズ
52. le dessert	dezāto	デザート
53. la glace	aisukurīmu	アイスクリーム
54. le gâteau	kēki	ケーキ
55. le fruit	kudamono furūtsu	果物 フルーツ
56. la pomme	ringo	りんご
57. la poire	nashi	なし
58. l'orange	orenji	オレンジ
59. le citron	remon	レモン
60. la fraise	ichigo	いちご
61. la banane	banana	バナナ
62. l'ananas	painappuru	パイナップル
63. le melon	meron	メロン
64. la pastèque	suika	すいか
65. le raisin	budō	ぶどう
66. le café	kōhī	コーヒー
67. le café au lait	kafeore	カフェオレ
68. le thé	kōcha	紅茶
69. le thé vert	(o)cha	お茶
70. le thé au lait	miruku tī	ミルクティー
71. le thé au citron	remon tī	レモンティー
72. le lait	gyūnyū	牛乳
73. le chocolat chaud	kokoa	ココア
74. l'alcool japonais	nihon shu	日本酒

9.

LES JOURS - LES MOIS

yōbi 曜日 - tsuki 月

1.	la semaine	**shū**	週	
2.	le lundi	**getsuyōbi**	月曜日	(月 : *la lune*)
3.	le mardi	**kayōbi**	火曜日	(火 : *le feu*)
4.	le mercredi	**suiyōbi**	水曜日	(水 : *l'eau*)
5.	le jeudi	**mokuyōbi**	木曜日	(木 : *l'arbre*)
6.	le vendredi	**kin'yōbi**	金曜日	(金 : *l'or*)
7.	le samedi	**doyōbi**	土曜日	(土 : *la terre*)
8.	le dimanche	**nichiyōbi**	日曜日	(日 : *le soleil*)
9.	Janvier	**ichi-gatsu**	一月	(一 : *un*)
10.	Février	**ni-gatsu**	二月	(二 : *deux*)
11.	Mars	**san-gatsu**	三月	(三 : *trois*)
12.	Avril	**shi-gatsu**	四月	(四 : *quatre*)
13.	Mai	**go-gatsu**	五月	(五 : *cinq*)
14.	Juin	**roku-gatsu**	六月	(六 : *six*)
15.	Juillet	**shichi-gatsu**	七月	(七 : *sept*)
16.	Août	**hachi-gatsu**	八月	(八 : *huit*)
17.	Septembre	**ku-gatsu**	九月	(九 : *neuf*)
18.	Octobre	**jū-gatsu**	十月	(十 : *dix*)
19.	Novembre	**jūichi-gatsu**	十一月	(十一 : *onze*)
20.	Décembre	**jūni-gatsu**	十二月	(十二 : *douze*)

Pour connaître les noms des mois en japonais, il suffit de savoir compter jusque 12 : le nom de chaque mois se forme en effet en faisant précéder le mot **gatsu** *du chiffre de 1 à 12 correspondant.*

10.

LES CHIFFRES ET LES NOMBRES

sūji to kazu 数字と数

1	un	**ichi**	一	**11**	**jūichi**	十一
2	deux	**ni**	二	**12**	**jūni**	十二
3	trois	**san**	三	**13**	**jūsan**	十三
4	quatre	**yon / shi**	四	**14**	**jūyon / jūshi**	十四
5	cinq	**go**	五	**15**	**jūgo**	十五
6	six	**roku**	六	**16**	**jūroku**	十六
7	sept	**nana / shichi**	七	**17**	**jūnana / jūshichi**	十七
8	huit	**hachi**	八	**18**	**jūhachi**	十八
9	neuf	**kyū / ku**	九	**19**	**jūkyū / jūku**	十九
10	dix	**jū**	十	**20**	**nijū**	二十

Il y a deux façons de dire 4, 7 et 9 (14, 17, 19, etc.), mais aucune règle générale concernant l'utilisation de l'une ou de l'autre.

30	**sanjū**	三十	**60**	**rokujū**	六十	**90**	**kyūjū**	九十
40	**yonjū**	四十	**70**	**nanajū**	七十	**100**	**hyaku**	百
50	**gojū**	五十	**80**	**hachijū**	八十	**1 000**	**sen**	千

11.

L'ARGENT - LE PRIX

(o)kane お金 - nedan ねだん

1.	- Combien est-ce que ça coûte ?	**ikura desu ka ?** いくらですか。
2.	- 17 euros et cinquante centimes.	**jūnana yūro goju sanchīmu desu** 十七ユーロ五十サンチームです。 (jūnana : *dix-sept* / gojū : *cinquante*)
3.	C'est bon marché.	**yasui desu** やすいです。
4.	C'est cher.	**takai desu** たかいです。
5.	C'est très cher.	**totemo takai desu ne** (takai : *cher*) とても高いですね。
6.	C'est trop cher pour moi.	**watashi ni wa takasugimasu** 私には高すぎます。
7.	Est-ce que vous avez autre chose ?	**hoka ni nanika arimasu ka ?** ほかに何かありますか。
8.	Avez-vous quelque chose de moins cher ?	**hoka ni yasui mono wa arimasu ka ?** 他に安いものはありますか。
9.	Je n'ai pas assez d'argent.	**sonnani okane ga arimasen** そんなにお金がありません。
10.	le yen	**en** 円
11.	le dollar	**doru** ドル
12.	l'euro	**yūro** ユーロ
13.	Ça coûte 320 yens. (sanbyaku : *300*)	**sanbyaku nijū en desu** 三百二十円です。
14.	Ça coûte 3 dollars.	**san doru desu** 三ドルです。
15.	Puis-je payer en euros ? (shiharau : *payer*)	**yūro de shiharatte mo ii desu ka ?** ユーロで支払ってもいいですか。
16.	J'aimerais changer des euros en yens, svp. (kaeru : *changer*)	**yūro wo en ni kaetain desu ga** ユーロを円に変えたいんですが。
17.	Puis-je avoir un reçu, s'il vous plaît ?	**reshīto wo kudasai** レシートを下さい。
18.	le magasin	**(o)mise** お店
19.	Je voudrais acheter ceci.	**kore wo kaitain desu ga** これを買いたいんですが。
20.	Je voudrais acheter des souvenirs japonais. (kau : *acheter*)	**nihon no omiyage wo kaitain desu** 日本のお土産を買いたいんです。
21.	les souvenirs	**omiyage** お土産
22.	les objets traditionnels japonais	**nihon no dentōtekina mono** 日本の伝統的な物
23.	Puis-je payer avec une carte de crédit ?	**kurejitto kādo de shiharatte mo ii desu ka ?** (kurejitto kādo : *la carte de crédit*) クレジットカードで支払ってもいいですか。

12.

L'HÔTEL

hoteru ホテル

1.	Où se trouve l'hôtel ?	**hoteru wa doko desu ka ?** ホテルはどこですか。
2.	la chambre / la clé	**heya 部屋 / kagi 鍵**
3.	le lit	**beddo ベッド**
4.	la douche	**shawā シャワー**
5.	la ch. individuelle	**shinguru rūmu シングルルーム**
6.	la chambre double	**daburu rūmu ダブルルーム**
7.	la salle de bains	**basu rūmu バスルーム**
8.	la demi-pension	**ippaku nishoku tsuki 一泊二食付き**
9.	- Avez-vous encore des chambres libres ?	**mada heya ga arimasu ka ?** まだ部屋がありますか。 (mada : *encore* / arimasu : cf page 181 § 14)
10.	- Désolé, l'hôtel est complet.	**mōshiwake gozaimasen, manshitsu desu** (manshitsu desu : *c'est complet*) 申し訳ございません、満室です。
11.	Nous aimerions une chambre double.	**daburu-rūmu wo onegai shitain desu ga** ダブルルームをお願いしたいんですが。
12.	- Pouvons-nous voir la chambre ?	**heya wo mite mo ii desu ka ?** 部屋を見てもいいですか。
13.	- Voici la clé de la chambre.	**kochira ga o heya no kagi desu** こちらがお部屋の鍵です。 (kochira : *ici* / heya : *la chambre* / kagi : *la clé*)
14.	La chambre est au deuxième étage.	**o heya wa sankai desu** お部屋は三階です。 (san : *trois* / sankai : *le troisième niveau = le deuxième étage*)
15.	La chambre me plaît. Nous la prenons.	**heya ga ki ni hairimashita. kono heya ni shimasu** (kono : ce[tte]-...ci) 部屋が気に入りました。この部屋にします。
16.	- Nous resterons deux ou trois jours.	**nihaku ka sanpaku shimasu** 2泊か3泊します。 (ni : *deux* / nihaku : *deux nuits* / san : *trois* / sanpaku : *trois nuits*)
17.	Le petit-déjeuner est-il inclus ?	**chōshoku wa ryōkin ni fukumaretei-masu ka ?** 朝食は料金に含まれていますか。 (chōshoku : *le petit-déjeuner* / ryōkin : *le prix*)
18.	Jusqu'à quelle heure peut-on déjeuner ?	**asagohan wa nanji kara nanji made desu ka ?** (asagohan : *le petit-déjeuner*) 朝ごはんは何時から何時までですか。
19.	Pouvez-vous me réveiller à six heures ?	**rokuji ni okoshite itadakemasu ka ?** 6時に起こしていただけますか。 (roku : *six* / rokuji : *six heures* / sept : *shichi* / shichiji : *sept heures*, etc.)

13.

LA VOITURE

kuruma 車

1.	l'essence	gasorin	ガソリン
2.	faire le plein	mantan ni suru	満タンにする
3.	la ville / la rue	machi 街	/ tōri 通り
4.	le camion	torakku	トラック
5.	l'autobus	basu	バス
6.	l'autocar	kankō basu	観光バス
7.	le métro	chikatetsu	地下鉄
8.	la station de métro	chikatetsu no eki	地下鉄の駅
9.	le taxi	takushī	タクシー
10.	Pouvez-vous appeler un taxi, svp ?	takushi wo yonde kudasai タクシーを呼んでください。	
11.	Où est la station-service la plus proche ?	ichiban chikai gasorin sutando wa doko desu ka 一番近いガソリンスタンドはどこですか。	
12.	Est-ce ouvert ?	aite imasu ka ?	開いていますか。
13.	Est-ce fermé ?	shimatte imasu ka ? 閉まっていますか。	
14	Le plein de super, s'il vous plaît !	sūpā wo mantan de onegai shimasu スーパーを満タンでおねがいします。	
15.	tout droit	massugu (ni)	まっすぐ(に)
16.	à gauche - à droite	hidari ni 左に	- migi ni 右に
17.	- Sommes-nous sur la bonne route ?	michi wa atteimasu ka ? (michi : *la route*) 道はあっていますか。	
18.	- Non, vous vous êtes trompés.	iie, machigatte imasu いいえ、まちがっています。	
19.	Vous devez faire demi-tour.	orikaesanakereba narimasen 折り返さなければなりません。 (orikaesu : *retourner, faire demi-tour*)	
20.	Où est la gare, s'il vous plaît ?	eki wa doko desu ka ? 駅はどこですか。 (eki : *la gare* / wa : cf page 179 § 6 / doko : *où ?* / desu : cf p. 181 § 15)	
21.	Allez jusqu'au prochain feu rouge !	tsugi no shingō made itte kudasai 次の信号まで行ってください。 (shingō : *le feu tricolore* / itte : cf page 180 § 12e)	
22.	Là, vous tournez à droite.	soko de migi ni magatte kudasai そこで右に曲がってください。 (migi ni : *à droite* / magatte : cf page 180 § 12e)	
23.	Prenez ensuite la 2ème rue à gauche.	sore kara, hidarite no nibanme no michi wo itte kudasai (hidari : *gauche*) それから、左手の二番目の道を行ってください。	
24.	Après, c'est toujours tout droit !	sono go wa zutto massugu desu その後はずっとまっすぐです。 (zutto : *toujours* / massugu desu : *c'est tout droit*)	

14.

QUELQUES CONTRAIRES

hantaigo 反対語

1.	C'est beau.	**kirei desu** きれいです。
2.	Ce n'est pas beau.	**kirei dewa arimasen** きれいではありません。
3.	C'est ouvert.	**aite imasu** 開いています。 (imasu : cf page 181 § 14)
4.	C'est fermé.	**shimatte imasu** 閉まっています。
5.	C'est grand.	**ōkī desu** 大きいです。
6.	C'est petit.	**chīsai desu** 小さいです。
7.	long - court	**nagai** 長い - **mijikai** 短い
8.	large - étroit	**hiroi** 広い - **semai** 狭い
9.	beau - laid	**kirei** きれい - **minikui** みにくい
10.	bon (au goût)	**oishii** おいしい
11.	mauvais (au goût)	**mazui** まずい
12.	jeune	**wakai** 若い
13.	vieux	**toshitotta** 年取った
14.	nouveau - ancien	**atarashii** 新しい - **furui** 古い
15.	chaud - froid	**atsui** あつい - **samui** さむい
16.	rapide - lent	**hayai** 早い - **osoi** 遅い
17.	propre - sale	**seiketsu** 清潔 - **kitanai** 汚い
18.	quelqu'un	**dareka** 誰か
19.	personne	**daremo** 誰も
20.	tout le monde	**minna** みんな
21.	quelque chose	**nanika** 何か
22.	rien	**nanimo** 何も
23.	tout	**zenbu** 全部
24.	beaucoup	**takusan** たくさん
25.	un peu	**sukoshi** 少し
26.	maintenant	**ima** 今
27.	aujourd'hui	**kyō** 今日
28.	hier	**kinō** 昨日
29.	demain	**ashita** 明日
30.	avant-hier	**ototoi** 一昨日
31.	après-demain	**asatte** 明後日
32.	C'est en haut.	**ue desu** 上です。
33.	C'est en bas.	**shita desu** 下です。
34.	C'est à droite.	**migi desu** 右です。
35.	C'est à gauche.	**hidari desu** 左です。
36.	C'est devant.	**mae desu** 前です。
37.	C'est derrière.	**ushiro desu** 後ろです。
38.	C'est ici.	**koko desu** ここです。
39.	C'est là-bas.	**asoko desu** あそこです。

15.

LES COULEURS

iro 色

1.	blanc - noir	**shiro**	白	**- kuro**	黒
2.	bleu - rouge	**ao**	青	**- aka**	赤
3.	vert - jaune	**midori**	緑	**- kiiro**	黄色
4.	gris - marron	**gurē**	グレー	**- chairo**	茶色
5.	rose - orange	**pinku**	ピンク	**- orenji**	オレンジ

16.

COMMENT ALLEZ-VOUS ?

o genki desu ka ? お元気ですか。

1.	- Très bien, merci. Et vous ?	**hai, genki desu. arigatō. sochira wa ?**	**はい、元気です。ありがとう。そちらは？** (genki : *en bonne santé*)
2.	- Comment vous sentez-vous ?	**guai wa dō desu ka ?**	**具合はどうですか。**
3.	Je me sens mal.	**kibun ga warui desu**	**気分が悪いです。**
4.	Je me sens bien.	**kibun ga ii desu**	**気分がいいです。**
5.	Je me sens mieux.	**kibun ga yokunarimashita**	**気分がよくなりました。**
6.	la santé	**kenkō**	**健康**
7.	la maladie	**byōki**	**病気**
8.	Je suis malade.	**byōki desu**	**病気です。**
9.	le médecin	**oishasan**	**お医者さん**
10.	le dentiste	**haishasan**	**歯医者さん**
11.	le médicament	**kusuri**	**薬**
12.	la pharmacie	**kusuriyasan**	**薬屋さん**
13.	J'ai mal à la tête.	**atama ga itain desu**	**頭が痛いんです。**
14.	J'ai de la fièvre.	**netsu ga arimasu**	**熱があります。**
15.	Il faut que je voie un médecin.	**oishasan ni ikanai to**	**お医者さんに行かないと。**
16.	Bon rétablissement !	**odaiji ni**	**お大事に。**
17.	Après vous, je vous en prie !	**o saki ni dōzo**	**お先にどうぞ。**
18.	Mettez-vous à l'aise !	**dōzo go yukkuri nasatte kudasai**	**どうぞ、ごゆっくりなさってください。** (dōzo : *Je vous en prie! Faites donc!*)
19.	- Puis-je m'asseoir ici ?	**soko ni suwatte mo ii desu ka ?**	**そこに座ってもいいですか。**
	(soko : *ici, là* / suwaru : s'asseoir - cf page 180 § 12)		
20.	- Mais bien sûr ! (mochiron : *bien sûr*)	**hai, mochiron, dōzo**	**はい、勿論、どうぞ**

LA LANGUE RUSSE

■ **La langue russe s'écrit avec l'alphabet « cyrillique »** qui doit son nom au moine macédonien Cyrille, connu pour avoir (avec son frère Méthode) évangélisé les peuples slaves de l'Europe Centrale au cours du IXème siècle. Saint-Cyrille et Saint-Méthode portent d'ailleurs le titre d' « apôtres des Slaves ». Cyrille n'est cependant pas le créateur de l'alphabet qui porte son nom. Cyrille et Méthode ont en fait élaboré l'alphabet dit « glagolitique » qui comportait des lettres aux formes très complexes et qui tomba assez rapidement en désuétude. C'est un de leurs disciples qui, après leur mort, mit au point un nouvel alphabet auquel il donna le nom de « cyrillique » en hommage à l'un des ses maîtres. L'écriture cyrillique fut initialement créée pour établir une traduction écrite de la Bible en vieux slavon, l'ancêtre de la langue russe. L'alphabet cyrillique s'inspire de l'alphabet grec, mais des lettres spécifiques y ont été ajoutées afin de s'adapter à la phonétique des langues slaves.

■ Depuis 1918 et la suppression de quatre lettres par rapport à l'alphabet dit « prérévolutionnaire », l'alphabet cyrillique russe comporte 33 lettres : vingt consonnes, onze voyelles et deux signes à caractère phonétique (un signe dur et un signe mou). Leur graphie (majuscule et minuscule) et leur prononciation en français (figurant en italique) vous sont présentées ci-dessous :

А а = *a*	**К к** = *k*	**Х х** = *hr / ch*
Б б = *b*	**Л л** = *l*	**Ц ц** = *ts*
В в = *v*	**М м** = *m*	**Ч ч** = *(t)ch*
Г г = *g(u)*	**Н н** = *n*	**Ш ш** = *ch*
Д д = *d*	**О о** = *o*	**Щ щ** = *ch(t)ch*
Е е = *ié*	**П п** = *p*	**Ъ ъ** (signe dur)
Ё ё = *io*	**Р р** = *r (roulé)*	**Ы ы** = *ui*
Ж ж = *j*	**С с** = *s*	**Ь ь** (signe mou)
З з = *z*	**Т т** = *t*	**Э э** = *é*
И и = *i*	**У у** = *ou*	**Ю ю** = *iou*
Й й = *ille, y*	**Ф ф** = *f*	**Я я** = *ia*

Quelques précisions :

■ La lettre russe **х** (première lettre de la troisième colonne du tableau ci-dessus) se prononce après les voyelles dures comme un *r* très guttural assez semblable à la « jota » espagnole ou au *ch* allemand de *Achtung !* Dans la transcription phonétique, nous avons recours aux deux lettres *hr* pour reproduire la prononciation de cette lettre.

■ Le signe mou **ь** se place derrière les consonnes lorsque celles-ci se prononcent de manière relativement molle et peu marquée. Le signe dur **ъ** est de nos jours pratiquement inusité.

■ L'accent aigu figurant sur les mots russes indique l'accent tonique. Il est très important de bien en tenir compte dans la prononciation. Certaines lettres se prononcent différemment selon qu'elles sont accentuées ou non. Par exemple, le **о** russe se prononce **o** quand il est accentué et **a** quand il ne l'est pas. **сло́во** *(= le mot)* se prononce *[slova]*, mais son pluriel **слова́** *(= les mots)* se prononce *[slava].* Cet accent ne figure que dans les manuels d'apprentissage de la langue russe. **Dans la transcription phonétique, nous avons systématiquement indiqué l'accent tonique en soulignant la syllabe accentuée.**

LA GRAMMAIRE RUSSE

Il est bien sûr impossible de présenter sur trois pages une grammaire aussi complexe que la grammaire russe. Ces quelques lignes vous permettront cependant d'y voir un peu plus clair :

1. LES DÉCLINAISONS

La langue russe ne possède ni article défini *(le, la les)* ni article indéfini *(un, une, des)*. En revanche, elle comporte six cas de déclinaison (*nominatif, accusatif, génitif, datif, instrumental et locatif*) :

Le nominatif est le cas du sujet et de l'attribut du sujet.
L'accusatif est le cas du complément d'objet.
Le génitif est le cas du complément de nom.
Le datif est le cas du complément d'attribution.
L'instrumental est le cas du complément de moyen.
Le locatif est le cas du complément de lieu *(sans mouvement)*.

2. DÉCLINAISONS DES SUBSTANTIFS

a) La langue russe comporte trois genres (masculin, féminin et neutre) et il existe pour les **substantifs** trois types de déclinaison à l'intérieur desquels on distingue une déclinaison de type « dur » et une de type « mouillé ».
- La première déclinaison concerne les noms féminins et masculins en **-a** *(type dur)* ou en **-я** *(type mouillé)*.
- La deuxième déclinaison concerne les noms masculins et neutres.
- La troisième déclinaison concerne les noms féminins qui se terminent au nominatif par **-ь** *(signe mou)*.
- Certains mots d'origine étrangère comme **метро́** *[métro]* ou **такси́** *[taxi]* sont invariables et ne se déclinent donc pas.

b) En guise de première approche, voici la déclinaison du substantif **доро́га** *(= la route)*, qui suit la première déclinaison :

1ère déclinaison	*singulier*		*pluriel*	
Nominatif	доро́г**а**	*[daroga]*	доро́г**и**	*[darogui]*
Accusatif	доро́г**у**	*[darogou]*	доро́г**и**	*[darogui]*
Génitif	доро́г**и**	*[darogui]*	доро́г	*[darog]*
Datif	доро́г**е**	*[daroguié]*	доро́г**ам**	*[darogam]*
Instrumental	доро́г**ой**	*[darogoï]*	доро́г**ами**	*[darogami]*
Locatif	доро́г**е**	*[daroguié]*	доро́г**ах**	*[darogahr]*

3. DÉCLINAISONS DES ADJECTIFS

c) Dans la déclinaison des **adjectifs**, on distingue là aussi entre type « dur » et type « mou ». Voici la déclinaison d'un adjectif de type dur (но́вый : *neuf, nouveau*) :

	masculin	*neutre*	*féminin*	*pluriel*
Nominatif	но́в**ый** *[novui]*	но́в**ое** *[nova-yé]*	но́в**ая** *[novaya]*	но́в**ые** *[novuié]*
Accusatif	(**)	но́в**ое** *[nova-yé]*	но́в**ую** *[novouyou]*	(**)
Génitif	но́в**ого** *[novava]*	но́в**ого** *[novava]*	но́в**ой** *[novaille]*	но́в**ых** *[novuihr]*
Datif	но́в**ому** *[novamou]*	но́в**ому** *[novamou]*	но́в**ой** *[novaille]*	но́в**ым** *[novuim]*
Instrumental	но́в**ым** *[novuim]*	но́в**ым** *[novuim]*	но́в**ой** *[novaille]*	но́в**ыми** *[novuimi]*
Locatif	но́в**ом** *[novam]*	но́в**ом** *[novam]*	но́в**ой** *[novaille]*	но́в**ых** *[novuihr]*

(**) Au masculin singulier et au pluriel, l'accusatif des substantifs est identique au nominatif lorsqu'il porte sur des objets. Il est identique au génitif s'il porte sur des êtres animés. Cette règle s'applique également aux adjectifs.

4. DÉCLINAISONS DES PRONOMS PERSONNELS

Les **pronoms personnels** se déclinent également. A noter que le pronom personnel de la troisième personne est toujours précédé d'un **н** lorsqu'il est employé après une préposition :

	Nom.	*Acc.*	*Gén.*	*Datif*	*Instr.*	*Loc.*
je, *me, moi*	**я** *[ia]*	**меня́** *[minia]*	**меня́** *[minia]*	**мне** *[mnié]*	**мной** *[mnoï]*	**мне** *[mnié]*
tu, *te, toi*	**ты** *[tui]*	**тебя́** *[tibia]*	**тебя́** *[tibia]*	**тебе́** *[tibié]*	**тобо́й** *[taboï]*	**тебе́** *[tibiè]*
il *(masculin), lui*	**он** *[onn]*	**(н)его́** *[niévo]*	**(н)его́** *[niévo]*	**(н)ему́** *[niémou]*	**(н)им** *[nim]*	**нём** *[niom]*
il, *lui*, **elle** *(neutre)*	**оно́** *[ano]*	**(н)его́** *[niévo]*	**(н)его́** *[niévo]*	**(н)ему́** *[niémou]*	**(н)им** *[nim]*	**нём** *[niom]*
elle *(féminin)*	**она́** *[ana]*	**(н)её** *[niéyo]*	**(н)её** *[niéyo]*	**(н)ей** *[nieille]*	**(н)ею** *[nieillou]*	**ней** *[nieille]*
nous	**мы** *[mui]*	**нас** *[nass]*	**нас** *[nass]*	**нам** *[nam]*	**на́ми** *[nami]*	**нас** *[nass]*
vous	**вы** *[vui]*	**вас** *[vass]*	**вас** *[vass]*	**вам** *[vam]*	**ва́ми** *[vami]*	**вас** *[vass]*
ils, **elles**, *eux*	**они́** *[ani]*	**(н)их** *[nihr]*	**(н)их** *[nihr]*	**(н)им** *[nim]*	**(н)и́ми** *[nimi]*	**них** *[nihr]*

5. LES VERBES

a) Le verbe à l'infinitif se caractérise par la désinence **-ть.**

b) La principale particularité des verbes russes est l'existence de deux formes correspondant à deux « aspects » : un aspect **imperfectif** et un aspect **perfectif.** Le verbe imperfectif est utilisé pour exprimer les actions présentes, durables, répétitives ou non terminées. Le verbe perfectif s'emploie dans tous les autres cas (actions terminées, actions uniques et actions futures).

c) Pour établir un tableau sommaire des correspondances entre les temps français et les temps russes, la meilleure solution consiste à prendre un exemple simple, celui du verbe français *écrire*. Il se traduit en russe par le verbe imperfectif **писа́ть** *[pissatt]* et le verbe perfectif **написа́ть** *[napissatt]* qui figurent côte à côte dans tous les dictionnaires. Cela donne le tableau suivant :

Temps français	*Exemple*	**Temps russe**	*Exemple*
Présent :	*J'écris*	Présent imperfectif :	**я пишу́** *[ia pichou]*
Futur :	*J'écrirai*	Présent perfectif :	**я напишу́** *[ia napichou]*
Imparfait :	*J'écrivais*	Passé imperfectif :	**я писа́л** *[ia pissal]*
Autres temps du passé :	*J'ai écrit* *J'écrivis*	Passé perfectif :	**я написа́л** *[ia napissal]*

d) Les verbes simples sans préfixe comme **писа́ть** *[pissatt]* sont pratiquement tous imperfectifs. Dans ce cas, le verbe perfectif correspondant se forme par l'adjonction d'un préfixe comme c'est le cas du verbe **написа́ть** *[napissatt]* mentionné ci-dessus.

e) Parfois, le couple imperfectif-perfectif est formé de deux verbes totalement différents. C'est ainsi que le verbe français *dire* se traduit par le verbe imperfectif говор**и́ть** *[gavaritt]* et le verbe perfectif **сказа́ть** *[skazatt]* :

Как это сказа́ть? *[kak éto skazatt ?]* *Comment dit-on cela?*
Что вы говори́те? *[chto vui gavarittié ?]* *Que dites-vous ?*

f) Les formes verbales étant bien distinctes les unes des autres, on emploie assez peu les pronoms personnels. Les verbes réguliers en **-и** (**говори́ть** : *parler, dire*) et en **-а** (**чита́ть** : *lire*) se conjuguent au présent sur le modèle suivant :

говори́ть	*[gavaritt]*	**parler**	чита́ть	*[tchitatt]*	**lire**
говорю́	*[gavariou]*	je parle	чита́ю	*[tchita-iou]*	je lis
говори́шь	*[gavarich]*	tu parles	чита́ешь	*[tchita-ièch]*	tu lis
говори́т	*[gavaritt]*	il, elle parle	чита́ет	*[tchita-ièttt]*	il, elle lit
говори́м	*[gavarim]*	nous parlons	чита́ем	*[tchita-iém]*	nous lisons
говори́те	*[gavarittié]*	vous parlez	чита́ете	*[tchita-iéttié]*	vous lisez
говоря́т	*[gavariatt]*	ils parlent	чита́ют	*[tchita-ioutt]*	ils lisent

g) Le **passé** n'est pas en russe une forme conjuguée. On le forme en remplaçant la désinence **-ть** de l'infinitif par :

-л quand le sujet est du genre masculin
-ла quand le sujet est du genre féminin
-ло quand le sujet est du genre neutre
-ли quand le sujet est au pluriel

Я не по́нял *[ia nié ponial]* : *je n'ai pas compris (= homme)*
Я не поняла́ *[ia nié paniala]* : *je n'ai pas compris (= femme)*
они́ не поняли́ *[ani nié paniali]* : *ils, elles n'ont pas compris*

h) Comme en français, la **formule de politesse** correspond à la deuxième personne du pluriel :

Извини́ меня́! *[izvini minia]* *Pardon = Pardonne-moi !*
Извини́те меня́! *[izvinittié minia]* *Pardon = Pardonnez-moi !*

6. ÊTRE et AVOIR

a) Le verbe **быть** (= *être)* n'a pas de présent. Dans la langue écrite, il est parfois remplacé par un tiret :

Кто́ вы? *[kto vui ?]* *Qui êtes-vous ? (= « qui vous ? »)*
Что́ э́то? *[chto éta ?]* *Qu'est-ce que c'est ? (« quoi ceci ?)*
Ему два́дцать лет и он - студе́нт :
[iémou dvatsatt liétt i onn studennt] *Il a vingt ans et il est étudiant*

b) La possession *(= avoir)* s'exprime essentiellement par l'expression **у** + pronom personnel au génitif + **есть** *(= « «chez… être »)* **:**

У вас есть де́ньги? *Avez-vous de l'argent ?*
[ou vass iésst diéngui ?] *(= « chez vous être de l'argent » ?)*
У кого́ есть де́ньги? *Qui a de l'argent ?*
[ou kavo iésst diéngui ?] *(= « chez qui être de l'argent » ?)*
у меня́ есть *[ou minia iésst]* : *j'ai*
у тебя́ есть *[ou tibia iésst]* : *tu as*
у него́ есть *[ou niévo iésst]* : *il a*
у неё есть *[ou niéyo iésst]* : *elle a*

c) De nombreuses expressions françaises utilisent le verbe *avoir* sans idée particulière de possession *(avoir vingt ans, avoir froid,* etc.). Leur équivalent russe est souvent une formule impersonnelle composée d'un mot au datif suivi d'un adjectif neutre attribut :

Тебе́ два́дцать лет *[tibié dvatsatt liétt]* : *tu as vingt ans*
(= « à toi vingt ans »)
Мне хо́лодно *[mnié hroladna]* : *j'ai froid* *(= « à moi froid »)*

7. LA PARTICULE INTERROGATIVE « ЛИ »

a) La particule **ли** *[li]* correspond à la formule française « *est-ce que… ?*». On l'utilise très souvent dans les phrases interrogatives qui ne sont introduites par un autre mot interrogatif :

Могу́ ли я зада́ть вам вопро́с? *Est-ce que je peux vous*
[magou li ya zadatt vam vapross ?] *poser une question ?*

1.

EXPRESSIONS DE BASE (1)

ба́зовые выраже́ния [bazavié virajénia]

1.	Bonjour ! *(le matin)*	**До́брое у́тро!** [dobra-ié outra]
2.	Bonjour ! *(l'après-midi)*	**До́брый день!** [dobri diénn] (у́тро : *le matin* / день : *le jour*)
3.	Bonjour ! *(à toute heure)*	**Здра́вствуй(те)!** [zdravstvoui(tié)] (on rajoute -те pour le vouvoiement ou le pluriel)
4.	Salut ! *(= bonjour)*	**Приве́т!** [priviétt]
5.	Salut à tous !	**Всем приве́т!** [vsiém priviétt]
6.	Bonsoir !	**До́брый ве́чер!** [dobri viétchèrr]
7.	Mesdames et Messieurs, bonjour !	**Да́мы и господа́, до́брый день!** [damui i gaspada, dobri diénn]
8.	Chers amis, bonsoir ! (дру́г : *l'ami*)	**Дороги́е друзья́, до́брый ве́чер!** [daraguié drouzia, dobré viétchèrr]
9.	Bienvenue (à tous) !	**(Всем) добро́ пожа́ловать!** [(vsiém) dabro pajalavatt]
10.	Bon appétit !	**Прия́тного аппети́та !** [priattnava apétita]
11.	A votre santé ! *(avant de boire)*	**За (ва́ше) здоро́вье !** [za (vaché) zdarovié]
12.	A vos souhaits ! *(après éternuement)*	**Бу́дьте здоро́вы!** [boudté zdarovui] (= Soyez en bonne santé !)
13.	A tes souhaits ! *(après éternuement)*	**Будь здоро́в(а)!** [boutt zdarov(a)] (здоро́ва est le féminin de здоро́в)
14.	Bonne nuit !	**Споко́йной но́чи!** [spakoïnaï notchi]
15.	A demain !	**До за́втра!** [da zavtra]
16.	A bientôt !	**До ско́рого!** [da skorava]
17.	Au revoir !	**До свида́ния!** [da svidania]
18.	Salut ! *(= au revoir)*	**Пока́!** [paka]
19.	Bon voyage !	**Счастли́вого пути́!** [chastlivava pouti]
20.	A l'an prochain !	**Встре́тимся че́рез год!** (год : l'année) [vstriétimsia tchérézz godd]
21.	A la semaine prochaine !	**Встре́тимся на сле́дующей неде́ле!** [vstriétimsia na sliédiouchcheï niédélé]
22.	D'accord !	**Хорошо́!** [hraracho]
23.	Pas de problème !	**Без пробле́м!** [bièz prablém]
24.	- Parlez-vous français ?	**Вы говори́те по-францу́зски?** [vui gavarittié pa franntssousski ?]
25.	- Non, je ne parle que l'anglais.	**Нет, я говорю́ то́лько по-англи́йски.** [niètt, ia gavariou tolka pa annglisski]
26.	Je parle russe.	**Я говорю́ по-ру́сски.** [ia gavariou pa rousski]
27.	Je ne parle pas russe.	**Я не говорю́ по-ру́сски.** [ia nié gavariou pa rousski]

2.

EXPRESSIONS DE BASE (2)

ба́зовые выраже́ния [bazavi virajénia]

28.	Merci !	**Спаси́бо!**	[spaciba]
29.	Merci beaucoup !	**Большо́е спаси́бо!**	[balchoïé spaciba]
30.	Je vous en prie !	**Пожа́луйста!**	[pajalousta]
31.	Il n'y a pas de quoi !	**Не́ за что!**	[nié za chta]
32.	Oui. Non.	**да не́т**	[da] [niètt]
33.	Si.	**да не́т**	[da niètt]
34.	Peut-être.	**мо́жет быть**	[mojétt buitt]
35.	Parfois.	**иногда́**	[inagda]
36.	Jamais.	**никогда́**	[nikagda]
37.	Souvent.	**ча́сто**	[tchassta]
38.	Toujours.	**ещё**	[iéchchio]
39.	Je ne sais pas.	**Я не зна́ю.**	[ia nié znayou]
40.	Je ne comprends pas.	**Я не понима́ю.**	[ia nié panimayou]
41.	Je n'ai pas compris.	**Я не по́нял(а́).**	[ia nié ponial (paniala)]
42.	- Vous ne comprenez pas ?	**- Вы не понима́ете ?**	[vui nié panimayéttié ?]
43.	- Si, j'ai presque tout compris.	**- Да не́т, я почти́ всё по́нял(а́).**	[da niètt, ia pachti vsio ponial (paniala)]
44.	Que dites-vous ?	**Что вы говори́те?**	[chto vui gavarittié ?]
45.	Que dit-il ?	**Что он говори́т?**	[chto on gavaritt ?]
46.	Il dit qu'il ne comprend rien !	**Он говори́т, что ничего́ не понима́ет!**	[on gavaritt chto nitchévo nié panimayétt]
47.	Je ne parle pas votre langue.	**Я не говорю́ на ва́шем языке́.**	[ia nié gavariou na vachem iazikié]
48.	Que signifie ce mot ?	**Что́ означа́ет э́то сло́во?**	[chto aznatchaét éta slova?]
49.	Comment dit-on cela en russe ?	**Как это сказа́ть по-ру́сски?**	[kak éta skazatt pa rousski ?]
50.	Dites-le plutôt en français !	**Скажи́те это лу́чше по-францу́зски!**	[skajittié éta loutché pa franntssousski]
51.	Pouvez-vous répéter, s'il vous plaît ?	**Вы мо́жете повтори́ть, пожа́луйста?**	[vui mojiéttié pavtarit, pajalousta?]
52.	Parlez plus lentement, s'il vous plaît !	**Говори́те поме́дленнее, пожа́луйста.**	[gavarittié pamiédlennié, pajalousta]
53.	Pardon !	**Прости́(те)!**	[prasti(tié)]
54.	Excusez-moi !	**Извини́(те) меня́!**	[izvinittié) minia]
55.	Je suis désolé(e) !	**Сожале́ю!**	[sajaléyou]
56.	Dommage !	**Жаль! Жа́лко!**	[jal] [jalka]
57.	C'est vraiment dommage !	**Так жа́лко!**	[tak jalka]

3.

SE PRÉSENTER

представи́ться [pridstavitssia]

1.	Comment vous appelez-vous ?	**Как вас зову́т?** [kak vass zavoutt?]
2.	Comment t'appel-les-tu ?	**Как тебя́ зову́т?** [kak tibia zavoutt?]
3.	Je m'appelle Marie Dubois.	**Меня́ зову́т Мари́ Дюбуа́.** [minia zavoutt mari duboa]
4.	Enchanté(e) de faire votre connaissance !	**Ра́д(а) с ва́ми познако́миться!** [rad(a) svami poznakomitsa]
5.	Madame Dubois.	**Госпожа́ Дюбуа́.** [gaspaja duboa]
6.	Monsieur Dubois.	**Господи́н Дюбуа́.** [gaspadinn duboa]
7.	Mlle Dubois.	**Мадмуазе́ль Дюбуа́.** [madmouazél]
8.	Je vous présente mon mari.	**Представля́ю вам своего́ му́жа.** [pridstavliayou vam svayévo mouja]
9.	Je vous présente ma femme.	**Представля́ю вам сво́ю жену́.** [pridstavliayou vam svoyou jinou]
10.	- Quel âge avez-vous ?	**Ско́лько вам лет?** (Ско́лько ? Combien ?) [skolka vam liètt ?]
11.	- J'ai 32 ans.	**- Мне три́дцать два го́да.** (год : l'année) [mnié trittsatt dva goda]
12.	Aujourd'hui, c'est mon anniversaire.	**Сего́дня день моего́ рожде́ния.** [sévodnia diénn mayévo rajdénia]
13.	Bon anniversaire !	**С днём рожде́ния!** [s dniom rajdénia]
14.	Félicitations !	**Поздравля́ю!** [passdravlaïou]
15.	- Avez-vous des enfants ?	**- У вас есть де́ти?** (cf page 199 § 6b) [ou vass iésst diéti ?]
16.	- J'ai un garçon et une fille.	**- У меня́ есть ма́льчик и де́вочка.** [ou minia iésst maltchik i diévatchka]
17.	la famille	**семья́** [simia]
18.	le père - la mère	**оте́ц - мать** [attiétss - matt]
19.	papa - maman	**па́па - ма́ма** [papa - mama]
20.	les parents	**роди́тели** [radittiéli]
21.	les grands-parents	**ба́бушка с де́душкой** [babouchka s diédouchkaï]
22.	l'enfant	**ребёнок** (pluriel : **де́ти**) [ribionak] [diéti]
23.	le garçon - la fille	**ма́льчик - де́вочка** [maltchik - diévatchka]
24.	le fils - la fille	**сын - дочь** [sinn - dotch]
25.	le frère - la sœur	**брат - сестра́** [bratt - sisstra]
26.	l'amitié - l'ami	**дру́жба - дру́г** [droujba - droug]
27.	l'amour - aimer	**любо́вь - люби́ть** [lioubof - lioubitt]
28.	Je t'aime.	**Я тебя́ люблю́.** [ya tibia lioubliou]
29.	Est-ce que tu m'aimes ?	**Ты меня́ лю́бишь?** [ti minia lioubich ?]

4.

QUELQUES QUESTIONS

не́сколько вопро́сов [niésskalka vaprossav]

1.	la question	**вопро́с**	[vapross]
2.	la réponse	**отве́т**	[attviétt]
3.	Puis-je vous poser une question ?	**Могу́ ли я зада́ть вам вопро́с?**	[magou li ya zadatt vam vapross ?]
4.	Puis-je te poser une question ?	**Могу́ ли я зада́ть тебе́ вопро́с?**	[magou li ya zadatt tibié vapross ?]
5.	- Quel jour sommes-nous ?	**- Како́е сего́дня число́?**	[kakoïé sivodnia tchisslo ?]
6.	- Quelle heure est-il ?	**- Ско́лько вре́мени?** **= Который час ?**	[skolka vrémini ?] [katori tchass ?]
7.	- Allô ? Qui est à l'appareil ?	**Алло́? Кто звони́т?**	[allo ? kto zvanitt ?]
8.	- Pourrais-je parler à M. Dubois ?	**- Могу́ ли я поговори́ть с господи́ном Дюбуа́?**	[magou li ia pagavaritt s'gaspadi-nomm duboa ?]
9.	Qui ? / Quoi ?	**Кто? / Что?**	[kto ? / chto ?]
10.	Comment ?	**Как?**	[kak ?]
11.	Pourquoi ?	**Почему́?**	[pottchémou ?]
12.	Quand ?	**Когда́?**	[kagda?]
13.	Depuis quand ?	**С како́го вре́мени?**	[s'kakova vrémini ?]
14.	Qui est là ?	**Кто́ там?**	[kto tam ?]
15.	Qui êtes-vous ?	**Кто́ вы?**	[kto vi ?]
16.	Qui es-tu ?	**Кто́ ты?**	[kto ti ?]
17.	- Qui est-ce ?	**- Кто́ э́то?**	[kto éta?]
18.	- C'est moi !	**- Это я!**	[éta ya]
19.	Qu'est-ce que c'est ?	**Что́ э́то?**	[chto éta ?]
20.	Que se passe-t-il ?	**Что́ происхо́дит?**	[chto praïs-hroditt ?]
21.	Où es-tu ?	**Где ты?**	[gdié ti ?]
22.	Où vas-tu ?	**Куда́ ты идёшь?**	[kouda ti idioch ?]
23.	D'où viens-tu ?	**Отку́да ты идёшь?**	[atkouda ti idioch ?]
24.	Où puis-je trouver un restaurant ?	**Где́ тут есть рестора́н?**	[gdié toutt iésst restaran ?] *(= « où ici être restaurant ? »)*
25.	Où se trouve l'hôtel ?	**Где нахо́дится гости́ница?**	[gdié nahrodittssia gastinitsa ?]
26.	Pouvez-vous me donner votre adresse ?	**Вы мо́жете мне дать свой а́дрес?**	[vui mojéttié mnié datt svoï adress ?]
27.	Est-ce que cela vous gêne si je fume ?	**Вам не помеша́ет, е́сли я покурю́?**	[vam nié pamichayétt, iéssli ya pakou-riou ?]
28.	Avez-vous du feu ?	**У вас есть зажига́лка?**	[ou vass iésst zajigalka ?]

5.

EN VOYAGE

в путеше́ствии [v'poutichièsstvi]

1.	le voyage	**путеше́ствие**	[poutichiésstvié]
2.	le départ	**отправле́ние**	[attpravlénnié]
3.	l'arrivée	**прибы́тие**	[pribuittié]
4.	la valise	**чемода́н**	[tchimadann]
5.	les bagages	**бага́ж**	[bagach]
6.	Allons-y !	**Пое́хали!**	[païéhrali]
7.	En route !	**В доро́гу!**	[v'darogou]
8.	la douane	**тамо́жня**	[tamojnia]
9.	le passeport	**па́спорт**	[passportt]
10.	la carte d'identité	**удостовере́ние ли́чности**	[udasstavirénié litchnassti]
11.	Puis-je voir votre passeport ?	**Предоста́вьте ваш па́спорт.**	[pridasstavttié vach passportt]
12.	Le départ est prévu à 17 heures.	**Вре́мя отправле́ния: семна́дцать часо́в.**	[vrémia attpravlénia siémnattsatt tchassof]
13.	l'avion	**самолёт**	[samaliott]
14.	l'aéroport	**аэропо́рт**	[aéraportt]
15.	le pilote	**пило́т**	[pilott]
16.	l'hôtesse de l'air	**стюарде́сса**	[stiouardessa]
17.	décoller	**взлете́ть**	[vzlitiétt]
18.	atterrir	**приземли́ться**	[prizémlittssia]
19.	annuler	**отмени́ть**	[attminitt]
20.	retarder	**заде́рживать**	[zadiérchivatt]
21.	Le vol est retardé.	**Полёт заде́ржан.**	[paliott zadiérjann]
22.	Notre avion décolle à 15 heures.	**Наш самолёт взлета́ет в три часа́ дня.**	[nach samaliott vzlitayétt v tri tchassa dnia]
23.	Attachez vos ceintures, s'il vous plaît !	**Пристегни́те ва́ши ремни́, пожа́луйста!**	[pristtiég-nittié vachi rimni, pajalousta]
24.	Il est interdit de fumer dans les toilettes.	**Куре́ние в туале́тах запрещено́.**	[kourénié v toualiétahr zaprichino]
25.	le chemin de fer	**желе́зная доро́га**	[jiliéznaya daroga]
26.	le train / la gare	**по́езд / вокза́л**	[poézd] / [vakzal]
27.	le quai	**платфо́рма**	[plattforma]
28.	le compartiment	**купе́**	[koupè]
29.	le wagon	**ваго́н**	[vagonn]
30.	le wagon-restaurant	**ваго́н-рестора́н**	[vagonn-risstarann]
31.	- Je voudrais un billet pour Paris.	**- Я хоте́л(а) бы купи́ть биле́т до Пари́жа.**	[ya hratiél(a) bui koupitt biliètt da parija]
32.	- Aller simple ou aller et retour ?	**- То́лько туда́ и́ли туда́ и обра́тно?**	[tolka touda ili touda i abrattna ?]

6.

AU RESTAURANT

в рестора́не [v'restaranié]

1.	Le restaurant est ouvert.	**Рестора́н откры́т.** [restaran attkrit]
2.	Cette table est-elle libre ?	**Этот сто́лик свобо́ден?** (стол : la table) [étatt stolik svabodiènn ?]
3.	Nous avons réservé une table pour deux.	**Мы заказа́ли один сто́лик на двои́х.** [mui zakazali adinn stolik na dvaïhr]
4.	Garçon, puis-je avoir la carte ?	**Официа́нт, вы мо́жете принести́ меню́?** [afitsianntt, vui mojittié prinièssti miniou ?]
5.	Que nous recommandez-vous ?	**Что вы мо́жете нам порекомендова́ть ?** [chto vui mojittié nam parikomiènndavatt ?]
6.	Quel est le plat du jour ?	**Како́е у вас дежу́рное блю́до?** [kakoïé ou vass dijournaé bliouda ?]
7.	Quelle cuisson désirez-vous ?	**Как вам поджа́рить?** [kak vam padjaritt ?]
8.	A point ?	**Немно́го с кро́вью?** [nièmnoga skroviou ?]
9.	Bien cuit ?	**Хорошо́ прожа́ренный?** [hralacho prajarènni ?]
10.	Saignant ?	**С кро́вью?** [s'kroviou ?]
11.	Puis-je avoir un peu de moutarde ?	**Мо́жно мне немно́го горчи́цы?** [mojna mniè nièmnoga gartchitsui ?]
12.	J'aimerais avoir du pain, s'il vous plaît !	**Мо́жно хле́ба, пожа́луйста?** [mojna hrliéba, pajalousta]
13.	Pouvez-vous m'apporter un verre ?	**Вы мо́жете принести́ мне стака́н ?** [vui mojittié prinièssti mnié stakann ?]
14.	- Est-ce que c'était bon ?	**- Бы́ло вку́сно?** (вку́сный : *bon, savoureux*) [buila vkoussna ?]
15.	- Le repas était excellent.	**- Бы́ло о́чень вку́сно!** (о́чень : *très*) [buila otchèn vkoussna]
16.	- Désirez-vous encore autre chose ?	**- Хоти́те чего́-нибу́дь ещё?** (хоте́ть : *désirer*) [hratittié tchivo niboutt iéchio ?]
17.	- Non, merci. Ce sera tout.	**- Нет, спаси́бо. Это всё.** [niètt, spassiba. éta vsio.]
18.	L'addition, s'il vous plaît !	**Счёт, пожа́луйста!** [s-chiott, pajalousta !]
19.	Le service est compris.	**Се́рвис вхо́дит в опла́ту.** (опла́та : *le paiement*) [serviss vhroditt v'aplatou]
20.	Mais on peut laisser un pourboire.	**Мо́жно оста́вить чаевы́е!** (оста́вить : *laisser*) [mojna astavitt tchayèvuè]
21.	Où sont les toilettes, s'il vous plaît ?	**Где нахо́дится туале́т, скажи́те пожа́луйста.** [gdié nahroditssia toualètt, skajittiè pajalousta]

7.

LES REPAS (1)

обе́ды [abièdi]

1.	le repas	**обед**	[abièd]
2.	le petit-déjeuner	**за́втрак**	[zavtrak]
3.	le pain	**хлеб**	[hrlièb]
4.	le beurre	**ма́сло**	[massla]
5.	la confiture	**варе́нье**	[varéniè]
6.	le miel	**мёд**	[miod]
7.	le déjeuner	**обед**	[abièd]
8.	le dîner	**у́жин**	[oujinn]
9.	l'entrée	**заку́ска**	[zakousska]
10.	le plat principal	**основно́е блю́до**	[assnavnoïé bliouda]
11.	la boisson	**напи́ток**	[napitok]
12.	l'eau	**вода́**	[vada]
13.	l'eau plate	**негазиро́ванная вода́** [(niégazirovannaïa vada]	
14.	l'eau gazeuse	**газиро́ванная вода́**	[gazirovannaïa vada]
15.	le jus	**сок**	[sok]
16.	le jus de fruit	**фрукто́вый сок**	[frouktovui sok]
17.	le vin	**вино́**	[vino]
18.	la bière	**пи́во**	[piva]
19.	la bière blonde	**све́тлое пи́во**	[sviétlaé piva]
20.	la bière brune	**тёмное пи́во**	[tiomnaé piva]
21.	la bière à la pression	**бо́чечное пи́во**	[botchitchnaé piva]
22.	le café	**ко́фе**	[kofé]
23.	le thé	**чай**	[tchaï]
24.	le lait	**молоко́**	[malako]
25.	avec ou sans lait ?	**С молоко́м и́ли без?**	[s'malakom ili bièzz ?]
26.	le chocolat (chaud)	**(горя́чий) шокола́д**	[(gariatchi) chakalatt]
27.	- Que voulez-vous boire ?	**- Что бу́дете пить?** [chto bouditié pitt ?]	
28.	- Une bière et un verre de vin rouge.	**- Стака́н пи́ва и бока́л кра́сного вина́.** [stakann piva i bakal krassnava vina]	
29.	A votre santé !	**За (ва́ше) здоро́вье!**	[za vaché zdarovié]
30.	Cul sec !	**До дна́!**	[da dna]
31.	C'est ma tournée !	**Моя́ о́чередь угоща́ть!** (о́чередь : *le tour*) [maya otchéréd ougachatt]	
32.	le verre	**стака́н**	[stakann]
33.	la tasse	**кру́жка**	[kroujka]
34.	l'assiette	**таре́лка**	[tarièlka]
35.	la cuillère	**ло́жка**	[lojka]
36.	le couteau	**нож**	[noch]
37.	la fourchette	**ви́лка**	[vilka]

8.

LES REPAS (2)

обе́ды [abièdi]

38.	la salade	**сала́т**	[salatt]
39.	l'œuf	**яйцо́**	[yaïtsso]
40.	la pomme de terre	**карто́фель**	[kartofièl]
41.	les frites	**карто́фель во фритю́ре** [kartofièl va frittiouré]	
42.	le steak-frites	**котле́та с карто́фелем во фритю́ре** [katléta s'kartofiélém va frittiouré]	
43.	la viande	**мя́со**	[miassa]
44.	le poisson	**ры́ба**	[riba]
45.	le bœuf	**говя́дина**	[gaviadina]
46.	le veau	**теля́тина**	[tiliatina]
47.	le porc	**свини́на**	[svinina]
48.	le jambon	**ветчина́**	[vitchina]
49.	la saucisse	**соси́ска**	[sassisska]
50.	le hot dog	**хот до́г**	[hrott dog]
51.	le poulet	**куря́тина**	[kouriatina]
52.	l'agneau	**мя́со ягнёнка**	[miassa iag-nionnka]
53.	le saumon	**лосо́сь**	[lassoss]
54.	la truite	**форе́ль**	[farèl]
55.	le maquereau	**ску́мбрия**	[skoummbria]
56.	les pâtes	**макаро́ны**	[makaroni]
57.	le riz	**рис**	[riss]
58.	l'huile	**ма́сло**	[massla]
59.	le vinaigre	**у́ксус**	[oukssouss]
60.	la moutarde	**горчи́ца**	[gartchitssa]
61.	le poivre	**пе́рец**	[pièrètss]
62.	le sel	**соль**	[sol]
63.	le sucre	**са́хар**	[sa-hrar]
64.	les légumes	**о́вощи**	[ovachi]
65.	le fromage	**сыр**	[sir]
66.	le dessert	**десе́рт**	[dissértt]
67.	la glace	**моро́женое**	[marojinaé]
68.	le gâteau	**пиро́жное**	[pirojnaé]
69.	sucré	**сла́дкое**	[sladkaïé]
70.	le fruit	**фрукт**	[froukt]
71.	la pomme	**я́блоко**	[iablaka]
72.	la poire - l'orange	**гру́ша - апельси́н**	[groucha - apèlssinn]
73.	le jus de pomme	**я́блочный сок**	[iablachni sok]
74.	la pelure	**кожура́**	[kajoura]
75.	Quel est le nom de ce fruit ?	**Как называ́ется э́тот фрукт?** [kak nazivayètsa étatt froukt ?]	

9.

LES JOURS ET LES MOIS

дни и ме́сяцы [dni i miéssiatssi]

1.	la semaine	**неде́ля**	[nidiéla]
2.	le lundi	**понеде́льник**	[panidiélnik]
3.	le mardi	**вто́рник**	[vtornik]
4.	le mercredi	**среда́**	[sriéda]
5.	le jeudi	**четве́рг**	[tchéttvièrk]
6.	le vendredi	**пя́тница**	[piatnitsa]
7.	le samedi	**суббо́та**	[soubbota]
8.	le dimanche	**воскресе́нье**	[vaskrissiénié]
9.	Janvier	**янва́рь**	[iènnvar]
10.	Février	**февра́ль**	[fiévral]
11.	Mars	**март**	[martt]
12.	Avril	**апре́ль**	[aprèl]
13.	Mai	**май**	[maï]
14.	Juin	**ию́нь**	[iyounn]
15.	Juillet	**ию́ль**	[iyoul]
16.	Août	**а́вгуст**	[avgousst]
17.	Septembre	**сентя́брь**	[sinntiabèr]
18.	Octobre	**октя́брь**	[aktiabèr]
19.	Novembre	**ноя́брь**	[naïabèr]
20.	Décembre	**дека́брь**	[dikabèr]

10.

LES CHIFFRES ET LES NOMBRES

ци́фры и чи́сла [tsifri i tchissla]

1	**оди́н** [adinn]	18	**восемна́дцать** [vassièmnatsètt]
2	**два** [dva]	19	**девятна́дцать** [diviattnatsètt]
3	**три** [tri]	20	**два́дцать** [dvatsètt]
4	**четы́ре** [tchétiré]	21	**два́дцать один** [dvatssètt adinn]
5	**пять** [piatt]	22	**два́дцать два** [dvatsètt dva]
6	**шесть** [chièsst]	23	**два́дцать три** [dvatsètt tri]
7	**семь** [sièm]	24	**два́дцать четы́ре** [dvatsètt tchétiré]
8	**во́семь** [vossièm]	30	**три́дцать** [tritsètt]
9	**де́вять** [diviètt]	40	**со́рок** [sorak]
10	**де́сять** [dissiètt]	50	**пятьдеся́т** [pittdissiatt]
11	**оди́ннадцать** [adinnatsètt]	60	**шестьдеся́т** [chièsstdissiatt]
12	**двена́дцать** [dviénatsètt]	70	**се́мьдесят** [sièmdissiatt]
13	**трина́дцать** [trinatsètt]	80	**во́семьдесят** [vossièmdissiatt]
14	**четы́рнадцать** [tchétirnatsètt]	90	**девяно́сто** [divianosta]
15	**пятна́дцать** [piattnatsètt]	100	**сто** [sto]
16	**шестна́дцать** [chièsstnatsètt]	1000	**ты́сяча** [tissiatcha]
17	**семна́дцать** [sièmnatsètt]	0	**ноль** [noll]

11.

L'ARGENT - LE PRIX

де́ньги [diénngui] **- цена́** [tséna]

1.	- Combien est-ce que ça coûte ?	**- Ско́лько (э́то) сто́ит?** [skolka (éta) stoïtt ?] (сто́ит : coûter)
2.	- 17 euros et cinquante centimes.	**- Семна́дцать е́вро и пятьдеся́т це́нтов.** [sièmnatssatt ièvra i pittdissiatt tsenntof]
3.	C'est bon marché.	**Это дёшево.** [éta diochéva]
4.	C'est cher.	**Это до́рого.** [éta doraga]
5.	C'est très cher.	**- Это о́чень до́рого.** [éta otchénn doraga]
6.	C'est trop cher pour moi.	**Это сли́шком до́рого для меня́.** [éta slichkam doraga dlia minia]
7.	Est-ce que vous avez autre chose ?	**Есть ли у вас что́-нибу́дь друго́е?** [ièsst li ou vass chto niboutt drougoïé ?]
8.	Avez-vous quelque chose de moins cher ?	**Есть ли у вас что́-нибу́дь подеше́вле?** [ièsst li ou vass chto niboutt padichèv-lié ?]
9.	Je n'ai pas assez d'argent.	**У меня́ не хвата́ет де́нег.** [ou minia niè hrvataétt diéniėk]
10.	Combien d'argent as-tu ?	**Ско́лько у тебя́ де́нег?** [skolka ou tibia diéniėk ?]
11.	Peux-tu me donner quelques euros ?	**Ты мо́жешь мне дать не́сколько е́вро?** [tui mojich mnié datt niésskalka ièvra ?]
12.	Est-ce que je peux payer en dollars ?	**Я могу́ заплати́ть в до́лларах?** [ia magou zaplatitt v'dolarahr ?]
13.	Rendez-moi la monnaie, s'il vous plaît !	**Да́йте мне сда́чу, пожа́луйста!** [daïttié mniè sdatchou, pajalousta !]
14.	Vous pouvez garder la monnaie.	**Вы мо́жете оста́вить сда́чу себе́.** [vui mojittié astavitt sdatchou sibié.]
15.	- Où est le magasin le plus proche ?	**Где нахо́дится ближа́йший магази́н ?** [gdié nahroditssia blijaïchi magazinn ?]
16.	Entrez donc ! Venez jeter un coup d'œil !	**Заходи́те же! Посмотри́те!** [zahradittié jè ! Passmatrittié !]
17.	Je voudrais acheter ceci.	**Я бы хоте́л(а) купи́ть э́то.** [ia bui hratièl (hratiéla) koupitt èta.]
18.	Profitez-en, c'est une bonne affaire !	**По́льзуйтесь слу́чаем, э́то о́чень дёшево!** [polzouttièss sloutchayèm, èta otchènn diochèva !]
19.	- Est-ce que vous désirez autre chose ?	**- Ну́жно ли вам что́-нибу́дь ещё?** [noujna li vam chto niboutt ièchio ?]
20.	- J'aimerais ramener un souvenir.	**- Мне бы хоте́лось привезти́ како́й-нибу́дь сувени́р.** [mniè bui hratièlass privièzti kakoï niboutt souvénir]

12.

A L'HÔTEL

В гости́нице [v'gastinitsé]

1.	la chambre	**но́мер** [nomér]
2.	le lit - la douche	**крова́ть - душ** [kravatt - douch]
3.	la chambre individuelle	**одноме́стный но́мер** [adnamiésstnui nomér]
4.	la chambre double	**двуме́стный но́мер** [dvoumiésstnui nomèr]
5.	la salle de bains	**ва́нная** [vannaïa]
6.	l'air conditionné	**кондициони́рованный во́здух** [konndittssianiravannui vozdouhr]
7.	la demi-pension	**полупансио́н** [paloupannsionn]
8.	la pension complète	**по́лный пансио́н** [polnui pannsionn]
9.	- Avez-vous encore des chambres libres ?	**- Есть ли у вас ещё свобо́дные номера́?** [iésst li ou vass iéchio svabod-nuié namira ?]
10.	- Désolé, l'hôtel est complet.	**- К сожале́нию, гости́ница запо́лнена.** [k'ssajaléniou, gastinitsa zapolniéna]
11.	Nous aimerions une chambre double.	**Мы бы хоте́ли снять двойно́й но́мер.** [mui bui hratiéli sniatt dvaïnoï nomèr]
12.	La chambre coûte 150 euros.	**Но́мер сто́ит сто пятьдеся́т е́вро.** [nomèr stoïtt sto pittdissiatt ièvra]
13.	- Pouvons-nous voir la chambre ?	**- Мо́жно ли посмотре́ть но́мер?** [mojna li passmatritt nomèr ?]
14.	- Voici la clé de la chambre.	**- Вот ключ от но́мера.** [vott klioutch ott nomèra]
15.	La chambre me plaît. Nous la prenons.	**- Мне нра́вится но́мер. Мы его́ берём.** [mnié nravitssia nomèr. Mui ièvo biriomm]
16.	- Combien de temps pensez-vous rester?	**- Ско́лько вре́мени вы ду́маете оста́ться?** [skolka vrémini vui doumaïéttié asstattsia ?]
17.	- Nous resterons deux ou trois jours.	**- Мы оста́немся два или три дня́.** [mui asstaniémssia dva ili tri dnia]
18.	- Je vous souhaite un agréable séjour.	**- Я вам жела́ю прия́тного пребыва́ния.** [ia vamm jilaïou priattnava pribuivania]
19.	Le petit-déjeuner est inclus.	**За́втрак вхо́дит в опла́ту.** [zavtrak vhroditt v'aplatou]
20.	Jusqu'à quelle heure peut-on déjeuner ?	**До скольки́ мо́жно за́втракать?** [da skalki mojna zavtrakatt ?]
21.	Pouvez-vous me réveiller à six heures ?	**Вы мо́жете разбуди́ть меня́ в шесть часо́в ?** [vui mojittié razbouditt minia v'chièsstt tchassof ?]
22.	A quelle heure dois- je quitter la chambre ?	**Во ско́лько я до́лжен** *(fém.* : **должна́) поки́нуть но́мер ?** [va skolka ia doljinn (doljna) pakinoutt nomèr ?]

13.

LA VOITURE

маши́на [machina]

1.	l'essence	**бензи́н** [bénnzinn]
2.	faire le plein	**запра́вить (маши́ну)** [zapravitt (machinou)]
3.	la station-service	**запра́вочная ста́нция** [zapravatchnaya stanntssia]
4.	la route	**доро́га** [daroga]
5.	l'autoroute	**автостра́да** [avtastrada]
6.	le camion	**грузови́к** [grouzavik]
7.	l'autocar	**туристи́ческий авто́бус** [tourisstitchèsski avtobouss]
8.	- Je voudrais louer une voiture.	**Я хоте́л(а) бы взять маши́ну на прока́т.** [ia hratièl(a) bui vziatt machinou na prakatt]
9.	- Montrez-moi votre permis de conduire !	**Покажи́те ва́ши води́тельские права́!** [pakajittiè vachi vadittièlski prava]
10.	Je dois faire le plein.	**Мне ну́жно запра́вить маши́ну.** [mnié noujna zapravitt machinou]
11.	Où est la prochaine station-service ?	**Где нахо́дится сле́дующая запра́вочная ста́нция ?** [gdié nahrodittsia sliédiouchaya zapravatchnaya stanntsia ?]
12.	J'aimerais prendre 20 litres d'essence.	**Мне ну́жно два́дцать ли́тров бензи́на.** [mniè noujna dvatsatt litrof bénnzina]
13.	Stationnement interdit.	**Стоя́нка запрещена́.** [stayannka zaprichièna]
14.	- Sommes-nous sur la bonne route ?	**- На пра́вильном ли мы пути́?** [na pravilnomm li mui pouti ?]
15.	- Non, vous vous êtes trompés.	**- Нет, вы оши́блись.** [niètt, vui achibliss]
16.	Vous devez faire demi-tour.	**Вы должны́ поверну́ть наза́д.** [vui daljni pavièrrnoutt nazatt]
17.	A quelle distance se trouve cette ville ?	**На како́м расстоя́нии нахо́дится э́тот го́род?** [na kakom rasstayani nahroditssia étatt gorad ?]
18.	Où est la gare, s'il vous plaît ?	**Где нахо́дится вокза́л, скажи́те пожа́луйста.** [gdié nahroditssia vakzal, skajitié pajalousta]
19.	Allez jusqu'au prochain feu rouge !	**Иди́те до сле́дующего светофо́ра.** [idittié da slédiouchchéva sviètafora]
20.	Là, vous tournez à droite.	**Там вы повернёте напра́во.** [tam vui pavirniottié naprava]
21.	Prenez ensuite la deuxième rue à gauche.	**Зате́м вы повора́чиваете на втору́ю у́лицу сле́ва.** [zatièm vui pavaratchivaéttié na vtarouyou oulitsou sliéva]
22.	Après, c'est toujours tout droit !	**Зате́м иди́те всё вре́мя пря́мо!** [zatièm idittié vsio vrémia priama]

14.

QUELQUES CONTRAIRES

не́сколько противополо́жностей
[nièsskalka prativapalojnassteï]

1.	C'est beau.	**Это краси́во.**	[éta krassiva]
2.	Ce n'est pas beau.	**Это не краси́во.**	[éta nié krassiva]
3.	C'est ouvert.	**Это откры́то.**	[éta attkrita]
4.	C'est fermé.	**Это закры́то.**	[éta zakrita]
5.	C'est grand.	**Это большо́е.**	[éta balchoïé]
6.	C'est petit.	**Это ма́ленькое.**	[éta maliénkayé]
7.	long - court	**дли́нный - коро́ткий**	[dlinni - karottki]
8.	large - étroit	**широ́кий - у́зкий**	[chiroki - ouzki]
9.	bon - mauvais	**хоро́ший - плохо́й**	[hrarochi - plahroï]
10.	jeune - vieux	**молодо́й - ста́рый**	[maladoï - stari]
11.	nouveau - ancien	**но́вый - ста́рый**	[novui - stari]
12.	chaud - froid	**горя́чий - холо́дный**	[gariatchi - hralodni]
13.	rapide - lent	**бы́стрый - ме́дленный**	[buistri - miédlénni]
14.	propre - sale	**чи́стый - гря́зный**	[tchissti - griazni]
15.	vrai - faux	**правди́вый - ло́жный**	[pravdivui - lojni]
16.	interdit	**запрещённый**	[zaprichionni]
17.	autorisé	**разрешённый**	[rassrichionni]
18.	quelqu'un	**кто́-то**	[kto ta]
19.	personne	**никто́**	[nikto]
20.	tout le monde	**все**	[vssié]
21.	quelque chose	**что́-то**	[chto ta]
22.	rien - tout	**ничто́ - всё**	[nichto - vssio]
23.	maintenant	**сейча́с**	[sitchass]
24.	plus tard	**поздне́е**	[passdniéé]
25.	aujourd'hui	**сего́дня**	[sivodnia]
26.	hier - demain	**вчера́ - за́втра**	[vtchiéra - zavtra]
27.	avant-hier	**позавчера́**	[pazovtchiéra]
28.	après-demain	**послеза́втра**	[posslièzavtra]
29.	en haut - en bas	**вверх - вниз**	[vièhr - vniss]
30.	à droite	**напра́во**	[naprava]
31.	à gauche	**нале́во**	[naliéva]
32.	loin - proche	**далеко́ - бли́зко**	[daléko - blisska]
33.	ici - là-bas	**здесь - там**	[zdièss - tam]

15.

LES COULEURS

цвета́ [tsviéta]

1.	blanc - noir	**бе́лый - чёрный**	[biéli - tchorni]
2.	bleu - rouge	**голубо́й - кра́сный**	[galouboï - krassni]
3.	vert - jaune	**зелёный - жёлтый**	[zilioni - jolti]
4.	gris - marron	**се́рый - кори́чневый**	[siéri - karitchniévui]
5.	rose - orange	**ро́зовый - ора́нжевый**	[rozavui - arannjivui]

16.

COMMENT ALLEZ-VOUS ?

Как ва́ши дела́? [kak vachi diéla ?]

1.	- Très bien, merci. Et vous ?	**О́чень хорошо́, спаси́бо. А у ва́с ?** [otchén khraracho, spaciba. a ou vass ?]
2.	Entrez, je vous en prie !	**Заходи́те, пожа́луйста!** [zakhradittié, pajalousta]
3.	Après vous, je vous en prie !	**По́сле вас, пожа́луйста!** [posslié vass, pajalousta]
4.	C'est très aimable à vous !	**Очень ми́ло с ва́шей стороны́!** [otchén mila svacheï starani]
5.	Mettez-vous à l'aise !	**Уса́живайтесь поудо́бнее!** [oussachivaïttiéss paoudobnié]
6.	- Puis-je m'asseoir à côté de vous ?	**- Мо́жно я ся́ду ря́дом с ва́ми?** [mojna ia siadou riadom s'vami?]
7.	- Mais bien sûr !	**- Ну коне́чно же!** [nou kaniéchna jé]
8.	- Cela ne vous dérange pas ?	**- Вам не помеша́ет?** [vam nié pamiéchaétt ?]
9.	- Mais pas du tout, au contraire !	**- Нет, ниско́лько, напро́тив!** [niétt, nisskolka, naprotiv]
10.	- Comment vous sentez-vous ?	**- Как вы себя́ чу́вствуете?** [kak vui sibia tchouvstvouèttié ?]
11.	- Je ne me sens pas très bien.	**- Я себя́ чу́вствую не о́чень хорошо́.** [ia sibia tchouvstvouyou nié otchén hralacho]
12.	Je me sens mal.	**Я себя́ пло́хо чу́вствую.** [ia sibia plohra tchouvstvouyou]
13.	Je me sens bien.	**Я чу́вствую себя́ хорошо́.** [ia tchouvstvouyou sibia hralacho]
14.	Je me sens mieux.	**Я чу́вствую себя́ лу́чше.** [ia tchouvstvouyou sibia loutchché]
15.	la santé	**здоро́вье** [zdaroviè]
16.	la maladie	**боле́знь** [balizinn]
17.	malade	**больно́й** (fém. : **больна́я**) [balnoï - balnaïa]
18.	le médecin	**врач** [vratch]
19.	le médicament	**лека́рство** [liékarstva]
20.	la pharmacie	**апте́ка** [aptiéka]
21.	J'ai attrapé un rhume.	**Я схвати́л(а) на́сморк.** [ia srvatil(a) nassmork] (на́сморк : *le rhume*)
22.	J'ai mal à la tête.	**У меня́ боли́т голова́.** (голова́ : *la tête*) [ou minia balitt galava]
23.	Il faut que je voie un médecin.	**Я до́лжен** (*fém.* : **должна́**) **пойти́ к врачу́.** [ia doljènn (daljna) païti k'vratchou]
24.	Où y a-t-il une pharmacie ?	**Где́ тут есть апте́ка?** (тут : ici / есть : il y a) [gdié toutt ièsst aptièka ?]
25.	Bon rétablissement !	**Выздора́вливай(те) !** [vuizdaravlivaï(ttié)]

LA LANGUE GRECQUE

La langue grecque est dans le monde la langue maternelle d'environ quinze millions de personnes, dont onze millions en Grèce même, les autres locuteurs vivant essentiellement sur l'île de Chypre, en Albanie et en Turquie. Quantitativement, le grec ne fait donc pas partie des « grandes » langues de la planète. Pourtant, sa place dans ce guide se justifie pour au moins trois excellentes raisons :

- l'importance de la civilisation héllénique dans la culture occidentale.
- l'influence que la langue grecque classique a exercée sur la formation de la langue française.
- l'attractivité touristique permanente qui caractérise cette région de la Méditerranée.

La langue grecque a bien sûr considérablement évolué depuis l'antiquité et la « grande époque » du grec classique, mais il existe une réelle continuité de la langue dont le premier élément est l'utilisation par la langue grecque moderne de l'alphabet ancien.

1. L'ALPHABET GREC

Vous trouverez ci-dessous les 24 lettres de l'alphabet grec. Elles figurent à la fois en majuscule et en minuscule et sont suivies de leur appellation française (alpha, vita, etc...) et de leur transcription phonétique (en italique) semblable à celle utilisée dans nos différentes listes de vocabulaire..

Α	**α**	**alpha**	= *a*	**Ν**	**ν**	**ni**	= *n*
Β	**β**	**vita**	= *v*	**Ξ**	**ξ**	**ksi**	= *ks*
Γ	**γ**	**gamma**	= *gh / y*	**Ο**	**ο**	**omikron**	= *o*
Δ	**δ**	**delta**	= *dh, zh*	**Π**	**π**	**pi**	= *p*
Ε	**ε**	**epsilon**	= *è*	**Ρ**	**ρ**	**ro**	= *r (roulé)*
Ζ	**ζ**	**zita**	= *z*	**Σ**	**σ ς**	**sigma**	= ss
Η	**η**	**ita**	= *i*	**Τ**	**τ**	**taf**	= *t*
Θ	**θ**	**thita**	= *θ (th anglais)*	**Υ**	**υ**	**ipsilon**	= *i*
Ι	**ι**	**iota**	= *i*	**Φ**	**φ**	**phi**	= *f*
Κ	**κ**	**kapa**	= *k*	**Χ**	**χ**	**chi**	= *ch / hr*
Λ	**λ**	**lambda**	= *l*	**Ψ**	**ψ**	**psi**	= *ps*
Μ	**μ**	**mi**	= *m*	**Ω**	**ω**	**oméga**	= *o*

2. LA PRONONCIATION DE LA LANGUE GRECQUE

a) Certaines lettres ont des prononciations différentes selon les lettres qui les précèdent ou qui les suivent :

• La lettre **gamma** (**Γ - γ**) correspond généralement au son **gh**. Mais elle se prononce **y** devant les sons **e** et **i**.

• La lettre **delta** (**Δ - δ**) correspond au *« th »* anglais doux de « this » (= son intermédiaire entre « *ss* » et *« z »*). Sa transcription phonétique est *dh* ou *zh*.

• La lettre **thita** (**Θ - θ**) correspond au *« th »* anglais de « Thank you ! » (= son intermédiaire entre « *ss* » et *« f »*). Sa transcription phonétique est *θ* qui correspond d'ailleurs à sa transcription dans l'alphabet phonétique international qui vous est présenté page 11.

• La lettre **ipsilon (Υ - υ)** correspond généralement à un **i**. Mais elle se prononce comme un **v** lorsqu'elle est précédée d'un **α** (lettre A = alpha) ou d'un **ε** (lettre E = èpsilon).

• La lettre **chi** (**Χ - χ**) se prononce de manière chuintée (= ch) devant les sons **e** et **i.** Mais dans les autres cas, elle se prononce de manière gutturale *(= hr)* comme le ch allemand de *Achtung !* ou la jota espagnole.

b) Certains sons correspondent au regroupement de deux lettres :

ΜΠ	**μπ**	**mi-pi**	= *b*	**ΕΙ**	**ει**	**epsilon-iota**	= *i*
ΝΤ	**ντ**	**ni-taf**	= *d*	**ΟΙ**	**οι**	**omikron-iota**	= *i*
ΓΚ	**γκ**	**gamma-kapa**	= *gh*	**ΥΙ**	**υι**	**ipsilon-iota**	= *i*
ΑΙ	**αι**	**alpha-iota**	= *è*	**ΟΥ**	**ου**	**omikron-ipsilon**	= *ou*

3. L'ACCENTUATION

Tous les mots grecs d'au moins deux syllabes portent un accent aigu qui indique l'accent tonique. Dans la transcription phonétique, c'est la syllabe soulignée qui porte cet accent :

Καλή όρεξη! [kali orèksi] *Bon appétit !*

4. LA PONCTUATION

La ponctuation grecque est la même qu'en français, à une seule exception près : le point virgule grec (;) correspond au point d'interrogation français (?) :

Ποιός είσαι; [pioss issè] *Qui es-tu ?*
Ποιός είστε; [pioss isstè] *Qui êtes-vous ?*

5. LES VERBES GRECS

a) Les verbes grecs n'ont pas d'infinitif, c'est la forme de la première personne du singulier qui figure dans les lexiques et les dictionnaires. Voici la conjugaison du présent et du passé de l'indicatif de deux verbes grecs indispensables : **έχω** [èhro] *(avoir)* et **είμαι** [imè] *(être)*. Chaque forme verbale étant bien distincte, il n'est pas d'usage d'employer le pronom personnel sujet sauf pour marquer une insistance ou éviter une ambiguïté, notamment à la troisième personne :

έχω	[èhro]	*j'ai*	**είχα**	[ihra]	*j'avais*
έχεις	[èchiss]	*tu as*	**είχες**	[ichèss]	*tu avais*
έχει	[èchi]	*il, elle a*	**είχε**	[ichè]	*il, elle avait*
έχουμε	[èhroumè]	*nous avons*	**είχαμε**	[ihramè]	*nous avions*
έχετε	[èchètè]	*vous avez*	**είχατε**	[ihratè]	*vous aviez*
έχουν	[èhrounn]	*ils, elles ont*	**είχαν**	[ihrann]	*ils, elles avaient*

είμαι	[imè]	*je suis*	**είμουνα**	[imouna]	*j'étais*
είσαι	[issè]	*tu es*	**είσουνα**	[issouna]	*tu étais*
είναι	[inè]	*il, elle est*	**είτανε**	[itanè]	*il, elle était*
είμαστε	[imasstè]	*nous sommes*	**είμαστανε**	[imasstanè]	*ns étions*
είστε	[isstè]	*vous êtes*	**είσαστε**	[issasstè]	*vous étiez*
είναι	[inè]	*ils, elles sont*	**είτανε**	[itanè]	*ils, elles étaient*

b) Pour former le futur, il suffit de placer le mot **θα** [θa] devant le verbe au présent :

θα έχουμε [θa èhroumè] : *nous aurons*
θα είμαστε [θa imasstè] : *nous serons*

c) Il existe en grec deux grandes catégories de verbes réguliers :
- Les verbes *accentués sur l'avant-dernière syllabe* qui se conjuguent comme le verbe **έχω** [èhro] *(avoir)* dont la conjugaison du présent et du passé vous est présentée ci-dessus.

- Les verbes *accentués sur la dernière syllabe* qui se conjuguent au présent de l'indicatif de la manière suivante :

αγαπώ	[agapo]	*J'aime*	**αγαπούμε**	[agapoumè	*nous aimons*
αγαπάς	[agapass]	*tu aimes*	**αγαπάτε**	[agapatè]	*vous aimez*
αγαπά	[agapa]	*il, elle aime*	**αγαπούν**	[agapounn]	*ils, elles aiment*

d) Pour mettre une phrase à la forme négative, il suffit généralement de faire précéder le verbe du mot **δεν** [zhènn] :

Είναι ωραίο. [inè orèo] *C'est beau.*

Δεν είναι ωραίο. [zhènn inè orèo] *Ce n'est pas beau.*

e) Seul l'impératif utilise la négation **μην** [minn] :

Μην μιλάτε τόσο γρήγορα ! *Ne parlez pas si vite !*
[minn milaté tosso grigora !]

f) Dans nos différentes listes de vocabulaire, vous rencontrerez très souvent le mot **να** [na] intercalé entre deux verbes grecs conjugués à la même personne. Dans cette tournure, le deuxième verbe se traduit en français par un infinitif :

Μπορώ να πληρώσω σε δολλάρια; *Puis-je payer en dollars ?*
[boro **na** plirosso ssè dollaria ?]

g) Comme en français, la **formule de politesse** correspond en grec à la deuxième personne du pluriel. Mais en Grèce, le tutoiement est beaucoup plus répandu qu'en France.

6. LES DÉCLINAISONS

La langue grecque comporte trois genres *(masculin, féminin, neutre)* et quatre cas de déclinaison (nominatif, accusatif, génitif, vocatif) :
- **Le nominatif** est le cas du sujet et de l'attribut du sujet
- **L'accusatif** est le cas du complément d'objet. C'est également le cas utilisé après les prépositions (à quelques rares exceptions près).
- **Le génitif** est le cas du complément de nom.
- **Le vocatif** est le cas de l'interpellation ou de l'apostrophe.

L'existence de déclinaisons permet d'identifier facilement la fonction occupée par un mot dans une phrase. Cela donne à la langue grecque une grande souplesse dans l'ordre des mots.

7. ARTICLES, SUBSTANTIFS ET ADJECTIFS

a) Les articles grecs n'ont pas de forme de vocatif. Dans les tableaux ci-dessous, la déclinaison des **articles définis** *(= le, la, les, au, aux,* etc.) figure en **rouge**.

b) **L'article indéfini** *(= un, une)* n'a pas de pluriel. Dans les tableaux ci-dessous, les formes de singulier figurent en **bleu** et entre parenthèses.

c) Il existe pour les **substantifs** (ou **noms communs**) de nombreux types de déclinaison. Les tableaux ci-dessous vous en présentent trois exemples parmi les plus répandus : **ο πατέρας** *[o patèrass]* = *le père* (masculin), **η κόρη** *[i kori]* = *la fille* (féminin), **το δώρο** *[to zhoro]* = *le cadeau* (neutre).

	Masculin ***singulier***	*Masculin* ***pluriel***
Nominatif	ο (ένας) πατέρας	οι πατέρες
	[o (ènass) patèrass]	*[i patèrèss]*
Accusatif	τον (ένα) πατέρα	τους πατέρες
	[tonn (èna) patèra]	*[touss patèrèss]*
Génitif	του (ένος) πατέρα	των πατέρων
	[tou (ènoss) patèra]	*[tonn patèronn]*
Vocatif	πατέρα	πατέρες
	[patèra]	*[patèrèss]*

	Féminin **singulier**	Féminin **pluriel**
Nominatif	η (μιά) κόρη	οι κόρες
	[i (mia) kori]	[i korèss]
Accusatif	την (μιά) κόρη	τις κόρες
	[tinn (mia) kori]	[tiss korèss]
Génitif	της (μιάς) κόρης	των κορών
	[tiss (miass) kori]	[tonn koronn]
Vocatif	κόρη	κόρες
	[kori]	[koress]

	Neutre **singulier**	Neutre **pluriel**
Nominatif	το (ένα) δώρο	τα δώρα
	[to (èna) zhoro]	[ta zhora]
Accusatif	το (ένα) δώρο	τα δώρα
	[to (èna) zhoro]	[ta zhora]
Génitif	του (ένος) δώρου	των δώρων
	[tou (ènoss) zhoro]	[tonn zhoronn]
Vocatif	δώρο	δώρα
	[zhoro]	[zhora]

d) Les **adjectifs** s'accordent en genre et en nombre avec le substantif auquel ils se rapportent. Ils ont une déclinaison semblable à celle des substantifs.

8. LES PRONOMS PERSONNELS

a) Chaque pronom personnel grec possède des formes « pleines » et des formes « réduites » qu'il n'est pas possible de présenter ici de manière complète. Voici cependant quelques formes parmi les plus répandues :

NOMINATIF *(formes « pleines »)*	**ACCUSATIF** *(formes « réduites »)*	**GÉNITIF (*)** *(formes « réduites »)*
εγώ [ègho] : *je, moi*	**με** [mè] : *me, moi*	**μου** [mou] : *de moi*
εσύ [èssi] : *tu, toi*	**σε** [ssè] : *te, toi*	**σου** [ssou] : *de toi*
αυτός [aftoss] : *il, lui*	**τον** [tonn] : *le*	**του** [tou] : *de lui*
αυτή [afti] : *elle*	**την** [tinn] : *la*	**της** [tiss] : *d'elle*
εμείς [èmiss] : *nous*	**μας** [mass] : *nous*	**μας** [mass] : *de nous*
εσείς [èssiss] : *vous*	**σας** [ssass] : *vous*	**σας** [ssass]: *de vous*
αυτοί [afti] : *ils, eux*	**τους** [touss] : *les*	**των** [tonn] : *d'eux*
αυτές [aftèss] : *elles*	**της** [tiss] : *les*	**των** [tonn] : *d'elles*

(*) Les formes réduites du génitif sont très utilisées dans l'expression de la possession (voir le paragraphe ci-dessous).

b) On peut dire schématiquement que les formes pleines précèdent le verbe et que les formes réduites le suivent.

4. LES ADJECTIFS POSSESSIFS

En grec, il n'y a pas d'adjectifs possessifs spécifiques *(= mon, ma, mes,* etc.). On a recours au génitif de la forme réduite du pronom personnel correspondant. Celle-ci figure dans la troisième colonne du tableau ci-dessus. Ce mot se place après le substantif et se lie à lui dans la prononciation :

το αυτοκίνητο [to aftokinito] = *la voiture*
το αυτοκίνητό σας [to aftokinitossass] = *votre voiture*
(« la voiture de vous »)

1.

EXPRESSIONS DE BASE (1)

ΒΑΣΙΚΕΣ ΕΚΦΡΑΣΕΙΣ [vassikèss èkfrassiss]

1.	Bonjour !	**Καλημέρα!**	[kalimèra]
2.	Salut ! *(= bonjour)*	**Γεια!**	[ya]
3.	Salut à tous !	**Γεια σε όλους!**	[ya ssè olouss]
4.	Bonsoir !	**Καλησπέρα!**	[kalispèra]
5.	Mesdames et Messieurs, bonjour !	**Κυρίες και κύριοι, καλημέρα!**	[kirièss kè kiri, kalimèra]
6.	Chers amis, bonsoir !	**Αγαπητοί φίλοι, καλησπέρα!**	[agapiti fili, kalispèra]
7.	Bienvenue !	**Καλώς ήλθες!**	[kaloss illθèss]
8.	Bienvenue à Paris !	**Καλώς ήλθες στο Παρίσι !**	[kaloss ilθess ssto parissi]
9.	Bon appétit !	**Καλή όρεξη!**	[kali orèksi]
10.	A votre santé ! *(avant de boire)*	**Στην υγειά σας!** (η υγεία : *la santé*)	[stinn iyia ssass]
11.	A vos souhaits ! *(après éternuement)*	**Με τις υγείες σας!**	[mè tiss iyèss ssass]
12.	Bonne nuit !	**Καληνύχτα!**	[kalinichta]
13.	A demain !	**Αύριο πάλι!**	[avrio pali]
14.	A bientôt !	**Τα λέμε σύντομα!**	[ta lèmè ssidoma]
15.	A tout de suite !	**Αμέσως!**	[amèssoss]
16.	Au revoir !	**Γεια σας!**	[ya ssass]
17.	Salut ! *(= au revoir)*	**Γεια!**	[ya]
18.	Bon voyage !	**Καλό ταξίδι!**	[kalo taxizhi]
19.	A l'an prochain !	**Του χρόνου!**	[tou hronou]
20.	A la semaine prochaine !	**Την επόμενη εβδομάδα!**	[tinn èpomèni evzhomazha]
21.	D'accord !	**Εντάξει!**	[èdaxi]
22.	Pas de problème !	**Κανένα πρόβλημα!**	[kanèna provlima]
23.	- Parlez-vous français ?	**Μιλάτε γαλλικά;**	[milatè gallika ?]
24.	- Non, je ne parle que l'anglais.	**Όχι, δεν μιλάω παρά μόνο αγγλικά.**	[ochi, zhènn milao para mono aglika]
25.	Je (ne) parle (pas) français.	**(Δεν) μιλάω γαλλικά.**	[(zhènn) milao gallika]
26.	Y a-t-il ici quelqu'un qui parle français ?	**Υπάρχει κάποιος εδώ που μιλάει γαλλικά;**	[iparchi kapioss ezho pou milaille gallika ?]
27.	Peux-tu traduire ce mot en français ?	**Μπορείτε να μεταφράσετε αυτή τη(ν) λέξη στα γαλλικά ;**	[boritè na mètafrassètè afti ti lèksi sta gallika ?]
28.	Que signifie cette phrase, s'il vous plaît ?	**Τι σημαίνει αυτή η φράση, σας παρακαλώ;**	[ti ssimèni afti i frassi, sass parakalo ?]

2.

EXPRESSIONS DE BASE (2)

ΒΑΣΙΚΕΣ ΕΚΦΡΑΣΕΙΣ [vassikèss èkfrassiss]

29.	Merci (beaucoup) !	**Ευχαριστώ (πολύ)!**	[evkaristo (poli)]
30.	Je vous en prie !	**Σας παρακαλώ!**	[ssass parakalo]
31.	Il n'y a pas de quoi !	**Κανένα πρόβλημα!**	[kanèna provlima]
32.	Oui. Non.	**Ναι. Όχι.**	[nè] [ochi]
33.	Si. Peut-être.	**Ναι. Ίσως.**	[nè] [issos]
34.	Parfois.	**Μερικές φορές.**	[mèrikèss forèss]
35.	Jamais.	**Ποτέ.**	[potè]
36.	Souvent.	**Συχνά.**	[ssichna]
37.	Toujours.	**Πάντοτε.**	[padotè]
38.	Je ne sais pas.	**Δεν ξέρω.**	[zhènn ksèro]
39.	Je ne comprends pas.	**Δεν καταλαβαίνω.**	[zhènn katalavèno]
40.	Je n'ai pas compris.	**Δεν κατάλαβα.**	[zhènn katalava]
41.	- Vous ne comprenez pas ?	**- Δεν καταλαβαίνετε;**	[zhènn katalavènètè ?]
42.	- Si, j'ai presque tout compris.	**- Ναι, τα κατάλαβα σχεδόν όλα.**	[Nè, ta katalava sièzhonn ola]
43.	Que dites-vous ?	**Τι λέτε;**	[ti lètè ?]
44.	Que dit-il ?	**Τι λέει;**	[ti leille ?]
45.	Il dit qu'il ne comprend rien !	**Λέει ότι δεν καταλαβαίνει τίποτα!**	[leille oti zhenn katalavèni tipota]
46.	Je ne comprends pas ce que vous dites.	**Δεν καταλαβαίνω αυτό που λέτε.**	[zhènn katalavèno afto pou lètè]
47.	Je ne parle pas votre langue.	**Δεν μιλάω την γλώσσα σας.**	[zhènn milao tinn glossa ssass]
48.	Que signifie ce mot ?	**Τι σημαίνει αυτή η λέξη;**	[ti ssimèni afti i lexi ?]
49.	Comment dit-on cela en grec ?	**Πώς λέγεται αυτό στα ελληνικά;**	[poss léyètè afto st'èllinika?]
50.	Dites-le plutôt en français !	**Πέστε το καλύτερα στα γαλλικά!**	[pèsstè to kalitéra sta gallika]
51.	Pouvez-vous répéter, s'il vous plaît ?	**Μπορείτε να επαναλάβετε, σας παρακαλώ;**	[boritè na èpanalavètè, ssass parakalo ?]
52.	Parlez plus lentement, s'il vous plaît !	**Μιλάτε πιο αργά, σας παρακαλώ.**	[milatè pio arga, ssass parakalo]
53.	Pardon !	**Συγνώμη!**	[ssig-nomi]
54.	Excusez-moi !	**Συγχωρέστε με!**	[ssighkorèsstè mè]
55.	Désolé(e) !	**Λυπάμαι.**	[lipamè]
56.	Dommage !	**κρίμα!**	[krima]
57.	C'est vraiment dommage !	**Είναι πραγματικά κρίμα!**	[inè pragmatika krima]

3.

SE PRÉSENTER

ΠΑΡΟΥΣΙΑΖΟΜΑΙ [paroussiazomè]

1.	Comment vous appelez-vous ?	**Πώς σας λένε;**	[poss ssass lènè ?]
2.	Je m'appelle Pierre Dubois.	**Με λένε Πέτρο Ντιμπουά.**	[mè lènè pètro duboa]
3.	Enchanté(e) de faire votre connaissance !	**Χάρηκα που σας γνώρισα!**	[hrarika pou ssass g-norissa]
4.	Madame Dubois.	**Κυρία Ντιμπουά.**	[kiria duboa]
5.	Mlle Dubois.	**Δεσποινίς Ντιμπουά.**	[zhesspiniss]
6.	Monsieur Dubois.	**Κύριος Ντιμπουά.**	[kirioss duboa]
7.	Je vous présente mon mari.	**Σας παρουσιάζω το(ν) σύζυγό μου.**	[sass paroussiazo tonn ssizigo mou]
8.	Je vous présente ma femme.	**Σας παρουσιάζω τη(ν) σύζυγό μου.**	[sass paroussiazo ti ssizigo mou]
9.	- Quel âge avez-vous ?	**- Πόσων χρονών είστε;**	[possou hrononn isstè ?]
10.	- Quel âge as-tu ?	**- Πόσων χρονών είσαι;**	[... issè ?]
11.	- J'ai 32 ans.	**- Είμαι 32 χρονών.**	[imè triada zhio hrononn]
12.	Aujourd'hui, c'est mon anniversaire.	**Σήμερα, είναι τα γενέθλιά μου.**	[ssiméra inè ta yénèsslia mou]
13.	J'ai 25 ans aujourd'hui.	**Σήμερα γίνομαι είκοσι πέντε χρονών.**	[ssimèra yinomè ikossi pédè hrononn]
14.	Bon anniversaire !	**Χρόνια πολλά!**	[hronia polla]
15.	Félicitations !	**Συγχαρητήρια!**	[sicharitiria]
16.	- Avez-vous des enfants ?	**- Έχετε παιδιά;**	[èchètè pèzhia]
17.	- J'ai un garçon et une fille.	**- Έχω ένα αγόρι και ένα κορίτσι.**	[èhro èna agori kèna koritssi]
18.	la famille	**η οικογένεια**	[i ikoyènia]
19.	le père - la mère	**ο πατέρας - η μητέρα**	[patérass - mitèra]
20.	papa - maman	**μπαμπάς - μαμά**	[babass - mama]
21.	les parents	**οι γονείς**	[i ghoniss]
22.	les grands-parents	**ο παππούς και η γιαγιά**	[o papouss kè i yaya]
23.	l'enfant	**το παιδί**	[to pèzhi]
24.	le garçon - la fille	**το αγόρι - το κορίτσι**	[agori - koritssi]
25.	le fils - la fille	**ο γιος - η κόρη**	[o yoss - i kori]
26.	le frère - la sœur	**ο αδελφός - η αδελφή**	[azhelfoss - azhelfi]
27.	l'amitié - l'ami	**η φιλία - ο φίλος**	[i filia - o filoss]
28.	l'amour - aimer	**η αγάπη - αγαπώ**	[i agapi - agapo]
29.	Je t'aime.	**Σ'αγαπώ**	[ss'agapo]
30.	Est-ce que tu m'aimes ?	**Μ'αγαπάς;**	[m'agapass ?]

4.

QUELQUES QUESTIONS

ΜΕΡΙΚΕΣ ΕΡΩΤΗΣΕΙΣ *[mèrikèss èrotississ]*

1.	la question	**η ερώτηση**	[i èrotissi]
2.	la réponse	**η απάντηση**	[i apadissi]
3.	Puis-je vous poser une question ?	**Μπορώ να σας κάνω μια ερώτηση;**	[boro na sass kano mia èrotissi ?]
4.	Puis-je te poser une question ?	**Μπορώ να σου κάνω μια ερώτηση;**	[boro na sou kano mia èrotissi ?]
5.	- Quel jour sommes-nous ?	**- Τι μέρα είναι σήμερα;**	[ti mèra inè ssimèra ?]
6.	- Quelle heure est-il ?	**- Τι ώρα είναι;**	[ti ora inè ?]
7.	- Allô ? Qui est à l'appareil ?	**Εμπρός; Ποιος είναι στο τηλέφωνο ;**	[èbross ? pioss inè ssto tilèfono ?]
8.	- Pourrais-je parler à M. Dubois ?	**- Θα μπορούσα να μιλήσω με τον κύριο Ντιμπουά;**	[θa boroussa na milisso mé tonn kirio duboa ?]
9.	Qui ? / Quoi ?	**Ποιός; / Τι;**	[pioss ? / ti ?]
10.	Comment ?	**Πώς;**	[poss ?]
11.	Pourquoi ?	**Γιατί;**	[iati ?]
12.	Quand ?	**Πότε;**	[potè ?]
13.	Depuis quand ?	**Από πότε;**	[apo potè ?]
14.	Qui est là ?	**Ποιός είναι εκεί;**	[pioss inè èki ?]
15.	Qui êtes-vous ?	**Ποιός είστε;**	[pioss isstè ?]
16.	- Qui est-ce ?	**Ποιός είναι;**	[pioss inè ?]
17.	- C'est moi !	**Εγώ είμαι!**	[ègo imè]
18.	Qu'est-ce que c'est ?	**Τι είναι;**	[ti inè ?]
19.	Que se passe-t-il ?	**Τι συμβαίνει;**	[ti ssinnvèni ?]
20.	Où es-tu ?	**Που είσαι;**	[pou issè ?]
21.	Où vas-tu ?	**Που πας;**	[pou pass ?]
22.	D'où viens-tu ?	**Από που είσαι;**	[apo pou issè ?]
23.	Où puis-je trouver un restaurant ?	**Που μπορώ να βρω ένα εστιατόριο;**	[pou boro na vro èna esstiatorio ?]
24.	Où se trouve l'hôtel ?	**Που βρίσκεται το ξενοδοχείο;**	[pou vrisskètè to ksènozhochio ?]
25.	Pouvez-vous me donner votre adresse ?	**Μπορείτε να μου δώσετε τη(ν) διεύθυνσή σας;**	[boritè na mou zhossètè ti(nn) ziènnθinssi ssass ?]
26.	Est-ce que cela vous gêne si je fume ?	**Σας ενοχλεί να καπνίσω;**	[ssass enohrli na kapnisso ?]
27.	Avez-vous du feu ?	**Έχετε φωτιά;**	[èchètè fottia ?]

5.

EN VOYAGE

ΣΕ ΤΑΞΙΔΙ [ssè taksizhi]

1.	le voyage	**το ταξίδι**	[to taksizhi]
2.	le départ	**η αναχώρηση**	[i anahrorissi]
3.	l'arrivée	**η άφιξη**	[i afixi]
4.	la valise	**η βαλίτσα**	[i valitssa]
5.	les bagages	**οι αποσκευές**	[i aposskèvèss]
6.	Allons-y !	**Πάμε!**	[pamè]
7.	En route !	**Ξεκινάμε!**	[ksèkinamè]
8.	la douane	**το τελωνείο**	[to tèlonio]
9.	le passeport	**το διαβατήριο**	[to zhiavatirio]
10.	la carte d'identité	**η ταυτότητα**	[i taftotita]
11.	Puis-je voir votre passeport ?	**Μπορώ να δω το διαβατήριό σας;**	[boro na zho to zhiavatiriossass?]
12.	Le départ est prévu à 17 heures.	**Η αναχώρηση προβλέπεται στις 17 η ώρα.**	[i anahrorissi provlèpété stiss zhèkaèfta ora]
13.	l'avion	**το αεροπλάνο**	[to aèroplano]
14.	l'aéroport	**το αεροδρόμιο**	[to aèrozhromio]
15.	le pilote	**ο πιλότος**	[o pilotoss]
16.	l'hôtesse de l'air	**η αεροσυνοδός**	[i aèrossinodhoss]
17.	décoller	**απογειώνομαι**	[apoyonomè]
18.	atterrir	**προσγειώνομαι**	[prossiyonomè]
19.	annuler	**ακυρώνω**	[akirono]
20.	retarder	**καθυστερώ**	[kaθisstèro]
21.	Le vol est retardé.	**Η πτήση έχει καθυστέρηση.**	[i ptissi èchi kaθisstèrissi]
22.	Notre avion décolle à 15 heures.	**Το αεροπλάνο μας απογειώνεται στις 15 η ώρα.**	[to aèroplano mass apoyonètè stiss zhèkapèdè i ora]
23.	Attachez vos ceintures, s'il vous plaît !	**Δέστε τις ζώνες σας, σας παρακαλώ!**	[zhèsste tiss zonèssass, ssass parakalo]
24.	Il est interdit de fumer dans les toilettes.	**Απαγορεύεται το κάπνισμα στις τουαλέτες.**	[apagorèvètè to kapnissma stiss toilètèss]
25.	le train	**το τραίνο**	[to trèno]
26.	la gare	**ο σταθμός**	[o staθmoss]
27.	le quai	**η αποβάθρα**	[i apovaθra]
28.	le compartiment	**το διαμέρισμα**	[to zhiamèrisma]
29.	le wagon	**το βαγόνι**	[to vaghoni]
30.	le wagon-restaurant	**το εστιατόριο-βαγόνι**	[to èstiatorio vaghoni]
31.	- Je voudrais un billet pour Paris.	**- Θα ήθελα ένα εισιτήριο για Παρίσι.**	[θa iθèla èna issitirio iya parissi]
32.	- Aller simple ou aller et retour ?	**- Απλό ή μετ' επιστροφής;**	[aplo i mèt èpistrofiss ?]

6.

AU RESTAURANT

ΣΤΟ ΕΣΤΙΑΤΟΡΙΟ [ssto èsstiatorio]

1.	Le restaurant est ouvert.	**Το εστιατόριο είναι ανοικτό.** [to èsstiatorio inè anikto]
2.	Cette table est-elle libre ?	**Αυτό το τραπέζι είναι ελεύθερο;** [afto to trapèzi inè èlèfθèro ?]
3.	Nous avons réservé une table pour deux.	**Κάναμε κράτηση για δύο άτομα.** [kanamè kratissi yia zhio atoma]
4.	Garçon, puis-je avoir la carte ?	**Γκαρσόν, θα μπορούσα να έχω τον κατάλογο;** [garssonn, θa boroussa na èhro tonn katalogo ?]
5.	Que nous recommandez-vous ?	**Τι μας προτείνετε;** [ti mass protinètè ?]
6.	Quel est le plat du jour ?	**Ποιο είναι το πιάτο της ημέρας;** [pio inè to piato tiss imèrass?]
7.	Quelle cuisson désirez-vous ?	**Πώς να είναι ψημένο;** [poss na inè psimèno ?]
8.	A point ?	**Κανονικό;** [kanoniko ?]
9.	Bien cuit ?	**Καλοψημένο;** [kalopsimèno ?]
10.	Saignant ?	**Όχι πολύ ψημένο;** [ochi poli psimèno ?]
11.	Puis-je avoir un peu de moutarde ?	**Θα μπορούσα να έχω λίγη μουστάρδα;** [θa boroussa na èhro liyi mousstarda ?]
12.	J'aimerais avoir du pain, s'il vous plaît !	**Θα ήθελα λίγο ψωμί, σας παρακαλώ!** [θa iθèla liyo psomi, sass parakalo]
13.	- Est-ce que c'était bon ?	**- Ήταν(ε) καλό;** [itan(è) kalo ?]
14.	- Le repas était excellent.	**- Το γεύμα ήταν εξαιρετικό.** [to yèvma itann èksèrètiko]
15.	- Désirez-vous encore autre chose ?	**- Επιθυμείτε κάτι άλλο;** [èpiθimitè kati allo ?]
16.	- Non, merci. Ce sera tout.	**- Όχι, ευχαριστώ. Αυτά είναι αρκετά.** [ochi, evhraristo. Afta inè arkèta.]
17.	L'addition, s'il vous plaît !	**Τον λογαριασμό, σας παρακαλώ!** [tonn logariassmo, sass parakalo]
18.	Le service est compris.	**Το σέρβις συμπεριλαμβάνεται.** [to serviss ssibèrilamvanètè]
19.	Mais on peut laisser un pourboire.	**Αλλά μπορούμε να αφήσουμε φιλοδώρημα!** [alla boroumè na afizhoumè filozhorima]
20.	Où sont les toilettes, s'il vous plaît ?	**Πού είναι οι τουαλέτες, σας παρακαλώ;** [pou inè i toilètèss, ssass parakalo]

7.

LES REPAS (1)

ΤΑ ΓΕΥΜΑΤΑ [ta yèvmata]

1.	le repas	**το γεύμα**	[to yèvma]
2.	le petit-déjeuner	**το πρωινό**	[to proïno]
3.	le pain	**το ψωμί**	[to pssomi]
4.	le beurre	**το βούτυρο**	[to voutiro]
5.	la confiture	**η μαρμελάδα**	[i marmèlazha]
6.	le miel	**το μέλι**	[to mèli]
7.	le déjeuner	**το γεύμα**	[to yèvma]
8.	le dîner	**το δείπνο**	[to zhipno]
9.	l'entrée	**το πρώτο πιάτο**	[to proto piato]
10.	le plat principal	**το κύριο πιάτο**	[to kirio piato]
11.	la boisson	**το αναψυκτικό**	[to anapssiktiko]
12.	l'eau (plate)	**το (φυσικό) νερό**	[to (fissiko) nèro]
13.	l'eau gazeuse	**το νερό με ανθρακικό**	[to nèro mè annθrakiko]
14.	le jus (de fruit)	**ο χυμός (φρούτων)**	[o chimoss (froutonn)]
15.	le vin (rouge)	**το (κόκκινο) κρασί**	[to (kokino) krassi]
16.	le vin blanc	**το άσπρο κρασί**	[to asspro krassi
17.	la bière (blonde)	**η (ξανθιά) μπύρα**	[i (ksannθia) bira]
18.	la bière brune	**η μαύρη μπύρα**	[i mavri bira]
19.	une bière pression	**μια βαρελίσια μπύρα**	[mia varèlissia bira]
20.	le café	**ο καφές**	[o kafèss]
21.	le thé	**το τσάι**	[to tssaï]
22.	le lait	**το γάλα**	[to ghala]
23.	avec ou sans lait ?	**με ή χωρίς γάλα;**	[mè i hroriss ghala ?]
24.	le chocolat (chaud)	**η (ζεστή) σοκολάτα**	[i (zessti) ssokolata]
25.	Pouvez-vous m'apporter un verre ?	**Μπορείτε να μου φέρετε ένα ποτήρι;**	[Boritè na mou fèrètè èna potiri ?]
26.	- Que voulez-vous boire ?	**- Τι θέλετε να πιείτε;**	[ti θèlètè na pi-itè?]
27.	- Une bière et un verre de vin rouge.	**- Μια μπύρα και ένα ποτήρι κόκκινο κρασί.**	[Mia bira kè èna potiri kokino krassi]
28.	A votre santé !	**Στην υγειά σας!**	[stinn iyia ssass]
29.	Cul sec !	**Άσπρο πάτο!**	[asspro pato]
30.	C'est ma tournée !	**Είναι η σειρά μου!**	[inè 'i ssira mou]
31.	le verre	**το ποτήρι**	[to potiri]
32.	la tasse	**η κούπα**	[i koupa]
33.	l'assiette	**το πιάτο**	[to piato]
34.	la cuillère	**το κουτάλι**	[to koutali]
35.	le couteau	**το μαχαίρι**	[to machèri]
36.	la fourchette	**το πιρούνι**	[to pirouni]

8.

LES REPAS (2)

ΤΑ ΓΕΥΜΑΤΑ [ta yèvmata]

37.	la salade	**η σαλάτα**	[i ssalata]
38.	l'œuf	**το αυγό**	[to avgho]
39.	la pomme de terre	**η πατάτα**	[i patata]
40.	les frites	**οι τηγανητές πατάτες** [i tiganitèss patatèss]	
41.	le steak-frites	**το μπιφτέκι με πατάτες** [to biftèki mè patatèss]	
42.	la viande	**το κρέας**	[to krèass]
43.	le poisson	**το ψάρι**	[to psari]
44.	le bœuf	**το βόδι**	[to vozhi]
45.	le veau	**το μοσχάρι**	[to mosskhari]
46.	le porc	**το γουρούνι**	[to gourouni]
47.	le jambon	**το ζαμπόν**	[to zabonn]
48.	la saucisse	**το λουκάνικο**	[to loukaniko]
49.	le hot dog	**το χοτ-ντόγκ**	[to hrott-dog]
50.	le poulet	**το κοτόπουλο**	[to kotopoulo]
51.	l'agneau	**το αρνί**	[to arni]
52.	le saumon	**ο σολομός**	[o ssolomoss]
53.	la truite	**η πέστροφα**	[i pèsstrofa]
54.	la sole	**η γλώσσα**	[i glossa]
55.	les pâtes	**τα μακαρόνια**	[ta makaronia]
56.	le riz	**το ρύζι**	[to rizi]
57.	l'huile	**το λάδι**	[to lazhi]
58.	le vinaigre	**το ξύδι**	[to ksizhi]
59.	la moutarde	**η μουστάρδα**	[i mousstarda]
60.	le poivre	**το πιπέρι**	[to pipèri]
61.	le sel	**το αλάτι**	[to alati]
62.	le sucre	**η ζάχαρη**	[i zahrari]
63.	les légumes	**τα λαχανικά**	[ta lahranika]
64.	le fromage	**το τυρί**	[to tiri]
65.	le dessert	**το επιδόρπιο**	[to épizhorpio]
66.	la glace	**το παγωτό**	[to paghoto]
67.	le gâteau	**το γλυκό**	[to gliko]
68.	sucré	**γλυκό**	[gliko]
69.	le fruit	**το φρούτο**	[to frouto]
70.	la pomme	**το μήλο**	[to milo]
71.	la poire	**το αχλάδι**	[to ahrlazhi]
72.	l'orange	**το πορτοκάλι**	[to portokali]
73.	le jus de pomme	**ο χυμός μήλου**	[o chimoss milou]
74.	la pelure	**η φλούδα**	[i flouzha]
75.	Quel est le nom de ce fruit ?	**Πώς λέγεται αυτό το φρούτο;** [poss lèyètè afto to frouto ?]	

9.

LES JOURS ET LES MOIS

ΟΙ ΜΕΡΕΣ ΚΑΙ ΟΙ ΜΗΝΕΣ [i mèrèss kè i minèss]

1.	la semaine	**η εβδομάδα**	[i èvzhomazha]
2.	le lundi	**η Δευτέρα**	[i zhèftèra]
3.	le mardi	**η Τρίτη**	[i triti]
4.	le mercredi	**η Τετάρτη**	[i tètarti]
5.	le jeudi	**η Πέμπτη**	[i pèmpti]
6.	le vendredi	**η Παρασκευή**	[i paraskèvi]]
7.	le samedi	**το Σάββατο**	[to savvato]
8.	le dimanche	**η Κυριακή**	[i kiriaki]
9.	Janvier	**ο Ιανουάριος**	[o ianouarioss]
10.	Février	**ο Φεβρουάριος**	[o fèvrouarioss]
11.	Mars	**ο Μάρτιος**	[o marttioss]
12.	Avril	**ο Απρίλιος**	[o aprilioss]
13.	Mai	**ο Μάιος**	[o mayoss]
14.	Juin	**ο Ιούνιος**	[o younioss]
15.	Juillet	**ο Ιούλιος**	[o youlioss]
16.	Août	**ο Αύγουστος**	[o avgousstoss]
17.	Septembre	**ο Σεπτέμβριος**	[o septèmmvrioss]
18.	Octobre	**ο Οκτώβριος**	[o oktovrioss]
19.	Novembre	**ο Νοέμβριος**	[o noèmmvrioss]
20.	Décembre	**ο Δεκέμβριος**	[o zhèkèmmvrioss]

10.

LES CHIFFRES ET LES NOMBRES

ΑΡΙΘΜΗΤΙΚΩΣ ΚΑΙ ΟΛΟΓΡΑΦΩΣ [arissmitikoss kè olografoss]

1	**ένα**	[èna]	18	**δεκαοχτώ**	[zhèkaokto]
2	**δύο**	[zhio]	19	**δεκαεννέα**	[zhèkaènnèa]
3	**τρία**	[tria]	20	**είκοσι**	[ikossi]
4	**τέσσερα**	[tèssèra]	21	**είκοσι ένα**	[ikossi èna]
5	**πέντε**	[pèdè]	22	**είκοσι δύο**	[ikossi zhio]
6	**έξι**	[èksi]	23	**είκοσι τρία**	[ikossi tria]
7	**εφτά**	[èfta]	24	**είκοσι τέσσερα**	[ikossi tèssèra]
8	**οχτώ**	[okto]	30	**τριάντα**	[triada]
9	**εννέα**	[ènnèa]	40	**σαράντα**	[ssarada]
10	**δέκα**	[zhèka]	50	**πενήντα**	[pènida]
11	**έντεκα**	[èdèka]	60	**εξήντα**	[èkssida]
12	**δώδεκα**	[zhozhèka]	70	**εβδομήντα**	[efzhomida]
13	**δεκατρία**	[zhèkatria]	80	**ογδόντα**	[ogzhoda]
14	**δεκατέσσερα**	[zhèkatèssèra]	90	**ενενήντα**	[ènènida]
15	**δεκαπέντε**	[zhèkapèdè]	100	**εκατό**	[èkato]
16	**δεκαέξι**	[zhèkaèksi]	1000	**χίλια**	[chilia]
17	**δεκαεφτά**	[zhèkaèfta]	0	**μηδέν**	[mizhènn]

11.

L'ARGENT - LE PRIX

ΤΑ ΧΡΗΜΑΤΑ [ta hrimata] - Η ΤΙΜΗ [i timi]

1.	- Combien est-ce que ça coûte ?	**- Πόσο κοστίζει;** [posso kosstizi]
2.	- 17 euros et cinquante centimes.	**- 17 (= δεκαεφτά) ευρώ και πενήντα λεπτά.** [zhèkaefta èvro kè pènida lèpta]
3.	C'est bon marché.	**Είναι φτηνό.** [inè ftino]
4.	C'est cher.	**Είναι ακριβό.** [inè akrivo]
5.	C'est très cher.	**- Είναι πολύ ακριβό.** [inè poli akrivo]
6.	C'est trop cher pour moi.	**Είναι πολύ ακριβό για μένα.** [inè poli akrivo ia mèna]
7.	Est-ce que vous avez autre chose ?	**Έχετε τίποτα άλλο;** [èchètè tipota allo ?]
8.	Avez-vous quelque chose de moins cher ?	**Έχετε κάτι πιο φτηνό;** [èchètè kati pio ftino ?]
9.	Je n'ai pas assez d'argent.	**Δεν έχω αρκετά χρήματα.** [zhenn èhro arkèta hrimata] (αρκετά : *assez*)
10.	Combien d'argent as-tu ?	**Πόσα χρήματα έχεις;** [possa hrimata èchiss ?]
11.	Peux-tu me donner quelques euros ?	**Μπορείς να μου δώσεις μερικά ευρώ;** [boriss na mou zhossiss mèrika èvro ?]
12.	Est-ce que je peux payer en dollars ?	**Μπορώ να πληρώσω σε δολλάρια;** [boro na plirosso ssè dollaria ?]
13.	Rendez-moi la monnaie, s'il vous plaît !	**Δώστε μου τα ρέστα, σας παρακαλώ!** [zhosstè mou ta ressta, ssass parakalo!]
14.	Vous pouvez garder la monnaie.	**Μπορείτε να κρατήσετε τα ρέστα.** [boritè na kratissètè ta rèssta]
15.	- Où est le magasin le plus proche ?	**Πού είναι το πιο κοντινό μαγαζί;** [pou inè to pio kodino magazi ?]
16.	Entrez donc ! Venez jeter un coup d'œil !	**Περάστε λοιπόν! Ελάτε να ρίξετε μια ματιά!** [pèrasstè liponn ! èlatè na riksètè mia mattia !]
17.	Je voudrais acheter ceci.	**Θα ήθελα να αγοράσω αυτό.** [θa iθèla na agorasso afto]
18.	Profitez-en, c'est une bonne affaire !	**Επωφεληθείτε, είναι μια ευκαιρία!** [èpofèliθitè, inè mia èvkèria !]
19.	- Est-ce que vous désirez autre chose ?	**- Θέλετε κάτι άλλο;** [θèlètè kati allo ?]
20.	- J'aimerais ramener un souvenir.	**- Θα ήθελα να πάρω ένα ενθύμιο.** [θa iθèla na paro èna ènnθimio]

12.

A L'HÔTEL

ΣΤΟ ΞΕΝΟΔΟΧΕΙΟ [ssto ksènozhochio]

1.	la chambre	**το δωμάτιο**	[to zhomattio]
2.	le lit - la douche	**το κρεβάτι - το ντους**	[krèvati - douss]
3.	la ch. individuelle	**το μονόκλινο**	[to monoklino]
4.	la chambre double	**το δίκλινο**	[to zhiklino]
5.	la salle de bains	**το μπάνιο**	[to banio]
6.	l'air conditionné	**το κλιματιστικό**	[to klimatisstiko]
7.	la demi-pension	**η ημιδιατροφή**	[i mizhiatrofi]
8.	la pension complète	**η πλήρης διατροφή**	[i pliriss zhiatrofi]
9.	- Avez-vous encore des chambres libres ?	**- Έχετε ακόμα ελεύθερα δωμάτια;**	[èchèté akoma èlèvθèra zhomatia ?]
10.	- Désolé, l'hôtel est complet.	**- Λυπάμαι, το ξενοδοχείο είναι πλήρες.**	[lipamè, to ksènozhochio inè plirèss]
11.	Nous aimerions une chambre double.	**Θα θέλαμε ένα διπλό δωμάτιο.**	[θa θèlamè èna zhiplo zhomattio]
12.	La chambre coûte 150 euros.	**Το δωμάτιο κοστίζει 150 Ευρώ.**	[to zhomattio kostizi èkatonnpénida èvro]
13.	Avez-vous qqch. de moins cher ?	**Έχετε κάτι φτηνότερο;**	[èchètè kati ftinotèro ?]
14.	- Pouvons-nous voir la chambre ?	**- Μπορούμε να δούμε το δωμάτιο;**	[boroumè na zhoumè to zhomattio ?]
15.	- Voici la clé de la chambre.	**- Ορίστε το κλειδί του δωματίου.**	[orisstè to klizhi tou zhomattiou]
16.	La chambre est au deuxième étage.	**Το δωμάτιο είναι στον δεύτερο όροφο.**	[to zhomattio inè sstonn zhevtèro orofo]
17.	La chambre me plaît. Nous la prenons.	**Το δωμάτιο μου αρέσει. Το κλείνουμε.**	[to zhomattio mou arèssi. To klinoumè]
18.	- Combien de temps pensez-vous rester?	**- Πόσο καιρό υπολογίζετε να μείνετε;**	[Posso kèro ipolo-yissèté na minètè ?]
19.	- Nous resterons deux ou trois jours.	**- Θα μείνουμε δύο ή τρεις ημέρες.**	[zha minoumè zhio i triss imèrèss]
20.	- Je vous souhaite un agréable séjour.	**- Σας εύχομαι ευχάριστη διαμονή.**	[ssass èf-hromè èf-hrarissti zhiamoni]
21.	Le petit-déjeuner est inclus.	**Το πρωινό συμπεριλαμβάνεται.**	[to proïno ssibèrilammvanètè]
22.	Jusqu'à quelle heure peut-on déjeuner ?	**Μέχρι τι ώρα μπορούμε να πάρουμε πρωινό;**	[Mèhri ti ora boroumè na paroumè proïno ?]
23.	Pouvez-vous me réveiller à six heures ?	**Μπορείτε να με ξυπνήσετε στις 6 η ώρα;**	[boritè na mè ksipnissèté sstiss èksi i ora ?]
24.	A quelle heure dois-je quitter la chambre ?	**Τι ώρα πρέπει να παραδώσω το δωμάτιο;**	[ti ora prépi na parazhosso to zhomattio?]

13.

LA VOITURE

ΤΟ ΑΥΤΟΚΙΝΗΤΟ [to aftokinito]

1.	l'essence	**η βενζίνη**	[i vènnzini]
2.	faire le plein	**γεμίζω**	[yèmizo]
3.	la station-service	**το βενζινάδικο**	[to vennzinazhiko]
4.	la route	**ο δρόμος**	[o zhromoss]
5.	l'autoroute	**ο αυτοκινητόδρομος**	[o aftokinitozhromoss]
6.	le camion	**το φορτηγό**	[to fortigo]
7.	l'autocar	**το υπεραστικό λεωφορείο**	[to ipérastiko léoforio]
8.	- Je voudrais louer une voiture.	**- Θα ήθελα να νοικιάσω ένα αυτοκίνητο.**	[θa iθèla na nikiasso èna aftokinito]
9.	- Montrez-moi votre permis de conduire !	**- Δείξτε μου το δίπλωμα οδήγησης!**	[zhiksé mou to zhiploma ozhiyississ]
10.	Je dois faire le plein.	**Πρέπει να γεμίσω το αυτοκίνητο.**	[prèpi na yèmisso to aftokinito]
11.	Où est la prochaine station-service ?	**Πού είναι το επόμενο βενζινάδικο;**	[Pou inè to èpomèno vennzinazhiko ?]
12.	J'aimerais prendre 20 litres d'essence.	**Βάλτε μου είκοσι λίτρα βενζίνης.**	[valté mou ikossi litra vennziniss]
13.	Stationnement interdit.	**Απαγορεύεται η στάθμευση.**	[apagorèvètè i staθmèssi]
14.	- Sommes-nous sur la bonne route ?	**- Είμαστε στο(ν) σωστό δρόμο;**	[imasstè sston ssossto zhromo ?]
15.	- Non, vous vous êtes trompés.	**- Όχι, κάνατε λάθος.**	[ochi, kanatè laθoss]
16.	Vous êtes sur la mauvaise route.	**Είσαστε σε λάθος δρόμο.**	[issasstè sè laθoss zhromo]
17.	Vous devez faire demi-tour.	**Πρέπει να γυρίσετε πίσω.**	[prèpi na yirissètè pisso]
18.	A quelle distance se trouve cette ville ?	**Πόσο απέχει αυτή η πόλη;**	[posso apèchi afti i poli ?]
19.	Où est la gare, s'il vous plaît ?	**Πού είναι ο σταθμός, σας παρακαλώ;**	[pou inè o staθmoss, ssass parakalo ?]
20.	Allez jusqu'au prochain feu rouge !	**Προχωρήστε μέχρι το επόμενο φανάρι!**	[prohorissté mèhri to èpomèno fanari]
21.	Là, vous tournez à droite.	**Εκεί, στρίψτε δεξιά.**	[èki, stripstè zhèxia]
22.	Prenez ensuite la deuxième rue à gauche.	**Πάρτε μετά τον δεύτερο δρόμο αριστερά.**	[parté méta tonn zhèftèro zhromo aristèra]
23.	Après, c'est toujours tout droit !	**Έπειτα, είναι όλο ευθεία!**	[èpita, inè olo èfθia]

14.

QUELQUES CONTRAIRES

ΜΕΡΙΚΑ ΑΝΤΙΘΕΤΑ [mèrika adiθèta]

1.	C'est beau.	**Είναι ωραίο.**	[inè orèo]
2.	Ce n'est pas beau.	**Δεν είναι ωραίο.**	[zhènn inè orèo]
3.	C'est ouvert.	**Είναι ανοιχτό.**	[inè anikto]
4.	C'est fermé.	**Είναι κλειστό.**	[inè klissto]
5.	C'est grand.	**Είναι μεγάλο.**	[inè mègalo]
6.	C'est petit.	**Είναι μικρό.**	[inè mikro]
7.	long - court	**μακρύ - κοντό**	[makri - kodo]
8.	large - étroit	**φαρδύ - στενό**	[farzhi - stèno]
9.	bon - mauvais	**καλό - κακό**	[kalo - kako]
10.	jeune - vieux	**νέο - παλιό**	[néo - palio]
11.	nouveau - ancien	**καινούργιο - παλιό**	[kénourio - palio]
12.	chaud - froid	**ζεστό - κρύο**	[zessto - krio]
13.	rapide - lent	**γρήγορο - αργό**	[grigoro - argo]
14.	propre - sale	**καθαρό - βρόμικο**	[kassaro - vromiko]
15.	vrai, exact	**αληθινό** [alissino], **ακριβές** [akrivèss]	
16.	faux	**λανθασμένο**	[lannθassmèno]
17.	interdit	**απαγορευμένο**	[apagorevmèno]
18.	autorisé	**επιτρεπτό**	[èpitrepto]
19.	quelqu'un	**κάποιος**	[kapioss]
20.	personne	**κανένας**	[kanènass]
21.	tout le monde	**όλος ο κόσμος**	[oloss o kosmos]
22.	quelque chose	**κάτι**	[kati]
23.	rien - tout	**τίποτα - όλα**	[tipota - ola]
24.	maintenant	**τώρα**	[tora]
25.	plus tard	**πιο αργά**	[pio arga]
26.	aujourd'hui	**σήμερα**	[ssimèra]
27.	hier - demain	**χθές - αύριο**	[hrθèss - avrio]
28.	avant-hier	**προχθές**	[prohrθèss]
29.	après-demain	**μεθαύριο**	[mèθavrio]
30.	en haut - en bas	**ψηλά - χαμηλά**	[pssila - hramila]
31.	à droite	**δεξιά**	[zhèxia]
32.	à gauche	**αριστερά**	[arisstèra]
33.	loin - proche	**μακριά - κοντά**	[makria - koda]
34.	ici - là-bas	**εδώ - εκεί**	[èzho - èki]

15.

LES COULEURS

ΤΑ ΧΡΩΜΑΤΑ [ta kromata]

1.	blanc - noir	**άσπρο - μαύρο**	[asspro - mavro]
2.	bleu - rouge	**μπλε - κόκκινο**	[blè - kokino]
3.	vert - jaune	**πράσινο - κίτρινο**	[prassino - kitrino]
4.	gris - marron	**γκρι - καφέ**	[gri - kafè]
5.	rose - orange	**ροζ - πορτοκαλί**	[roz - portokali]

16.

COMMENT ALLEZ-VOUS ?

ΠΩΣ ΕΙΣΤΕ; [poss isstè ?]

1.	- Très bien, merci. Et vous ?	**Πολύ καλά, ευχαριστώ. Εσείς;**	[poli kala, evkaristo. èssiss ?]
2.	Entrez, je vous en prie !	**Παρακαλώ, περάστε!**	[parakalo, pèrasstè]
3.	Après vous, je vous en prie !	**Μετά από εσάς, παρακαλώ!**	[mèta apo ssass, parakalo]
4.	C'est très aimable à vous !	**Είναι πολύ ευγενικό εκ μέρους σας!**	[inè poli evghèniko ek mèrouss ssass]
5.	Mettez-vous à l'aise !	**Καθήστε άνετα!**	[kaθisstè anèta]
6.	- Puis-je m'asseoir à côté de vous ?	**- Μπορώ να καθήσω δίπλα σας;**	[boro na kaθisso zhipla ssass ?]
7.	- Mais bien sûr !	**- Βεβαίως!**	[vèvèoss]
8.	- Cela ne vous dérange pas ?	**- Δεν σας ενοχλεί;** (Δεν : ne... pas)	[zhènn ssass ènohrli ?]
9.	- Mais pas du tout, au contraire !	**- Καθόλου, αντιθέτως!**	[kaθolou, adiθètoss]
10.	- Comment vous sentez-vous ?	**Πώς νιώθετε;**	[poss nioθètè ?]
11.	- Je ne me sens pas très bien.	**Δεν νιώθω πολύ καλά.**	[zhènn nioθo poli kala]
12.	Je me sens mal.	**Νιώθω άσχημα.**	[nioθo askhima]
13.	Je me sens bien.	**Νιώθω καλά.**	[nioθo kala]
14.	Je me sens mieux.	**Νιώθω καλύτερα.**	[nioθo kalitèra]
15.	la santé	**η υγεία**	[i iyia]
16.	la maladie	**η αρρώστεια**	[i arostiya]
17.	malade	**άρρωστος**	[arostoss]
18.	le médecin	**ο γιατρός**	[o yatross]
19.	le médicament	**το φάρμακο**	[to farmako]
20.	la pharmacie	**το φαρμακείο**	[to farmakio]
21.	J'ai attrapé un rhume.	**Άρπαξα συνάχι.**	[arpaksa ssinachi]
22.	J'ai mal à la tête.	**Έχω πονοκέφαλο.**	[èhro ponokèfalo]
23.	Il faut que je voie un médecin.	**Πρέπει να πάω στο(ν) γιατρό.**	[prèpi na pao sto yatro]
24.	Où y a-t-il une pharmacie ?	**Πού υπάρχει ένα φαρμακείο;**	[pou iparchi èna farmakio ?]
25.	Bon rétablissement !	**Καλή ανάρρωση!**	[kali anarossi]

Pour bien mémoriser toutes ces **phrases grecques** et assimiler parfaitement leur prononciation, rendez-vous sur notre site internet : **www.parlissimo. com.** Toutes les phrases de « Douze langues pour sillonner le monde » peuvent y être **écoutées en libre service (gratuitement) ou téléchargées en toute légalité (2 euros seulement par langue).**

LA LANGUE TURQUE

La langue turque est généralement classée parmi les langues altaïques (en référence aux monts Altaï qui s'étendent du sud de la Russie jusqu'à la Chine). Les langues altaïques sont au nombre d'une cinquantaine et se répartissent en trois groupes (turc, mongol et toungouze). Le groupe turc comprend notamment - en dehors de la langue turque elle-même - l'azéri, le turkmène, l'ouzbek, le kirghiz et le kazakh qui sont les langues officielles de différents Etats devenus indépendants lors de l'éclatement de l'URSS en 1991 (Azerbaïdjan, Turkménistan, Ouzbékistan, Kirghizistan, Kazakhstan)…

Pendant toute la période de l'Empire ottoman (1299-1922), la langue officielle de ce qui allait devenir la Turquie était l'ottoman, une langue fortement influencée par l'arabe littéraire et le persan et très différente de la langue turque parlée par la majorité du peuple. Après l'effondrement de l'Empire ottoman à la fin de la Première Guerre mondiale, la République fut proclamée et la langue turque devint la langue officielle du pays. Le remplacement de l'alphabet arabe par l'alphabet latin fut l'une des multiples réformes entreprises à cette époque par le président Kemal Atatürk.

La lecture et la prononciation de la langue turque ne posent pas de grand problème si l'on connaît les quelques points suivants :

c = **dj** *(**Dj**akarta)*	ö = **eu** *(h**eu**re)*
ç = **tch** *(**tch**èque)*	s = **ss** *(ba**ss**e)*
e = **é** *ou* **è**	ş = **ch** *(**ch**er)*
g = **g** dur *(**g**ai, **g**rand)*	u = **ou** *(d**ou**te)*
ğ ne se prononce pas	ü = **u** *(b**u**t)*
ı = *son proche du* **e**	v = **w** *(**W**aterloo)*

• La lettre ğ ne se prononce pas. Elle indique simplement qu'il faut prononcer de manière légèrement prolongée la voyelle qui la précède.

• La lettre ı (**i** sans point) correspond à un son proche du **e** français, mais prononcé avec le fond de la gorge. Il s'agit du seul son de la langue turque qui n'existe pas en français.

• Dernières précisions : le h turc est légèrement aspiré et le r est légèrement roulé. Enfin, l'accent circonflexe indique qu'il faut prononcer la voyelle concernée de manière prolongée.

1. LA GRAMMAIRE TURQUE

a) La grammaire turque présente quelques grandes particularités qui la différencient des langues latines (notamment la **suffixation** et l'**harmonie vocalique**), mais lorsque l'on maîtrise ces deux éléments fondamentaux, l'apprentissage se révèle finalement moins ardu qu'un premier coup d'œil pourrait le laisser redouter.

b) Il n'y a pas en turc de masculin ou de féminin. Il n'y a ni article défini (= *le, la, les*) ni article indéfini pluriel (= *des*), ni partitif (*du, de la*). Le chiffre *un* (= **bir**) peut être employé comme article indéfini, mais cela n'est pas obligatoire. S'il y a un adjectif, **bir** s'intercale entre l'adjectif et le nom.

c) Les adjectifs sont invariables (ni singulier, ni pluriel, ni masculin, ni féminin). Les adjectifs épithètes précèdent toujours les noms.

d) On forme le **pluriel** en ajoutant aux mots les suffixes **-ler** ou **-lar** en fonction de l'harmonie vocalique (cf p. 233 § 3). Le pluriel n'est pas employé de manière systématique : lorsqu'un nom est précédé d'un chiffre ou d'un nombre, il ne prend pas le suffixe du pluriel :

araba : *la voiture* **arabalar** : *les voitures*
üç araba : *trois voitures*

e) Dans la phrase turque, **la forme verbale est toujours à la fin**. L'ordre des mots correspond à l'ordre SOV : sujet - objet - verbe. Cette règle générale peut cependant admettre des dérogations lorsque l'on veut par exemple mettre en valeur tel ou tel élément.

2. LA SUFFIXATION

a) Comme le japonais, le hongrois, le finnois, le basque ou l'espéranto, la langue turque est une langue « agglutinante », c'est-à-dire qu'elle est composée d'éléments de base que l'on « agglutine » (par suffixation) les uns aux autres. C'est ainsi que les substantifs (*ou* noms communs) sont accompagnés de suffixes qui en précisent la fonction (sujet, complément, etc.), le nombre (singulier ou pluriel) ou qui tiennent lieu d'adjectifs possessifs (*mon, ma, mes,* etc.) :

kitap *le livre*
kitaplar *les livres*
kitaplarım *mes livres*
kitaplarımda *dans mes livres*

b) De même, les verbes sont eux aussi complétés par un ou plusieurs suffixes qui en précisent - entre autres - la personne ou le temps :

konuşuyorum. *Je parle.*
konuşmuyorum. *Je ne parle pas.*
konuşuyor musun ? *Parles-tu ?*

3. L'HARMONIE VOCALIQUE

a) La forme des suffixes varie en fonction de ce que l'on appelle « l'harmonie vocalique » : la voyelle du suffixe (2) « s'harmonise » avec la voyelle de la dernière syllabe (1) qui précède ce suffixe selon les règles suivantes qui connaissent très peu d'exceptions :

(1) Dernière voyelle du mot : **a** *ou* **ı**
(2) Voyelle du suffixe : **ı** *ou* (dans certains cas précis) **a**

(1) Dernière voyelle du mot : **e** *ou* **i**
(2) Voyelle du suffixe : **i** *ou* (dans certains cas précis) **e**

(1) Dernière voyelle du mot : **o** *ou* **u**
(2) Voyelle du suffixe : **u** *ou* (dans certains cas précis) **a**

(1) Dernière voyelle du mot : **ö** *ou* **ü**
(2) Voyelle du suffixe : **ü** *ou* (dans certains cas précis) **e**

b) Si la dernière syllabe précédant le suffixe se termine par une voyelle et que le suffixe lui-même commence par une voyelle, on intercale un **y** pour séparer ces deux voyelles.

4. LA FORME INTERROGATIVE

a) Pour transformer une phrase affirmative en phrase interrogative, il suffit de placer la particule **mi** (ou ses variations vocaliques : **mı, mu, mü)** après le mot sur lequel porte la question :

Araba güzel. *La voiture est belle.*
Araba güzel mi ? *La voiture est-elle belle ?*

b) Cette particule peut également recevoir des suffixes :

Türksünüz. *Vous êtes Turc.*
Türk müsünüz ? *Etes-vous Turc ?*

5. LES VERBES TURCS

a) Le verbe « être » (**olmak)** est peu utilisé. On le remplace par un suffixe de personne ou par l'emploi seul du mot concerné. La négation s'exprime avec **değil** (= *« ne pas être »):*

Fransızım. *Je suis Français(e).*
Fransız. *Il (elle) est Français(e).*

Fransız değilim. *Je ne suis pas Français(e).*
Fransız değil. *Il (elle) n'est pas Français(e).*

b) Les verbes turcs ont un infinitif qui se terminent par -**mek** ou -**mak**. Le verbe *comprendre* se dit **anlamak**. Pour le conjuguer, il faut ôter le suffixe -**mak** de l'infinitif et ajouter au radical **anl[a]-** les désinences correspondant au temps et à la personne tout en tenant compte des règles de l'harmonie vocalique. Cela donne les formes suivantes pour le présent et le passé :

Présent affirmatif :

[ben] anlıyorum	*Je comprends.*
[sen] anlıyorsun	*Tu comprends.*
[o] anlıyor	*Il (elle) comprend.*
[biz] anlıyoruz	*Nous comprenons.*
[siz] anlıyorsunuz	*Vous comprenez.*
[onlar] anlıyorlar	*Ils (elles) comprennent.*

Présent négatif :

anlamıyorum	*Je ne comprends pas.*
anlamıyorsun	*Tu ne comprends pas.*
anlamıyor	*Il (elle) ne comprend pas.*
anlamıyoruz	*Nous ne comprenons pas.*
anlamıyorsunuz	*Vous ne comprenez pas.*
anlamıyorlar	*Ils (elles) ne comprennent pas.*

Présent interrogatif :

anlıyor muyum ?	*Est-ce que je comprends ?*
anlıyor musun ?	*Comprends-tu ?*
anlıyor mu ?	*Comprend-il (elle) ?*
anlıyor muyuz ?	*Comprenons-nous ?*
anlıyor musunuz ?	*Comprenez-vous ?*
anlıyorlar mı ?	*Comprennent-ils (elles) ?*

Passé affirmatif et négatif :

anla(ma)dım	*J'ai compris (Je n'ai pas compris).*
anla(ma)dın	*Tu (n')as (pas) compris.*
anla(ma)dı	*Il (n')a (pas) compris.*
anla(ma)dık	*Nous (n')avons (pas) compris.*
anla(ma)dınız	*Vous (n')avez (pas) compris.*
anla(ma)dılar	*Ils (n')ont (pas) compris.*

6. VAR et YOK

Le verbe « avoir » n'a pas d'équivalent turc. Les tournures françaises « il y a » et « il n'y a pas » se traduisent souvent par **var** *(= il y a)* et **yok** *(= il n'y a pas)* qui peuvent également exprimer la possession si l'on ajoute le suffixe possessif (cf page 235 § 9b) à l'objet concerné :

Araba var.	*Il y a une voiture.*
Araba yok.	*Il n'y a pas de voiture.*
Arabam var.	*J'ai une voiture.*
Arabam yok.	*Je n'ai pas de voiture.*

7. LES DÉCLINAISONS

a) La langue turque comporte six cas de déclinaison :

Le nominatif est le cas du sujet.
L'accusatif est le cas du complément d'objet direct.
Le génitif est le cas du complément de nom.
Le datif exprime le lieu où l'on va. C'est aussi le cas du complément d'attribution *(= à, pour)*.
Le locatif exprime le lieu où l'on est *(= à, en*, etc.).
L'ablatif exprime la provenance.

b) A chaque cas de déclinaison correspondent des terminaisons qui varient en fonction des règles de l'harmonie vocalique et qui sont récapitulées ci-dessous. Le **y** ou le **n** entre parenthèses s'intercale quand le mot au nominatif se termine par une voyelle :

Cas :	**Suffixes des déclinaisons :** *La dernière voyelle du mot est …* … a ou ı	… o ou u	… ö ou ü	… e ou i
Nominatif	-	-	-	-
Accusatif	-(y)ı	-(y)u	-(y)ü	-(y)i
Génitif	-(n)ın	-(n)un	-(n)ün	-(n)in
Datif	-(y)a		-(y)e	
Locatif	**-da** *ou* **-ta**		**-de** *ou* **-te**	
Ablatif	**-dan** *ou* **-tan**		**-den** *ou* **-ten**	

8. LES PRONOMS PERSONNELS

a) Les formes verbales étant bien distinctes les unes des autres, il est assez rare d'utiliser les pronoms personnels au nominatif (**ben, sen,** *etc.*). On le fait essentiellement pour marquer une insistance.

	Nom.	*Acc.*	*Gén.*	*Datif*	*Loc.*	*Abl.*
je, *me, moi*	**ben**	**beni**	**benim**	**bana**	**bende**	**benden**
tu, *te, toi*	**sen**	**seni**	**senin**	**sana**	**sende**	**senden**
il, elle, *lui*	**o**	**onu**	**onun**	**ona**	**onda**	**ondan**
nous	**biz**	**bizi**	**bizim**	**bize**	**bizde**	**bizden**
vous	**siz**	**sizi**	**sizin**	**size**	**sizde**	**sizden**
ils, elles	**onlar**	**onları**	**onların**	**onlara**	**onlarda**	**onlardan**

9. LES ADJECTIFS ET PRONOMS POSSESSIFS

La possession s'exprime en turc de deux manières :

a) par l'emploi d'adjectifs possessifs qui sont en fait le génitif du pronom personnel dont la déclinaison figure ci-dessus.

benim : *mon, ma, mes* — **bizim** : *notre, nos*
senin : *ton, ta, tes* — **sizin** : *votre, vos*
onun : *son, sa, ses* — **onların** : *leur, leurs*

b) par l'adjonction d'un suffixe aux substantifs concernés :

arabam : *ma voiture* — **arabamız** : *notre voiture*
araban : *ta voiture* — **arabanız** : *votre voiture*
arabası : *sa voiture* — **arabaları** : *leur voiture*

c) Ces suffixes possessifs varient bien sûr en fonction de l'harmonie vocalique, ce qui donne le tableau suivant :

Pronoms possessifs :	**Suffixes possessifs :** *La dernière voyelle du mot est …* … a ou ı	… o ou u	… ö ou ü	… e ou i
benim	-(ı)m	-(u)m	-(ü)m	-(i)m
senin	-(ı)n	-(u)n	-(ü)n	-(i)n
onun	-(s)ı	-(s)u	-(s)ü	-(s)i
bizim	-(ı)mız	-(u)muz	-(ü)müz	-(i)miz
sizin	-(ı)nız	-(u)nuz	-(ü)nüz	-(i)niz
onların	-(s)ı / -ları	-(s)u / -ları	-(s)ü / -leri	-(s)i / -leri

d) Les suffixes possessifs de la troisième personne sont très souvent employés dans des expressions composées de deux mots :

Türk kahvesi : *le café turc*
Telefon numarası : *le numéro de téléphone*
Cep telefonu : *le téléphone portable* (cep : *la poche)*

1.

EXPRESSIONS DE BASE (1)

TEMEL DEYİMLER

1.	Bonjour ! *(le matin)*	**Günaydın !**
2.	Bonjour ! *(à toute heure)*	**İyi günler !** (gün : *le jour*)
3.	Salut ! *(= bonjour familier)*	**Merhaba ! = Selâm !**
4.	Salut à tous !	**Herkese merhaba !**
5.	Bonsoir !	**İyi akşamlar !**
6.	Mesdames et Messieurs, bonjour !	**Bayanlar ve baylar, merhabalar !** (bayan : *Mme* / bay : *Mr*)
7.	Chers amis, bonsoir !	**Sevgili dostlar, iyi akşamlar !** (dost : *l'ami*)
8.	Bienvenue !	**Hoşgeldin[iz] !**
9.	Bienvenue à Istanbul !	**İstanbul'a hoşgeldiniz !**
10.	Bon appétit !	**Afiyet olsun !**
11.	A votre santé !	**Şerefe ! Sağlığınıza !**
12.	A tes souhaits !	**Çok yaşa !**
13.	A vos souhaits !	**Çok yaşayın !**
14.	Bonne nuit !	**İyi geceler !** (gece : *la nuit*)
15.	A demain !	**Yarına görüşürüz !**
16.	Dors bien ! Dormez bien !	**İyi uykular !** (iyi : *bon* / uyku : *le sommeil*)
17.	A bientôt !	**Görüşürüz !** (görüşmek : *se voir*)
18.	A tout à l'heure !	**Sonra görüşürüz !**
19.	Au revoir ! *(dit par celui qui part)*	**Allahaısmarladık !**
20.	Au revoir ! *(dit par celui qui reste)*	**Güle güle !**
21.	Salut ! *(= au revoir)*	**Hoşçakal !**
22.	Bon voyage !	**İyi yolculuklar !** (iyi : *bon* / yolculuk : *le voyage*)
23.	A l'an prochain !	**Seneye görüşürüz !** (sene : *l'année*)
24.	A la semaine prochaine !	**Haftaya görüşürüz !** (hafta : *la semaine*)
25.	D'accord !	**Tamam !**
26.	Pas de problème !	**Sorun yok !** (sorun : *le problème*)
27.	- Parlez-vous français ?	**- Fransızca biliyor musunuz ?**
28.	- Non, je ne parle que l'anglais.	**- Hayır, sadece İngilizce biliyorum.** (sadece : *seulement*)
29.	Je parle français.	**Fransızca biliyorum.**
30.	Je ne parle pas français.	**Fransızca bilmiyorum.** (bilmek : *savoir, connaître* / bilmemek : *ignorer*)

2.

EXPRESSIONS DE BASE (2)

TEMEL DEYİMLER

31.	Merci !	**Teşekkür(ler) = Sağol = Mersi !**
32.	Merci beaucoup !	**Çok teşekkürler = Çok teşekkür ederim !**
33.	Je vous en prie !	**Rica ederim !** (rica etmek : *prier, demander*)
34.	Il n'y a pas de quoi !	**Bir şey değil !** (bir şey : quelque chose / değil : ne… pas)
35.	Oui. / Si.	**Evet.**
36.	Non.	**Hayır.**
37.	Peut-être.	**Belki.**
38.	Parfois.	**Bazen.**
39.	Jamais.	**Asla.**
40.	Souvent.	**Sık sık.**
41.	Toujours.	**Her zaman.**
42.	Je ne sais pas.	**Bilmiyorum.** (bilmek : *savoir*)
43.	Je ne comprends pas.	**Anlamıyorum.**
44.	Je n'ai pas compris.	**Anlamadım.** (anlamak : *comprendre*)
45.	- Vous ne comprenez pas ?	**- Siz anlamadınız mı ?**
46.	- Si, j'ai presque tout compris.	**- Evet, nerdeyse her şeyi anladım.** (her şey : *tout*)
47.	Que dites-vous ?	**Ne diyorsunuz ?**
48.	Pardon ?	**Efendim ?**
49.	Que dit-il (*ou* elle) ?	**Ne diyor ?**
50.	Il dit qu'il ne comprend rien !	**Bir şey anlamadığını söylüyor !**
51.	Je ne parle pas votre langue.	**Dilinizi konuşmuyorum.** (dil : *la langue* / konuşmak : *parler*)
52.	Que signifie ce mot ?	**Bu kelime ne demek ?** (bu kelime : *ce mot* / demek : *signifier*)
53.	Comment dit-on cela en anglais ?	**Bu İngilizce'de nasıl denir ?** (nasıl : *comment* / demek : *dire*)
54.	Dites-le plutôt en français !	**Daha iyisi Fransızca söyleyin.** (söylemek : *dire*)
55.	Pouvez-vous répéter, s'il vous plaît ?	**Tekrar edebilir misiniz lütfen ?** (tekrar : *encore une fois*)
56.	Parlez plus lentement, s'il vous plaît.	**Daha yavaş konuşun lütfen.** (daha : *plus* / yavaş : *lent*)
57.	Pardon !	**Özür dilerim !** (özür : *l'excuse* / özür dilemek : *s'excuser*)
58.	Excuse[z]-moi !	**Affedersin[iz] !**
59.	Je suis désolé(e) !	**Üzgünüm !**
60.	(Quel) dommage !	**(Ne) yazık !**

3.

SE PRÉSENTER

TANIŞTIRMAK

1.	Comment t'appelles-tu ?	**İsmin ne ?** (isim : *le [pré]nom*) **= Adın ne ?** (ad : *le prénom*)
2.	Comment vous appelez-vous ?	**İsminiz ne ? = Adınız ne ?**
3.	Je m'appelle Pierre.	**Benim adım Pierre.** (benim : *mon, ma, mes* / ad : *le prénom*)
4.	Enchanté(e) de faire votre connaissance !	**Memnun oldum !** (memnun : *content ; enchanté*)
5.	Madame Dubois.	**Bayan Dubois.**
6.	Monsieur Dubois.	**Bay Dubois**
7.	Mademoiselle Dubois.	**Bayan Dubois.**
8.	Je vous présente mon mari.	**Kocamı takdim edeyim.** (koca : *le mari*)
9.	Je vous présente ma femme.	**Karımı takdim edeyim.** (karı : *l'épouse*)
10.	- Quel âge avez-vous ?	**- Kaç yaşındasınız ?**
11.	- J'ai 32 ans.	**- 32 (= Otuz iki) yaşındayım.**
12.	Aujourd'hui, c'est mon anniversaire.	**Bugün benim doğum günüm.** (doğum günü : *l'anniversaire*)
13.	J'ai 25 ans aujourd'hui.	**Bugün 25 (= yirmi beş) yaşındayım.** (bugün : *aujourd'hui*)
14.	Bon anniversaire !	**Doğum günün kutlu olsun !**
15.	Félicitations !	**Tebrikler !**
16.	- Avez-vous des enfants ?	**- Çocuğunuz var mı ?**
17.	- J'ai un garçon et une fille.	**- Bir oğlum ve bir kızım var.**
18.	la famille	**aile**
19.	le père, papa	**baba**
20.	la mère, maman	**anne**
21.	l'enfant	**çocuk**
22.	le garçon	**erkek çocuk**
23.	la fille	**kız çocuk**
24.	le fils	**oğul**
25.	la fille	**kız**
26.	le frère	**erkek kardeş**
27.	la sœur	**kız kardeş**
28.	l'amitié	**dostluk, arkadaşlık**
29.	l'ami	**dost, arkadaş**
31.	l'amour / aimer	**sevgi, aşk / sevmek**
32.	Je t'aime.	**Seni seviyorum.**
33.	Est-ce que tu m'aimes ?	**Beni seviyor musun ?**

4.

QUELQUES QUESTIONS

BİRKAÇ SORU

1.	la question	**soru**
2.	la réponse	**cevap**
3.	Puis-je vous poser une question ?	**Size bir soru sorabilir miyim ?** (soru sormak : *poser une question*)
4.	- Quel jour sommes-nous ?	**- Hangi gündeyiz ?** (hangi ? *quel ?*)
5.	- Quelle heure est-il ?	**- Saat kaç ?** (saat : *l'heure* / kaç : combien)
6.	Allô ?	**Alo ?**
7.	Qui est à l'appareil ?	**Kimsiniz ?** (Kim ? *Qui ?*)
8.	Pourrais-je parler à Monsieur Dubois ?	**Bay Dubois ile konuşabilir miyim ?** (konuşmak: *parler*)
9.	Qui ? / Quoi ?	**Kim ? / Ne ?**
10.	Comment ?	**Nasıl ?**
11.	Pourquoi ?	**Neden ?**
12.	Quand ?	**Ne zaman ?**
13.	Depuis quand ?	**Ne zamandır ?**
14.	Qui est là ?	**Kim var orada ?**
15.	Qui êtes-vous ?	**Siz kimsiniz ?**
16.	- Qui est-ce ?	**- Kim o ?**
17.	- C'est moi !	**- Benim !**
18.	Qu'est-ce que c'est ?	**Bu ne(dir) ?**
19.	Que se passe-t-il ?	**Ne(ler) oluyor ?**
20.	Où es-tu ?	**Ner[e]desin ?**
21.	Où vas-tu ?	**Nereye gidiyorsun ?**
22.	D'où viens-tu ?	**Nereden geliyorsun ?**
23.	Où puis-je trouver un restaurant ?	**Nerede bir restoran bulabilirim ?** (bulmak : *trouver*)
24.	Où se trouve l'hôtel ?	**Otel nerede (bulunuyor) ?**
25.	Pouvez-vous me donner votre adresse ?	**Adresinizi verebilir misiniz ?** (vermek : *donner*)
26.	Est-ce que cela vous gêne si je fume ?	**Sigara içmemden rahatsız olur musunuz ?** (sigara içmek : *fumer*)
27.	Avez-vous du feu ?	**Ateşiniz var mı ?** (ateş : *le feu*)
28.	Y a-t-il ici quelqu'un qui parle français ?	**Burada Fransızca bilen biri var mı ?** (burada : *ici*)
29.	Pouvez-vous traduire ce mot en français ?	**Bu kelimeyi Fransızca'ya çevirebilir misiniz ?**
30.	Que signifie cette phrase, s'il vous plaît ?	**Bu cümle ne anlama geliyor lütfen ?** (cümle : *la phrase*)

5.

EN VOYAGE

YOLCULUKTA

1.	le voyage	**yolculuk**
2.	voyager	**yolculuk etmek**
3.	le départ	**gidiş**
4.	l'arrivée	**varış**
5.	la valise	**valiz = bavul**
6.	les bagages	**bavullar**
7.	Allons-y ! En route !	**(Ha[y]di) gidelim !**
8.	la douane	**gümrük**
9.	le passeport	**pasaport**
10.	la carte d'identité	**Kimlik kartı**
11.	Puis-je voir votre passeport ?	**Pasaportunuzu görebilir miyim ?** (görmek : *voir*)
12.	l'avion	**uçak**
13.	l'aéroport	**havaalanı = havalimanı**
14.	le pilote	**pilot**
15.	l'hôtesse de l'air	**hostes = hava hostesi** (hava : *l'air*)
16.	décoller	**kalkmak**
17.	atterrir	**inmek**
18.	annuler	**iptal etmek**
19.	retarder	**gecikmek**
20.	Le vol est annulé.	**Uçuş iptal edildi.**
21.	Le vol est retardé.	**Uçuş gecikmeli.**
22.	Notre avion décolle à 15 heures.	**Uçağımız saat 15'te kalkıyor.** (saat : *l'heure*)
23.	Attachez vos ceintures, s'il vous plaît !	**Kemerlerinizi bağlayınız lütfen !** (kemer : *la ceinture*)
24.	Il est interdit de fumer dans les toilettes.	**Tuvaletlerde sigara içmek yasaktır.** (yasak : *interdit*)
25.	le chemin de fer	**demir yolu** (yol : *la voie, le chemin*)
26.	le train	**tren**
27.	la gare	**gar = istasyon**
28.	le quai	**peron**
29.	le compartiment	**kompart[ı]man**
30.	le wagon	**vagon**
31.	le wagon-restaurant	**restoran vagonu**
32.	- Je voudrais un billet pour Paris.	**- Paris için bir bilet istiyorum.** (için : *pour* / istemek : *vouloir*)
33.	- Aller simple ou aller et retour ?	**- Tek gidiş mi yoksa gidiş-dönüş mü ?** (yoksa : *ou bien*)

6.

AU RESTAURANT

RESTORANDA

1.	Le restaurant est ouvert.	**Restoran açık.**
2.	Cette table est-elle libre ?	**Bu masa boş mu ?** (masa : *la table* / boş : *libre, vacant*)
3.	Nous avons réservé une table pour deux.	**İki kişilik bir masa rezerve ettik.** (iki : *deux* / kişilik : *la personne*)
4.	Garçon, puis-je avoir la carte ?	**Garson, menüyü rica edebilir miyim ?** (rica etmek : *demander*)
5.	Que nous recommandez-vous ?	**Bize ne tavsiye edersiniz ?** (biz : *nous* / ne ? *Que ? Quoi ?* / tavsiye etmek : *recommander*)
6.	Quel est le plat du jour ?	**Günün yemeği nedir ?** (gün : *le jour* / yemek : *le plat, le repas*)
7.	Quelle cuisson désirez-vous ?	**Nasıl pişmiş olsun ?** (nasıl : *comment* / pişirmek : *cuire*)
8.	A point ?	**Normal pişmiş ?**
9.	Bien cuit ?	**Çok pişmiş ?**
10.	Saignant ?	**Az pişmiş ?**
11.	Puis-je avoir un peu de moutarde ?	**Biraz hardal alabilir miyim ?** (biraz : *un peu* / hardal : *la moutarde* / almak : *obtenir*)
12.	Pouvez-vous m'apporter un verre ?	**Bir bardak getirebilir misiniz ?** (bardak : *le verre* / getirmek : *apporter*)
13.	J'aimerais avoir du pain, s'il vous plaît !	**Ekmek istiyorum, lütfen.** (ekmek : *le pain*)
14.	- Est-ce que c'était bon ?	**- Güzel miydi ?** (güzel : *bon, bien*)
15.	- Le repas était excellent.	**- Yemek mükemmeldi.** (mükemmel : *parfait, excellent*)
16.	- Désirez-vous encore autre chose ?	**- Başka bir şey istiyor musunuz ?** (başka : *autre* / bir şey : *quelque chose*)
17.	- Non, merci. Ce sera tout.	**- Hayır, teşekkürler, bu kadarı yeterli.** (yeterli : *suffisant*)
18.	L'addition, s'il vous plaît !	**Hesap, lütfen !** (hesap : *le compte, le calcul*)
19.	Le service est compris.	**Servis dahil.**
20.	Mais on peut laisser un pourboire.	**Ama bahşiş bırakılabilir.** (ama : *mais*)
21.	Où sont les toilettes, s'il vous plaît ?	**Tuvalet nerede, lütfen ?** (nerede ? *où ?*)

7.

LES REPAS (1)

YEMEKLER

1.	le repas	**yemek**
2.	le petit-déjeuner	**kahvaltı**
3.	le pain	**ekmek**
4.	le beurre	**tereyağ[ı]**
5.	la confiture	**reçel**
6.	le miel	**bal**
7.	le déjeuner	**öğle yemeği** (öğle : *midi*)
8.	le dîner	**akşam yemeği** (akşam : *le soir*)
9.	l'entrée	**antre**
10.	le plat principal	**asıl yemek**
11.	la boisson	**içecek**
12.	l'eau	**su**
13.	l'eau (plate)	**(gazsız) su**
14.	l'eau gazeuse	**gazlı su = soda**
15.	le jus (de fruit)	**(meyve) suyu**
16.	le vin (rouge)	**(kırmızı) şarap**
17.	le vin blanc	**beyaz şarap**
18.	la bière (blonde)	**(sarı) bira**
19.	la bière brune	**siyah bira**
20.	la bière pression	**fıçı bira**
21.	le café	**kahve**
22.	le thé	**çay**
23.	le lait	**süt**
24.	Avec ou sans lait ?	**Sütlü mü sütsüz mü ?**
25.	le chocolat	**çikolata**
26.	le chocolat (chaud)	**(sıcak) çikolata**
27.	- Que voulez-vous boire ?	**- Ne içmek istiyorsunuz ?** (içmek : *boire* / istemek : *vouloir, souhaiter*)
28.	- Une bière et un verre de vin rouge.	**- Bir bira ve bir bardak kırmızı şarap.** (bardak : *le verre*)
29.	A votre santé !	**Şerefe !**
30.	Cul sec !	**Fondip !**
31.	C'est ma tournée !	**Benim sıram !**
32.	le verre	**bardak**
33.	la tasse	**fincan**
34.	l'assiette	**tabak**
35.	la cuillère	**kaşık**
36.	le couteau	**bıçak**
37.	la fourchette	**çatal**

8.

LES REPAS (2)

YEMEKLER

38.	la salade	**salata**
39.	l'œuf	**yumurta**
40.	la pomme de terre	**patates**
41.	les frites	**patates kızartması**
42.	le steak-frites	**bonfile-patates kızartması**
43.	la viande	**et**
44.	le poisson	**balık**
45.	le bœuf	**sığır (eti)**
46.	le veau	**dana (eti)**
47.	le porc	**domuz (eti)**
48.	le jambon	**jambon**
49.	la saucisse	**sosis**
50.	le hot dog	**sıcak sosis** (sıcak : *chaud*)
51.	le poulet	**tavuk**
52.	l'agneau	**kuzu (eti)**
53.	le saumon	**somon (balığı)**
54.	la truite	**alabalık**
55.	la sole	**dil balığı**
56.	les pâtes	**makarna**
57.	le riz	**pilav, pirinç**
58.	l'huile	**yağ**
59.	le vinaigre	**sirke**
60.	la moutarde	**hardal**
61.	le poivre (noir)	**kara biber**
62.	le sel	**tuz**
63.	le sucre	**şeker**
64.	les légumes	**sebzeler**
65.	le fromage	**peynir**
66.	le dessert	**tatlı**
67.	la glace	**dondurma**
68.	le gâteau	**pasta**
69.	sucré	**tatlı**
70.	le fruit	**meyve**
71.	la pomme	**elma**
72.	la poire	**armut**
73.	l'orange	**portakal**
74.	le jus de pomme	**elma suyu**
75.	la pelure	**kabuk**
76.	Quel est le nom de ce fruit ?	**Bu meyvenin adı ne?** (ad : *le nom* / ne ? *Quel ?*)

9.

LES JOURS ET LES MOIS

GÜNLER VE AYLAR (gün : *le jour* / ay : *le mois*)

1.	la semaine	**hafta**
2.	le lundi	**pazartesi**
3.	le mardi	**salı**
4.	le mercredi	**çarşamba**
5.	le jeudi	**perşembe**
6.	le vendredi	**cuma**
7.	le samedi	**cumartesi**
8.	le dimanche	**pazar**
9.	Janvier	**Ocak**
10.	Février	**Şubat**
11.	Mars	**Mart**
12.	Avril	**Nisan**
13.	Mai	**Mayıs**
14.	Juin	**Haziran**
15.	Juillet	**Temmuz**
16.	Août	**Ağustos**
17.	Septembre	**Eylül**
18.	Octobre	**Ekim**
19.	Novembre	**Kasım**
20.	Décembre	**Aralık**

10.

LES CHIFFRES ET LES NOMBRES

RAKAMLAR VE SAYILAR

1	**bir**	18	**on sekiz**
2	**iki**	19	**on dokuz**
3	**üç**	20	**yirmi**
4	**dört**	21	**yirmi bir**
5	**beş**	22	**yirmi iki**
6	**altı**	23	**yirmi üç**
7	**yedi**	24	**yirmi dört**
8	**sekiz**	30	**otuz**
9	**dokuz**	40	**kırk**
10	**on**	50	**elli**
11	**on bir**	60	**altmış**
12	**on iki**	70	**yetmiş**
13	**on üç**	80	**seksen**
14	**on dört**	90	**doksan**
15	**on beş**	100	**yüz**
16	**on altı**	1000	**bin**
17	**on yedi**	0	**sıfır**

11.

L'ARGENT - LE PRIX

PARA - FİYAT

1.	- Combien est-ce que ça coûte ?	**- (Ödenecek miktar) ne kadar ?** (ne kadar ? *combien ?*)
2.	- 17 euros et cinquante centimes.	**- 17 (= on yedi) avro ve 50 (= elli) santim.**
3.	C'est bon marché.	**Ucuz.**
4.	C'est cher.	**Pahalı.**
5.	C'est très cher.	**Çok pahalı.**
6.	C'est trop cher pour moi.	**Benim için çok pahalı.** (ben : *moi* / için : *pour*)
7.	Est-ce que vous avez autre chose ?	**Başka bir şeyiniz var mı ?** (başka : *autre* / bir şey : *qqch*)
8.	Avez-vous quelque chose de moins cher ?	**Daha ucuz bir şeyiniz var mı ?** (ucuz : *bon marché*)
9.	Je n'ai pas assez d'argent.	**Yeteri kadar param yok.** (yeteri kadar : *assez* / para : *l'argent*)
10.	Combien d'argent as-tu ?	**Ne kadar paran var ?** (ne kadar ? *combien?*)
11.	Peux-tu me donner quelques euros ?	**Bana birkaç avro verebilir misin ?** (bana : *à moi* / birkaç : *quelques* / vermek : *donner*)
12.	l'euro	**avro, yuro**
13.	la livre turque	**Türk lirası**
14.	Est-ce que je peux payer en dollars ?	**Dolar olarak ödeyebilir miyim ?** (ödemek : *payer*)
15.	Rendez-moi la monnaie, s'il vous plaît !	**Paranın üstünü istiyorum, lütfen !** (paranın üstü : *la monnaie*)
16.	Vous pouvez garder la monnaie.	**Paranın üstü sizde kalabilir.**
17.	Où est le magasin le plus proche ?	**En yakın dükkân nerede ?** (yakın : *proche* / dükkân : *le magasin*)
18.	Entrez donc ! Venez jeter un coup d'œil !	**Girin ! Bir göz atın !** (girmek : *entrer* / göz : *l'oeil*)
19.	Je voudrais acheter ceci.	**Bunu (satın) almak istiyorum.** (almak : *acheter*)
20.	Profitez-en, c'est une bonne affaire !	**Kaçırmayın, çok güzel bir fiyat !** (güzel : *beau* / fiyat : *le prix*)
21.	- Est-ce que vous désirez autre chose ?	**- Başka bir şey ister misiniz ?** (başka : *autre* / istemek : *désirer*)
22.	- J'aimerais ramener un souvenir.	**- Bir hatıra götürmek istiyorum.** (hatıra : *le souvenir*)

12.

A L'HÔTEL

OTELDE (otel : *l'hôtel*)

1.	la chambre	**oda**
2.	le lit	**yatak**
3.	la douche	**duş**
4.	la chambre individuelle	**tek kişilik oda**
5.	la chambre double	**çift kişilik oda**
6.	la salle de bains	**banyo**
7.	l'air conditionné	**klima**
8.	la demi-pension	**yarım pansiyon**
9.	la pension complète	**tam pansiyon**
10.	- Avez-vous encore des chambres libres ?	**- Boş odalarınız hâlâ var mı ?** (boş : *vide, vacant* / hâlâ : *encore*)
11.	- Désolé, l'hôtel est complet.	**- Üzgünüm, otel dolu.** (dolu : *plein, complet*)
12.	Nous aimerions une chambre double.	**Çift kişilik bir oda istiyoruz.** (çift : *le couple* / kişilik : *la personne*)
13.	La chambre coûte 150 euros.	**Oda 150 avro.** (yüz : *cent* / elli : *cinquante*)
14.	Avez-vous quelque chose de moins cher ?	**Daha ucuz yok mu ?** (daha : *plus* / ucuz : *bon marché*)
15.	- Pouvons-nous voir la chambre ?	**- Odayı görebilir miyiz ?** (görmek : *voir*)
16.	- Voici la clé de la chambre.	**- İşte, odanın anahtarı.** (anahtar : *la clé*)
17.	La chambre est au deuxième étage.	**Oda ikinci katta.** (kat : *l'étage* / ikinci : *deuxième*)
18.	La chambre me plaît. Nous la prenons.	**Odayı beğendim. Tutuyoruz.** (beğenmek : *plaire* / tutmak : *prendre*)
19.	- Combien de temps pensez-vous rester?	**- Ne kadar zaman kalmayı düşünüyorsunuz ?**
20.	- Nous resterons deux ou trois jours.	**- İki veya üç gün kalacağız.** (ikì : *deux* / veya : *ou* / üç : *trois*)
21.	- Je vous souhaite un agréable séjour.	**- İyi dinlenmeler diliyorum.** (dinlenme : *la détente*)
22.	Le petit-déjeuner est inclus.	**Kahvaltı dahil.** (dahil : *inclus*)
23.	Jusqu'à quelle heure peut-on déjeuner ?	**Saat kaça kadar kahvaltı edebiliriz ?** (saat : *l'heure*)
24.	Pouvez-vous me réveiller à six heures ?	**Beni saat altıda uyandırabilir misiniz ?** (uyanmak : *se réveiller*)
25.	A quelle heure dois- je quitter la chambre ?	**Saat kaçta odayı terk etmem gerekir ?** (gerek : *il faut*)

13.

LA VOITURE

ARABA

1.	l'essence	**benzin**
2.	faire le plein	**depoyu doldurmak**
3.	la station-service	**benzin istasyonu**
4.	la rue	**sokak**
5.	la route	**yol**
6.	l'autoroute	**otoyol = otoban**
7.	le camion	**kamyon**
8.	l'autocar	**otobüs**
9.	- Je voudrais louer une voiture.	**- Bir araba kiralamak istiyorum.** (kiralamak : *louer*)
10.	- Montrez-moi votre permis de conduire !	**- Ehliyetinizi gösterin !** (otomobil ehliyeti : *le permis de conduire*)
11.	Je dois faire le plein.	**Depoyu doldurmam gerekiyor.**
12.	Où est la prochaine station-service ?	**Bir sonraki benzin istasyonu nerede ?** (sonraki : *suivant*)
13.	J'aimerais prendre vingt litres d'essence.	**Yirmi litre benzin istiyorum.** (yirmi : *vingt*)
14.	Pouvez-vous nettoyer le pare-brise ?	**Ön camı temizleyebilir misiniz ?** (ön cam : *le pare-brise*)
15.	Stationnement interdit.	**Park yasak.**
16.	- Sommes-nous sur la bonne route ?	**- Doğru yolda mıyız ?** (doğru : *exact* / yol : *la route, le chemin*)
17.	- Non, vous vous êtes trompés.	**- Hayır, karıştırmışsınız.**
18.	Vous êtes sur la mauvaise route.	**Yanlış yoldasınız.** (yanlış : *faux*)
19.	Vous devez faire demi-tour.	**Geri dönmelisiniz.**
20.	A quelle distance se trouve cette ville ?	**Bu şehir hangi uzaklıkta (bulunuyor) ?** (uzaklık : *la distance*)
21.	Où est la gare, s'il vous plaît ?	**Gar nerede, lütfen ?** (nerede ? *où?*)
22.	Allez jusqu'au prochain feu rouge !	**Gelecek ışığa kadar gidiniz !** (gelecek : *prochain* / ışık : *le feu*)
23.	Là, vous tournez à droite.	**Orada, sağa dönünüz.** (sağa : *à droite*)
24.	Prenez ensuite la deuxième rue à gauche.	**Daha sonra ikinci sola dönünüz.** (sola : *à gauche*)
25.	Après, c'est toujours tout droit !	**Sonra, hep dümdüz (gidin) !** (hep : *toujours* / dümdüz : *tout droit*)

14.

QUELQUES CONTRAIRES

BİRKAÇ KARŞITLIK

1.	C'est beau.	**Güzel.**
2.	Ce n'est pas beau.	**Güzel değil.**
3.	C'est ouvert.	**Açık.**
4.	C'est fermé.	**Kapalı.**
5.	C'est grand.	**Büyük.**
6.	C'est petit.	**Küçük.**
7.	long - court	**uzun - kısa**
8.	large - étroit	**geniş - dar**
9.	bon - mauvais	**iyi - kötü**
10.	jeune - vieux	**genç - yaşlı**
11.	nouveau - ancien	**yeni - eski**
12.	chaud - froid	**sıcak - soğuk**
13.	rapide - lent	**hızlı - yavaş**
14.	propre - sale	**temiz - kirli**
15.	vrai - faux	**doğru - yanlış**
16.	interdit - autorisé	**yasak - serbest, izinli**
17.	quelqu'un	**biri(si)**
18.	personne	**(hiç) kimse**
19.	tout le monde	**herkes**
20.	quelque chose	**bir şey** (şey : *la chose*)
21.	rien	**hiç (bir şey)**
22.	tout	**her şey = hepsi**
23.	maintenant	**şimdi**
24.	plus tard	**daha sonra**
25.	aujourd'hui	**bugün**
26.	hier - demain	**dün - yarın**
27.	avant-hier	**evvelsi gün**
28.	après-demain	**öbür gün**
29.	en haut - en bas	**yukarıda - aşağıda**
30.	à droite - à gauche	**sağda - solda**
31.	loin - proche	**uzak - yakın**
32.	ici - là-bas	**burası - orası**

15.

LES COULEURS

RENKLER (renk : *la couleur*)

1.	blanc - noir	**beyaz, ak - siyah, kara**
2.	bleu - rouge	**mavi - kırmızı**
3.	vert - jaune	**yeşil - sarı**
4.	gris - marron	**gri - kahverengi**
5.	rose - orange	**pembe - turuncu**

16.

COMMENT ALLEZ-VOUS ?

NASILSINIZ?

1.	- Comment vas-tu ?	**- Nasılsın ?** (nasıl ? *Comment ?*)
2.	- Comment ça va ?	**- Ne haber ?** (= *Quelles nouvelles ?*)
3.	- Très bien, merci. Et vous ?	**- İyiyim, teşekkürler. Ya siz ?**
4.	Entrez, je vous en prie !	**Girin, rica ederim !**
5.	Après vous, je vous en prie !	**Sizden sonra, lütfen !**
6.	C'est très aimable à vous !	**Çok naziksiniz !**
7.	Mettez-vous à l'aise !	**Rahatınıza bakın !**
8.	- Puis-je m'asseoir à côté de vous ?	**- Yanınıza oturabilir miyim ?** (oturmak : *s'asseoir*)
9.	- Mais bien sûr !	**- Tabii ki !**
10.	- Cela ne vous dérange pas ?	**- Bu sizi rahatsız etmiyor mu ?** (rahatsız etmek : *déranger*)
11.	- Mais pas du tout, au contraire !	**- Hayır, tam tersine !** (hayır : *non* / tersine : *au contraire*)
12.	- Comment vous sentez-vous ?	**- (Kendinizi) nasıl hissediyorsunuz ?** (hissetmek : *sentir*)
13.	- Je ne me sens pas très bien.	**- (Kendimi) çok iyi hissetmiyorum.**
14.	Je me sens mal.	**Kötüyüm.** (kötü : *mal*)
15.	Je me sens bien.	**İyiyim.** (iyi : *bien*)
16.	Je me sens mieux.	**Daha iyi hissediyorum.** (daha iyi : *mieux*)
17.	la santé	**sağlik**
18.	la maladie	**hastalik**
19.	malade	**hasta**
20.	le médecin	**doktor**
21.	le médicament	**ilaç**
22.	la pharmacie	**eczane**
23.	J'ai attrapé un rhume.	**Nezle oldum.** (nezle : *le rhume*)
24.	J'ai mal à la tête.	**Başım ağrıyor.** (baş : *la tête*)
25.	Il faut que je voie un médecin.	**Doktor görmem gerekiyor.** (görmek : *voir* / gerekmek : *falloir*)
26.	Où y a-t-il une pharmacie ?	**Nerede eczane var ?** (nerede ? *où?* / var : *il y a*)
27.	Bon rétablissement !	**Geçmiş olsun !** (= Que cela soit terminé !)

Si vous voulez en savoir plus sur l'une ou l'autre des langues présentées dans ce guide, voici un rapide aperçu de nos autres publications dont vous trouverez un récapitulatif complet sur notre site Internet : **www.editions-vasseur.com**

QUATRE COLLECTIONS DE GUIDES DE CONVERSATION :

« Se débrouiller... vite fait bien fait ! »
(onze dépliants)
« 80 minutes pour parler... »
(treize CD audio + livret de 20 pages)
« Voulez-vous vraiment parler... ? »
(sept brochures de 32 pages + CD audio)
« 120 pages pour savoir s'exprimer en... »
(quatre livres de 128 pages + mini-CD audio mp3)

1. « Se débrouiller... vite fait bien fait ! »
(dépliants)

Ces onze dépliants (format 15,5 x 23,5 cm / prix unitaire : 4 euros) comportent chacun cinq volets (= 10 pages) et présentent les formules les plus indispensables de la conversation courante en langue étrangère. Ils s'adressent aux lecteurs désireux de découvrir uniquement par l'écrit les rudiments de la communication en langue étrangère et notamment de maîtriser ce que l'on peut appeler le vocabulaire de la convivialité *(saluer, se présenter, commander dans un restaurant, faire un achat, réserver une chambre d'hôtel, demander son chemin, répondre au téléphone, etc.).*

Se débrouiller en ANGLAIS	EAN 13 : 978 291 330 52 81
Se débrouiller en ESPAGNOL	EAN 13 : 978 291 330 53 04
Se débrouiller en ALLEMAND	EAN 13 : 978 291 330 52 98
Se débrouiller en ITALIEN	EAN 13 : 978 291 330 53 11
Se débrouiller en PORTUGAIS	EAN 13 : 978 291 330 53 28
Se débrouiller en CHINOIS	EAN 13 : 978 291 330 53 35
Se débrouiller en JAPONAIS	EAN 13 : 978 291 330 54 72
Se débrouiller en RUSSE	EAN 13 : 978 291 330 54 03
Se débrouiller en ARABE	EAN 13 : 978 291 330 54 41
Se débrouiller en NÉERLANDAIS	EAN 13 : 978 291 330 54 10
Se débrouiller en GREC	EAN 13 : 978 291 330 54 89

2. « 80 minutes pour parler... »
(CD audio + livret)

Une série de treize CD audio (prix unitaire : 12 euros) d'une durée de 80 minutes - d'où le titre de la collection. Chaque CD comporte l'enregistrement intégral des différentes rubriques des dépliants de la collection *« Se débrouiller... vite fait bien fait »*. Chaque CD est accompagné d'un livret (inclus dans le boîtier) qui présente l'intégralité des mots et des expressions figurant sur le CD. Les phrases françaises et étrangères figurent en alternance sur le CD audio afin de faciliter la tâche de ceux qui veulent pouvoir l'écouter en toute circonstance (autoradio, baladeur, etc.). Un outil idéal pour préparer un voyage touristique ou professionnel à l'étranger.

80 minutes pour parler ANGLAIS	EAN 13 : 978 291 330 53 42
80 minutes pour parler ESPAGNOL	EAN 13 : 978 291 330 53 59
80 minutes pour parler ALLEMAND	EAN 13 : 978 291 330 53 80
80 minutes pour parler ITALIEN	EAN 13 : 978 291 330 53 66
80 minutes pour parler PORTUGAIS	EAN 13 : 978 291 330 53 73
80 minutes pour parler CHINOIS	EAN 13 : 978 291 330 53 97

80 minutes pour parler JAPONAIS EAN 13 : 978 291 330 54 96
80 minutes pour parler RUSSE EAN 13 : 978 291 330 54 27
80 minutes pour parler ARABE EAN 13 : 978 291 330 54 58
80 minutes pour parler NÉERLANDAIS EAN 13 : 978 291 330 54 34
80 minutes pour parler GREC EAN 13 : 978 291 330 55 02
80 minutes pour parler TURC EAN 13 : 978 291 330 55 40
80 minutes pour parler POLONAIS EAN 13 : 978 291 330 55 57

3. « Voulez-vous *vraiment* parler… ? » « Dites-le plutôt en … ! »

(sept brochures de 32 pages + CD audio)

Ces sept brochures + CD audio (format 15,5 x 23,5 cm / prix unitaire : 12 euros) s'adressent à ceux qui maîtrisent déjà le contenu des deux premières collections et qui voudraient en savoir plus : les CD audio ne comportant que les phrases en langue étrangère, cela permet en effet de doubler le nombre de phrases proposées. Par ailleurs, les explications grammaticales sont beaucoup plus fournies. Les CD audio de cette collection sont destinés davantage à un travail plus approfondi en étroite liaison avec la brochure. Ce CD audio se trouve dans une pochette plastique en deuxième page de couverture et comporte l'intégralité des phrases et des mots en langue étrangère figurant sur la brochure.

Voulez-vous vraiment parler ANGLAIS ?
EAN 13 : 978 291 330 51 06
Voulez-vous vraiment parler ESPAGNOL ?
EAN 13 : 978 291 330 51 13
Voulez-vous vraiment parler ALLEMAND ?
EAN 13 : 978 291 330 51 20
Voulez-vous vraiment parler ITALIEN ?
EAN 13 : 978 291 330 51 37

Dites-le plutôt en CHINOIS !
EAN 13 : 978 291 330 51 44
Dites-le plutôt en JAPONAIS !
EAN 13 : 978 291 330 51 51
Dites-le plutôt en ARABE !
EAN 13 : 978 291 330 54 65

Précision importante : les trois guides consacrés au chinois, au japonais et à l'arabe portent un titre différent car leur mise en page a été modifiée pour tenir compte de la nécessité d'accompagner chaque phrase chinoise, japonaise ou arabe de sa transcription phonétique.

4. « 120 pages pour savoir s'exprimer en… »

(quatre livres de 128 pages + mini-CD mp3)

Ces quatre livres (format 10,5 x 15 cm / prix unitaire : 10 euros) reprennent dans un format de poche plus facilement transportable toutes les rubriques thématiques des titres de la collection précédente. Ils sont accompagnés d'un **mini CD mp3 d'une durée de trois heures** qui comporte l'enregistrement intégral en français et en langue étrangère de toutes les phrases de ces différentes rubriques.

120 pages pour savoir s'exprimer en ANGLAIS
EAN 13 : 978 291 330 55 95
120 pages pour savoir s'exprimer en ESPAGNOL
EAN 13 : 978 291 330 56 01
120 pages pour savoir s'exprimer en ALLEMAND
EAN 13 : 978 291 330 56 18
120 pages pour savoir s'exprimer en CHINOIS !
EAN 13 : 978 291 330 55 88

La politesse à travers le monde (1)

1. ANGLAIS

Bonjour !	**Good morning !** *(le matin)* / **Hello !**
Bonsoir !	**Good evening !**
Bonne nuit !	**Good night !**
Bienvenue !	**Welcome!**
Merci !	**Thank you !**
Merci beaucoup !	**Thank you very much!**
Je vous en prie !	**You're welcome!**
Il n'y a pas de quoi!	**Don't mention it!**
Pardon !	**Sorry!**
Excusez-moi!	**Excuse me!**
A votre santé !	**Cheers ! Your health !**
Bon appétit !	**Enjoy your meal !**
A vos souhaits !	**Bless you!**
Au revoir !	**Goodbye ! Bye ! So long !**
A bientôt !	**See you soon!**

2. ALLEMAND

Bonjour !	**Hallo ! Guten Tag !**
Bonjour !	**Guten Morgen !** *(le matin)*
Bonsoir !	**Guten Abend !**
Bonne nuit !	**Gute Nacht !**
Bienvenue !	**Willkommen!**
Merci !	**Danke schön !**
Merci beaucoup !	**Vielen Dank!**
Je vous en prie !	**Bitte (schön)!**
Il n'y a pas de quoi!	**Keine Ursache!**
Pardon !	**Verzeihung!**
Désolé(e)!	**Tut mir leid!**
A votre santé !	**Prost ! Zum Wohl !**
Bon appétit !	**Guten Appetit !**
A vos souhaits !	**Gesundheit!**
Au revoir !	**Auf Wiedersehen !**
A bientôt !	**Bis bald!**

3. NÉERLANDAIS

Bonjour !	**Goedendag ! Goeiedag !**
Bonsoir !	**Goedenavond !**
Bonne nuit !	**Goedenacht !**
Bienvenue !	**Welkom!**
Merci !	**Dank u ! Dank je !** *(tutoiement)*
Merci beaucoup !	**Dank u wel! Dank je wel!** *(tutoiement)*
Je vous en prie !	**Alstublieft!**
Il n'y a pas de quoi!	**Geen dank!**
Pardon !	**Sorry! Pardon!**
Désolé(e)!	**Het spijt me!**
(A votre) santé !	**(Op uw) gezondheid ! Toast !**
Bon appétit !	**Eet smakelijk !**
A vos souhaits !	**Gezondheid!**
Au revoir !	**Tot ziens ! Tot kijk !**
A bientôt !	**Tot gauw!**

La politesse à travers le monde (2)

4. ESPAGNOL

Bonjour !	**¡Buenos días!** *(jusque 13 ou 14 h.)*
Bonjour !	**¡Buenas tardes!** *(de 14 à 21 h.)*
Bonsoir !	**¡Buenas noches!** *(à partir de 21 h.)*
Bienvenue !	**¡Bienvenido!**
Merci !	**¡Gracias!**
Merci beaucoup !	**¡Muchas gracias!**
Je vous en prie !	**¡Se lo ruego!**
Il n'y a pas de quoi!	**¡No hay de qué!**
Pardon !	**¡Perdón!**
Désolé(e)!	**¡Lo siento!**
A votre santé !	**¡Salud!**
Bon appétit !	**¡Buen provecho!**
A vos souhaits !	**¡Jesús!**
Au revoir !	**¡Hasta luego!**
A bientôt !	**¡Hasta pronto!**

5. PORTUGAIS

Bonjour !	**Olá ! Bom dia !**
Bonsoir !	**Boa noite !**
Bonne nuit !	**Boa noite !**
Bienvenue !	**Bem-vindo !**
Merci !	**Obrigado !** *(masc.)* **Obrigada !** *(fém.)*
Merci beaucoup !	**Muito obrigado !**
Je vous en prie !	**Se faz favor !**
Il n'y a pas de quoi!	**Não tem de quê !**
Pardon !	**Desculpe !**
Désolé(e)!	**Lamento !**
A votre santé !	**À sua saúde !**
Bon appétit !	**Bom apetite !**
A vos souhaits !	**Santinho !**
Au revoir !	**Adeus !**
A bientôt !	**Até breve !**

6. ITALIEN

Bonjour !	**Buongiorno !**
Bonsoir !	**Buonasera !**
Bonne nuit !	**Buonanotte !**
Bienvenue !	**Benvenuto !**
Merci !	**Grazie !**
Merci beaucoup !	**Grazie mille !**
Je vous en prie !	**Prego !**
Il n'y a pas de quoi!	**Non c'è di che !**
Pardon !	**Scusi !**
Désolé(e)!	**Mi dispiace !**
A votre santé !	**Salute !**
Bon appétit !	**Buon appetito !**
A vos souhaits !	**Salute !**
Au revoir !	**Arrivederci ! Ciao !**
A bientôt !	**A presto !**

La politesse à travers le monde (3)

7. ARABE

Bonjour !	sabahou al kheïr	صباح الخَيْر
Bonsoir !	massaou al kheïr	مساء الخير
Bonne nuit !	laylah saâidah	ليلة سعيدة
Bienvenue !	marhaban	مَرْحَبًا
Merci !	choukran	شكرا
Merci beaucoup !	choukran jazĭlan	شُكْرًا جَزِيلاً
Je vous en prie !	al áafwou	اَلْعَفْو
S'il vous plaît !	min faddlik(oum) !	مِنْ فَضْلِكُمْ
Pardon !	áafwan	عَفْوًا
Excusez-moi!	ou á'zhouroŭnĭ	أَعْذُرُونِي
Santé !	fĭ sihhatikoum	في صحّتكم
Bon appétit !	chahiyyah tayyibah	شهية طيبة
Au revoir !	ilă alliqă a'	إلى اللقاء
A bientôt !	arăka qarĭban	أَرَاكَ قريبًا

8. CHINOIS

Bonjour !	nǐ hǎo !	你好！
Bonsoir !	wǎnshàng hǎo !	晚上好！
Bonne nuit !	wǎn ān !	晚安！
Bienvenue !	huānyíng (guānglín) !	欢迎（光临）！
Merci !	xièxie !	谢谢！
Merci beaucoup !	fēicháng gǎnxiè !	非常感谢！
Je vous en prie !	búkèqi !	不客气！
Il n'y a pas de quoi!	zhè méi shénme !	这没什么！
Pardon !	qǐng yuánliàng !	请原谅！
Excusez-moi!	láojià !	劳驾！
Santé !	zhù nín shēntǐ jiànkāng !	祝您身体健康！
Bon appétit !	zhù nín hǎo wèikǒu !	祝您好胃口！
Au revoir !	zàijiàn !	再见！
A bientôt !	huítóu jiàn !	回头见！

9. JAPONAIS

Bonjour !	ohayō	おはよう。
Bonsoir !	konbanwa	今晩は。
Bonne nuit !	oyasumi nasai	おやすみなさい。
Bienvenue !	yōkoso	ようこそ。
Merci !	arigatō	ありがとう。
Merci beaucoup !	dōmo arigatō gozaimasu	どうもありがとうございます。
Je vous en prie !	iie, dō itashimashite	いいえ、どういたしまして。
Il n'y a pas de quoi!	tondemonai	とんでもない。
Désolé(e) !	gomen nasai	ごめんなさい。
Santé !	kanpai	乾杯。
Bon appétit !	itadakimasu	いただきます。
Au revoir !	sayōnara	さようなら。
A bientôt !	mata chikai uchi ni	また近いうちに。

La politesse à travers le monde (4)

10. RUSSE

Bonjour !	**Здра́вствуйте!**	[zdravstvouittié]
Bonsoir !	**До́брый ве́чер!**	[dobri viétchèrr]
Bonne nuit !	**Споко́йной но́чи!**	[spakoïnaï notchi]
Bienvenue !	**добро́ пожа́ловать!**	[dabro pajalavatt]
Merci !	**Спаси́бо!**	[spaciba]
Merci beaucoup !	**Большо́е спаси́бо!**	[balchoïé spaciba]
Je vous en prie !	**Пожа́луйста!**	[pajalousta]
Il n'y a pas de quoi!	**Не́ за что!**	[nié za chta]
Pardon !	**Прости́(те)!**	[prasti(tié)]
Excusez-moi!	**Извини́(те) меня́!**	[izvinittié) minia]
Santé !	**За здоро́вье!**	[za zdarovié]
Bon appétit !	**Прия́тного аппети́та!**	[priattnava apétita]
A vos souhaits !	**Бу́дьте здоро́вы!**	[boudté zdarové]
Au revoir !	**До свида́ния!**	[da svidania]
A bientôt !	**До ско́рого!**	[da skorava]

11. GREC

Bonjour !	**Καλημέρα!**	[kalimèra]
Bonsoir !	**Καλησπέρα!**	[kalispèra]
Bonne nuit !	**Καληνύχτα!**	[kalinichta]
Bienvenue !	**Καλώς ήλθες!**	[kaloss illθèss]
Merci !	**Ευχαριστώ!**	[evkaristo]
Merci beaucoup !	**Ευχαριστώ (πολύ)!**	[evkaristo (poli)]
Je vous en prie !	**Σας παρακαλώ!**	[ssass parakalo]
Il n'y a pas de quoi!	**Κανένα πρόβλημα!**	[kanèna provlima]
Pardon !	**Συγνώμη!**	[ssig-nomi]
Désolé(e)!	**Λυπάμαι.**	[lipamè]
A votre santé !	**Στήν υγειά σας!**	[stinn iyia ssass]
Bon appétit !	**Καλή όρεξή!**	[kali orèksi]
A vos souhaits !	**Με τις υγείες σας!**	[mè tiss iyèss ssass]
Au revoir !	**Γειά σας!**	[ya ssass]
A bientôt !	**Τα λέμε σύντομα!**	[ta lèmè ssidoma]

12. TURC

Bonjour !	**Günaydın !** *(le matin)*	[gunaïdeunn]
	İyi günler !	[iyi gunnlèrr]
Bonsoir !	**İyi akşamlar !**	[iyi akchammlarr]
Bonne nuit !	**İyi geceler !**	[iyi guéttjélèrr]
Bienvenue !	**Hoşgeldin[iz] !**	[hochguèldinizz]
Merci !	**Teşekkür(ler) !**	[téchèkurrlèrr]
Merci beaucoup !	**Çok teşekkürler !**	[tchok téchékurrlèrr]
Je vous en prie !	**Rica ederim !**	[ridja édérim]
Il n'y a pas de quoi!	**Bir şey değil !**	[bir cheille déhil]
Pardon !	**Özür dilerim !**	[euzur dilèrim]
Excuse[z]-moi!	**Affedersin[iz] !**	[aféderssinizz]
A votre santé !	**Şerefe ! = Sağlığınıza !**	[chérèfé - saaliniza]
Bon appétit !	**Afiyet olsun !**	[afiyètt olsounn]
A vos souhaits !	**Çok yaşayın !**	[tchok iachayènn]
Au revoir !	**Hoşçakal !**	[hochtchakal]
A bientôt !	**Görüşürüz !**	[gueuruchuruzz]

Afin de vous permettre d'acquérir une prononciation correcte, **toutes les phrases de « 12 langues pour sillonner le monde » peuvent être écoutées en libre service (gratuitement) ou téléchargées en toute légalité (contre la modique somme de 2 euros par langue) sur notre site internet :**

www.parlissimo.com

Petite précision : sur les enregistrements sonores que nous vous proposons, toutes les phrases en langue étrangère sont précédées de la phrase française correspondante.

Dépôt légal : 4ème trimestre 2009
Imprimerie Snel - Liège (Belgique)

www.editions-vasseur.com